JN046402

# 虐待を受けた子どものアセスメントとケア

## 心理・福祉領域からの支援と協働

鵜飼奈津子・服部隆志 / 編著

誠信書房

# はじめに

　児童虐待の認知件数は年々増え続けており，一向に減る気配がありません。児童虐待の影響は深刻であり，身体的虐待や年少の子どもへのネグレクトは，生命の危機と関連します。また，暴言をはじめとする心理的虐待や性的虐待のもつ長期的影響も，等しく重大なものです。そのようななか，2019（令和元）年の法改正では，しつけの際に体罰を加えることができないことが明文化されました。また，対策のための機関連携は進んできており，児童相談所と医師や弁護士，警察との連携は，いっそう密になってきています。

　児童虐待対応の難しい点のひとつは，虐待行為は基本的には家の中で行われ，第三者が事実を知ることが困難な点にあります。このような児童虐待に対しては，児童相談所だけで対応することは不可能です。保育園や学校といった，子どもたちの所属を含めたさまざまな機関の協力が必要になります。特に，児童相談所と同じく通告受理機関である市町村の家庭児童相談室はもちろん，保健センターなどの要保護児童対策地域協議会内の連携なしには，児童虐待の予防と介入，支援は成り立ちません。併せて，子どもが施設入所等となれば，児童養護施設などの児童福祉施設の職員や里親が，子どもの支援とケアの中心を担います。

　連携について具体的に考えると，たとえば，子どもの養育に心配のある親が出産をした場合，市町村の保健センターが育児についての相談にのり，寄り添いながら支援を行います。そして，保育園などの所属機関が，日々の様子を見守ります。ときには，市町村の家庭児童相談室も支援に入り，不適切さがあれば指導を行います。それでも子どもの安全・安心な生活が脅かされ，子どもの安全確保が必要な段階になれば，児童相談所が指導や介入をすることがあります。あるいは，110番をきっかけに警察が児童相談所に通告を行ったり，重篤な事案であれば警察からの介入も行われる場合があります。上記の対応のなかで，児童相談所では，専門家である医師の意見を聞いたり，法的対応について弁護士の助言を聞くことがあります。

　このように，さまざまな機関・職種が協力や連携をスムーズにするためには，① それぞれの機関の得意分野や職権でできることとできないことを，お互いに理解すること，② その子どもや家族のアセスメントの結果を共有すること，③ 役割分担を明確にすることが求められます。そして，連携のためにはこれらをしっかり言葉にして伝え合うという，機関間のコミュニケーションが肝要だと思われます。

　そもそも，どうして児童虐待は起こるのでしょうか。ひとつは，それが子育てという避けられないもののなかで起こっており，そして，子育ては誰にとってもハードで難しい点が挙げられます。子育ては，怒りや悲しみといった人間の原始的な感情を刺激し，自責感や後悔など，ネガティブな気持ちを呼び起こします。

　また，児童虐待とひとことで言ってもその重篤さはすそ野が広く，スペクトラム（連続体）であると言えます。つまり，特殊な親が特殊な状況で虐待を起こすというよりも，しつけがエスカレートして徐々に重篤化していく場合が多いように思えます。そして大切なことは，親自身が困っている状態の結果として，児童虐待に至っているという点です。親自身が子どもとの関係に行き詰まり，困り果て，他の手段や子育てのやり方がわからず，自分たちでは抜け出せない悪循環になってしまいます。

　いくら子育てに行き詰まり，困り果てたとしても，子どもの安全確保が必要なほどの深刻な虐待行為に至る場合には，親側の要因も関係があります。たとえば，自分自身が虐待を受けて育った親，周囲のサポートがない親，統合失調症や気分障害などの精神疾患がベースにある親，感情や衝動のコントロールに課題のある親，能力的な制限により養育スキルに課題がある親など，背景は多岐にわたります。もちろん，適切に手が差し伸べられたら，重篤化しない場合もおおいにあるでしょう。

　虐待状況が発見された場合，児童相談所や市町村は通告を受理し，子どもの安全を確認し，必要な調査と親への指導をする必要があります。親への指導では，その行為が虐待であり不適切であることを伝え，子どもに悪影響を及ぼすことを説明します。また，親には，子どもを健全に育てる責任があり，これまでの子育てのやり方が効果的ではなく，いかに子どもに悪影響を与えているのかを理解してもらえるよう支援をします。併せて今後同じようなこ

とを繰り返さない方法を一緒に考え，必要なサポート体制を整えることが求められます。

　子ども側に目を移すと，不適切な養育の結果として，身体・健康面アタッチメントやトラウマ，自己イメージへのダメージなど，さまざまな影響が見られます。アセスメントを行い，必要なケアをすることが肝要です。また，虐待対応と支援では，さまざまな場面で援助方針を立てます。たとえば，虐待通告を受けて子どもを一時保護するか，一時保護後に親の元に返すのかそれとも施設入所が適切なのか，子どもと親にどのような支援が必要なのか，施設入所後の家族再統合の方法とタイミングをどうするか，などがその一例です。そのような援助方針を立てるためには，何よりアセスメントをすることが第一になります。

　本書の背景にある考え方は，児童虐待の対応と支援には，多面的なアセスメントをすること，アセスメントとケアが密接にリンクしていること，ケアにはさまざまなアプローチを組み合わせることが肝要だという点です。本書はこのような考えのもと，アセスメントとケアの2部構成としています。

　第I部「アセスメント編」では，いくつかの場面のアセスメントについて触れますが，これは児童虐待の介入と支援には，いくつかのステージがあるからです。つまり，虐待事案の発見から，介入と指導，必要がある場合には子どもが児童福祉施設に入所し，そして時間をかけて家庭に戻る（家族再統合）ことがあります。多面的なアセスメントには，虐待状況，子どもへの影響，親の見立て，家族力動，サポート資源などが含まれます。本書ではこのうち特に，子どものアセスメントとケアに注目しています。

　まずは第1章で「虐待を受けた子どもの包括的アセスメント」について，その概略を説明します。ここでは，虐待状況の深刻度など，特に心理的アセスメントに焦点を当てます。一方で，実際に子どものアセスメントをする作業は，一筋縄ではいきません。そのため，第2章で「心理的アセスメントにおける臨床的課題」を取り上げ，その考え方やアプローチ法についても触れます。

　アセスメントにおいては，1対1の面接だけではなく，生活上の行動観察も不可欠です。続く第3章では，鵜飼による第1節「はじめに」，第2節で荒屋が施設でのアセスメントの具体例として「児童養護施設におけるアセス

メント」について，続いて第3節で永井が「児童心理治療施設におけるアセスメント」について紹介します。安全で安心のできる生活をするなかで，これまでは見えてこなかった子どもの特徴や課題が浮かび上がってきます。

　施設入所後には，ケアのひとつとして，子どもに心理療法が提供されることがあります。その際に，心理療法をしっかりと活用する準備ができているのか，始めるタイミングや導入の仕方，生活を担当する職員とどのように協働するかなど，第4章で鵜飼が「心理療法のためのアセスメント」のポイントについて解説します。

　「アセスメント編」の最後となる第5章では，唐津と宮口が「親子関係再構築のためのアセスメント」を取り上げます。家庭から分離し，離れて生活をしている親子について，親子それぞれの課題についてアセスメントを行い，交流のあり方，家族として再び機能するために必要な支援について，アセスメントを行います。

　二つ目の柱となる第Ⅱ部「ケア編」では，四つのアプローチについて取り上げます。

　一つ目は，生活場面でのケアとして，虐待を受けた子どもには欠かせない支援であるアタッチメントに焦点を当てた関わりについて，第6章で説明します。

　二つ目は心理療法についてです。第7章では，鵜飼による第1節「はじめに」の後，坂元が第2節「児童養護施設における心理療法」，永井が第3節「児童心理治療施設における心理療法」について，現状や課題などについて概説します。続く第8章で，実際の心理療法の事例について取り上げます。第1節で内野が「児童養護施設における心理療法」，第2節で坪井が「児童養護施設退所後に相談室に通所した子どもの心理療法」について提示します。

　三つ目のアプローチは，ライフストーリーワークです。ライフストーリーワークは，自分の生い立ちを理解し，受け入れることを手助けする方法としてイギリスで実践され，過去，現在，未来をつなげることが大きな目的となります。日本でも徐々に関心が高まり，実践例が増えてきています。そこで，第9章「ライフストーリーワーク概説」として，才村が全体的な説明を行い，第10章「ライフストーリーワーク実施の事例」として，新籾が具体的な二つの例を提示します。

　四つ目のアプローチとして「親子関係再構築」では，子どもと親の関係性の支援などについて，第 11 章でそのプログラムの実際について坂口と河合が説明した後に，第 12 章で具体的な二つの例を河合と宮口が提示します。

　また上記六つの事例については，著者以外からのコメントが付いており，事例の多角的，立体的な理解につながるように試みています。

　以上のように，本書は実践のなかから生まれた「臨床の知」をまとめたものです。本書が現場で児童虐待に向き合っている支援者の参考になれば幸いですし，虐待を受けた子どもが適切なアセスメントとケアを受けられることで，その被害から回復する助けとなれば何よりです。

　2021 年 3 月

服部隆志

# 目　次

## 第 I 部　アセスメント編

### 第 1 章　虐待を受けた子どもの包括的アセスメント概説 ──心理的アセスメントを中心に　［服部隆志］ ‥‥‥‥ 2

### 第 2 章　虐待を受けた子どもの心理的アセスメントにおける 臨床的課題　［服部隆志］ ‥‥‥‥‥‥‥‥‥‥‥‥‥ 28

第 **II** 部　ケア編

**第6章　施設や里親のもとで暮らす子どものアタッチメント**

# 第Ⅰ部

## アセスメント編

# 虐待を受けた子どもの包括的アセスメント概説 ——心理的アセスメントを中心に

【服部隆志】

## ■ 第 **1** 節 アセスメントの概略

　本章では，虐待を受けた子どもへのアセスメントのポイントと方法について概説します。児童虐待のアセスメントは多岐にわたる必要があります。子どもの身体・健康面への影響，アタッチメントやトラウマなどの心理的影響，親だけでなく，きょうだいも含めた家族力動，学校や親族資源などの社会環境など，さまざまな情報収集とアセスメントが必要です。本章ではこのなかでも，子どもがどのような虐待を受けており，それが子どもの心理面や親との関係性にどのような影響を与えているのかについて解説します。

　児童虐待について包括的にアセスメントをするためには，① 現在の虐待状況，② 過去の虐待歴，③ 親についてのアセスメント（たとえば，衝動性，子どもをコントロールしようという意識，精神疾患や障がいの有無，養育スキル，被虐待体験），④ 親にどの程度困り感があり，どのような支援ニーズがあるか，⑤ 子どもと親との関係性（アタッチメント），⑥ 子どものトラウマ反応，⑦ 得られるサポート体制，⑧ 親の気持ちや意向にどこまで寄り添い，どこからは親の意に反しても子どもの安全や安心を優先するかの限界（リミット）設定などについて検討することが不可欠です。これらについては，図 1-1 にまとめて示してあります。

　本書は子どもに焦点を当てているので，このなかでも，現在の虐待状況や，親子関係，子どもへの心理的影響といった，子どもの心理的アセスメントに焦点を当てていきます。

　情報収集については，実際に子どもから聞き取った情報はもちろんですが，それだけでなく，子どもの所属（保育園，幼稚園，学校など），家族，医療

| ■虐待状況の把握 | ■子どもへの悪影響 | ■親のアセスメント | ■社会環境 |
|---|---|---|---|
| ・現在の虐待状況（重症度と緊急性）<br>・過去の虐待歴<br>・情報の確かさ<br>　　　　　など | ・子どもの身体的状況や健康状態<br>・親との関係（アタッチメント）<br>・トラウマ反応<br>　　　　　など | ・衝動性<br>・精神疾患<br>・養育スキル<br>・被虐待歴<br>・困り感とニーズ<br>　　　　　など | ・同居家族の状況と変化<br>・親族資源<br>・関係機関のサポート体制<br>・転居<br>　　　　　など |

図 1-1　児童虐待の包括的なアセスメント例

機関などからの情報も欲しいところです。これに関して，児童相談所は一定の調査権が認められているので情報収集はしやすいですが，それ以外の機関であっても，要保護児童対策地域協議会による情報収集が望まれます。一つの事象であっても，各機関の視点により見え方は変わってきますし，より多くの情報を加味してアセスメントを行うことが大切でしょう。なお，アセスメントツールとしては，厚生労働省が平成29年3月31日に発出した「児童相談所と市町村の共通リスクアセスメントシート（例）」があります。

　また，アセスメントの際には，「実際に起こっている虐待状況」と「子どもへの悪影響」についてそれぞれアセスメントをすることが肝要です。

　以上をまとめると，以下のようになります。

(1) 虐待を受けた子どものアセスメントは多面的・包括的であり，身体・健康面，心理面，社会的環境面など，多岐にわたる情報収集が必要。

(2) 情報収集は，子どもからの聞き取りによる情報だけでなく，子どもの所属（保育園，幼稚園，子ども園・学校など）や，家族からの情報を加味してアセスメントを行う。

(3) アセスメントは，現在と過去の虐待状況，親の状況，子どもへの影響，サポート状況などについて行う。

(4) 「実際の虐待状況」と「子どもへの悪影響」のそれぞれについてアセスメントを行う。

## 第 2 節 子どもからの虐待状況の聞き取りと重症度の アセスメント

### 1. 子どもからの虐待状況の聞き取り

　虐待のアセスメントをするためには，多くは子ども自身から話を聞く必要があります。子どもから話を聞く人は，子どもの所属機関（保育園，学校など）の職員，児童相談所や市町村の家庭児童相談室といった通告受理機関が想定されるでしょう。聞き手としては，子どもがちゃんと話してくれるのか，どうやって誰が聞いたらよいのか，どこまで聞いてよいのか，聞かれて子どもは負担になるのではないかなど，さまざまな疑問や心配が出てきます。実際，子どもから虐待状況を聞き取ることは容易ではありません。質問の言葉選びは迷いますし，特に，言語発達の充分ではない年少の子ども，落ちついて話をすることが難しい子ども，ほとんど話してくれない子どもの場合は，困難が伴います。

　初期対応において子どもから聞き取りをする際には，なるべく早いタイミングで，基本的には1回の場で聞き取ることが望まれます。面接が終わってから，「あれも聞いておけばよかった」「ここはどうだったのか」という疑問が出てくることはありますが，すべての情報を詳細に聞き出すことは難しいので，可能な範囲でということになります。

　面接時間は，年齢×5分くらいと言われています。時間の上限としては，中高生であっても長くて1時間くらいでしょうか。そして，聞き逃し，聞き間違えを防ぐためにも，大人2人で聞くことをお勧めします。ただし，性的虐待については，何度も聞き取りをされることが心理的に悪影響を及ぼします。そのために，詳しく聞く前に，まずは児童相談所や市町村の家庭児童相談室といった，通告受理機関に通告をするほうがベターだと考えられます。

　以下に，子どもからの聞き取りに関する基本原則を示します。

　　○ 事実を具体的に話してもらうことが目的。
　　○ 先入観を持たずに中立的な姿勢で話を聞く。

○ 面接時間は，年齢×5分が上限（6歳なら30分）。

○ 質問はオープンな質問から始め，少しずつ具体的に聞いていく。

○ 誘導にならないように，こちらから新しい情報（単語）を使うことは後のほうにする。

○「大変だったね」「つらかったね」など，共感的な言葉は最後にする。

　表1-1に質問の例（性的虐待は除く）を挙げていますが，ポイントとしては，①事実を，②具体的に引き出すことにあります。また，質問は子どもの理解力に合わせた表現で，柔軟に対応してください。

## （1）　事実を聞く方法

　事実については，①事実が歪曲，脚色されないこと，②誘導にならないことの2点に，注意を払う必要があるのではないでしょうか。そのためには，オープンな質問から始め，子どもの言葉をそのまま使って質問します。しかし，子どもの場合，オープンな質問ばかりでは充分な情報が集まらないので，こちらから新しい情報（単語）を使いながら聞いていきます。

　また，子どもが話す内容について，面接の途中では評価をしないこともポイントになります。「大変だったね」「つらかったね」など，共感的な言葉を伝えたくなりますが，聞きたいことを聞き終えた面接の最後まで待ちましょう。これは，子どもがこちらの微妙な反応によって，事実ではなくても大人が望ましいと思う答えを言ってしまうことがあるからです。足のスネなど，日常生活のなかで普通にアザになりやすい部位もありますし，先入観を持たず，中立的に聞くことが大切です。

　誘導にならないためには，たとえば子どもの顔にアザがあった場合，「そのケガは殴られたの？」と聞くのではなく，「ここの，ほっぺたの黒くなっているところは，どうしたのかな？」といったように，オープンに聞くことが望まれます。子どもは「はい」と言いやすい傾向があり，「AかBか」と聞かれると，後者のBと答えやすいなどの特徴があります。オープンな質問で情報が得られなかった場合は，「AかBか，それ以外か」といった選択肢から選んでもらう質問をして，YesかNoで答える聞き方は後にしましょう。二択の場合は，「A？　それともB？」→（時間をおいて）「B？　それ

とも A？」と，逆の順番にしてもう一度聞くほうが確証度は高くなります。

### 表1-1 子どもへの質問例

❶ 前置き
・「今日はこれから A ちゃんから話を聞くけど，それは何があったのか知りたいからです。」
・「質問の意味がわからなかったら，わからないって言っていいよ」「質問の答えを知らなかったら，知らないって言っていいよ」「私が間違ったことを言ったら，違うよって教えてね」

❷ オープンな質問
・「A ちゃんの，〜（体の場所）にアザ（ケガ）があるね。そのアザ（ケガ）ができたときのことを，最初から最後までお話しして」
・「〜されたこと（嫌だったこと）について，最初から最後までお話しして」
・「○○さんから，A ちゃんが〜ってお話をしたって聞いたんだけど，そのことについてお話して」
・「（指さして）ここはどうしたの？」
・「それで」「そのあとは」「ほかには」
・「〜についてもっとくわしく話して」「〜の前（後）にあったことを教えて」

❸ 5W1Hの質問
・いつ，どこで，誰が，誰と，どんなことを，どのようにして，なぜ，といった5W1Hを明確にすることを意識する。

❹ クローズドな質問
・「そこには他に誰かいた？」
・「最初は〜と言っていて，その後は〜と言っていたけど，そのことについてもう少しお話ししてくれるかな（話の矛盾点をつく）」
・選択肢を提示するときは，「A？ B？ それ以外？」の3択がベター。

❺ おわりに
・「これで終わるけど，他に私に話しておきたいことはある？」
・「今聞いたことはとっても大切なことだから，○○さんや○○の人にも伝えるね」
・「あなたが悪いわけではないから，それは覚えておいてほしいな」
・「いろいろと話してくれてありがとう。他に何か言いたいことを思い出したらいつでも言って」

❻ 話さない場合
・「話せない理由はあるかな？」「家に帰ることについてどう思っている？」「何か心配なことはある？」「もし話したいことがあったら，いつでも話にきてね」

## (2)　具体的に聞く方法

　具体的に聞くことについては，5W1H を意識して，その場の状況がリアルに想像できるようになることが肝要です。暴力であれば，いつ（日時），どこで（たとえば，家のどの場所で），誰が，どのように（グーか，パーか，物か），回数や頻度，きっかけ，もう一方の親の行動などが特定できたらよいですし，暴言であれば，どのような言葉を言われたのかも気になります。

　聞き取りのおおまかな流れは，以下のとおりです。また，この流れに合わせた実際の質問例については，表 1-1 を参考にしてください。

　　⑴ 前置き
　　⑵ 自由に答えられるオープンな質問
　　⑶ 5W1H を明確にする質問
　　⑷ 限定されたクローズドな質問，選択肢を示す質問
　　⑸ おわりに

　実際に子どもに聞き取りをしていると，前項で示したような自由度の高い質問ばかりだと，子どもから得られる情報が少なくなる場合があります。特に，言語能力の発達が充分ではない就学前の子どもの場合は，事実の確認が困難です。たとえば 3 歳くらいの子どもだと，「A か，B か」「『はい』か，『いいえ』か」くらいの質問しかできないですし，その答えも，どこまで信ぴょう性があるのか疑わしいときもあります。

　司法の場面で情報を使うことも想定される場合や，性的虐待の場合は，もっと厳密に手続きが決められている司法面接（NICHD プロトコルなど）の手法を使う必要があります。そうではない場合には，「誰かに何かされていないかな？」のように具体的に聞いたほうがよい場合もあります。最後はYes，No の質問でもよいので，確認することが必要です。聞くか聞かないか迷ったら，聞いてみるくらいの姿勢でもよいのではないでしょうか。実際には難しいですが，事実を具体的に聞き出すことと，誘導にならないことのバランスに気をつけながら，過不足ない聞き取りを心掛けたいものです。

　以下に，できれば聞いておきたいことをリストアップしましたので，参考にしてください。

○ 5W1H を明確にする（子どもの能力で答えられる範囲内で）。

○ 暴力の方法（パーが，グーか，蹴ったのか，物を使ったか，など）。

○ その場に誰がいたか，他の保護者がいたらその振る舞いはどうか。

○ ケガのケアはあったのか，病院に受診はしたか。

○ 過去の虐待状況歴（いつからか，頻度は）。

○ 暴言など，他の虐待はないか，暴言があればその内容（親の言葉）
と頻度。

○ 他のきょうだいは被害に遭っていないか。

## 2. 虐待状況の重症度

　子どもの置かれている虐待状況がある程度わかってきたら，どのくらいの重症度があるのかについて，アセスメントをすることになります。繰り返しにはなりますが，この虐待状況の重症度を検討するにも，保護者の状況や親族や支援機関のサポート体制も検討される必要があります。同じ虐待状況だとしても，保護者の状況でリスクは変わってきます。また，こういったアセスメントは，情報をキャッチした時点だけでなく，その後のさまざまな情報が集まった時点でも再アセスメントを行うなど，刻々と変化する状況のなかでその都度，重症度の変化について見直す必要があります。

　虐待の重症度のアセスメントは困難な作業であり，明確な線引きをすることもできません。とはいえ，一定の指標や考え方を持っておくことも大切です。たとえば，『子ども虐待対応の手引き（平成 25 年 8 月改正版）』（日本子ども家庭総合研究所，2014）では，図 1-2 のように整理されています。ここでは，生命の危険がある場合を「最重度」，親と子どもの分離と保護が必要な場合が「重度」として整理されています。

　重症度判断の視点として検討すべきことのひとつは，子どもの年齢です。たとえば，親が子どもに手を出してしまって，顔にアザ（外傷痕）ができたとします。子どもが中高生の場合と 0，1 歳児の場合は，重症度も異なってきます。同時に，どの程度，虐待状況や心配情報が続いているかという継続性や，親子の関係性の深刻さや，子どもにどのような悪影響が出ているかについても，アセスメントの視点になると考えられます。

　重症度判断の視点の一例を，以下にまとめました。なお，(4) の親子関係

や子どもへの影響のアセスメントについての詳しい説明は後述します。

　(1) 子どもの年齢（同じ行為でも，年齢により重症度は異なる）
　(2) 虐待行為の強さと衝動性・健康被害の程度
　(3) 継続性（過去の虐待歴を含めて）
　(4) 親子の関係性，子どもへの心理的影響の程度

　虐待種別ごとに検討していくと，身体的虐待の場合，親の衝動性の強さが重症度判断のひとつとなります。たとえば，カッとなって子どもに 1 回手を出してしまった直後にハッと我に返る親と，アザ（外傷痕）が複数残るくら

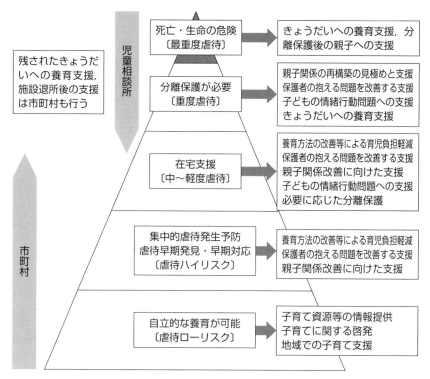

**図 1-2　虐待の重症度等と対応内容および児童相談所と市町村の役割**
（日本子ども家庭総合研究所，2014）

い手を出してから我に返る親とでは，衝動のコントロールの程度は大きく変わってきます。

　次に性的虐待の場合は，性器に触ったり触らせたりする行為から性器の挿入までありますが，性的虐待は「魂の殺人」とも言われるようにトラウマが重篤であり，また行為がエスカレートしていくことがあります。そのために重度の虐待と評価し，虐待者からの分離の検討が必要です。

　心理的虐待の場合は，子どもの心理的影響（アタッチメント，トラウマ反応）に着目して判断します。暴言や長時間の説教，子どもの前での夫婦間の暴力などが心理的虐待に含まれますが，たとえば，アタッチメントに大きな課題が見られたり，子どもにフラッシュバックや解離といったトラウマ反応が認められるならば，重症度は変わってきます。児童相談所では，子どもの面前での DV による心理的虐待の通告が増えてきていますが，子どもへの直接的な加害行為がないからといって，軽いと見なされるべきではありません。時として自分が暴力を振るわれるよりも，DV 目撃のほうが，トラウマ記憶として残りやすいことがあります。

　最後にネグレクトですが，ここには多種多様な様態が含まれます。医療ネグレクトや，身長体重などの成長障がいといった重篤なものから，夜間放置や，家がごみであふれる，朝食が用意されていない，など幅広いです。また，ネグレクト状況は長期間，続きやすい傾向にあります。しかし，ネグレクトの重症度判断のひとつの視点は，子どもへの健康被害，心身の発達や成長の阻害がどの程度あるか，という点だと思われます。そのままネグレクト状態が続いた場合に，子どもに生命の危機や医療的ケアが必要な状態に至るのか，それとも不適切ではあるが子どもへの影響がそこまで大きくないのか，といった点について検討します。

　なお，これら虐待行為の重症度は，親の意図は判断材料に入らず，あくまで子どもにとって有害であるか否かの観点で判断をします。たとえば，子どもが家の中で床に落ちている物を飲み込んだときは，親が積極的な加害行為をしているわけではないですが，安全配慮を怠った行為になります。同じように，激しい夫婦喧嘩を子どもの目の前でした場合，親に子どもを傷つける意図がなかったとしても子どもには悪影響を及ぼすために，心理的虐待になります。親が子どもに良かれと思ってしたことでも，子どもに悪影響を与え

ていた場合は虐待行為になります。

　虐待種別ごとの重症度判断の視点の一例をまとめると，以下のとおりです。

　　　身体的虐待——親の衝動性（＝子どもの受傷）の程度
　　　　　　　　　＋子どもへの心理的影響の程度
　　　性 的 虐 待——どのような行為も重篤な虐待
　　　心理的虐待——子どもへの心理的影響の程度
　　　ネグレクト——子どもへの健康被害や危険性の程度
　　　※上記に親のアセスメント・サポート状況を加味します

# ■ 第 3 節　親との関係性のアセスメント

## 1. 親子関係の理解とアタッチメント

　続いて，第3節と第4節で子どもの心理的アセスメントについて検討します。虐待による心理面の影響として，まずは親との関係についてアセスメントすることが必要です。ここでいう親とは，保護者だけではなく，内縁関係の大人，虐待をしている親，虐待をしていない親も含めた，広い意味で用いています。

　虐待を受けている子どもに出会った場合，その子どもと親との関係をみるために，「親と一緒にいたいか」「家に帰りたくないと思うことはないか」など，シンプルに質問を投げかけることができます。しかし，虐待を受けている子どもの親子関係はとても複雑であり，一筋縄にアセスメントできないところがあります。子どもは本能的に親を求めるものですし，生きていくうえでは親に依存せざるを得ません。そのために，多くの子どもは葛藤を抱えていますし，保育園・小学生といった低年齢の子どもが「家に帰りたくない」と簡単には言いません。

　これには年齢的な側面も大きく関係してきます。子どもが高校生であれば，ある程度，親のことを客観的に見られるようになったり，他の家と違って自分の家はおかしいということも気づくことができます。一方で，保育園や幼稚園に通う幼児，小学校の低学年の子どもが，親の不適切さに気づくことは

困難です。つまり，後者のほうが親のコントロール下に置かれやすいということを意味します。そして，年齢が上がってくると，子どもが親に反発することでさらに悪循環に陥る状態，もしくは子どもが親の心身の状態を気遣い，自分が親の手伝いやケアをする親役割をとらないといけないと感じる，役割逆転状態になる場合もあります。

　また，虐待をする親との関係に目が行きがちですが，加害親との関係だけではなく，虐待行為をしていない親との関係にも着目することが重要です。加害をしない親は，虐待行為を止めてくれ，守ってくれるのか，自分の気持ちをわかってくれるのか，それとも同調して一緒に虐待をするか，などがここに含まれます。

　親との関係をみるうえでは，アタッチメントという視点抜きにアセスメントはできません。アタッチメントと似た言葉として愛着がありますが，愛着とアタッチメントは，本来は少し異なる意味を持ちます。愛着という場合は広い意味を持ち，「特定の対象に対して形成する情緒的な絆」といったポジティブな意味合いがあります。一方でアタッチメントの場合は，「恐怖や不安など，ネガティブな気持ちのときに特定の対象と近接する（近づく，くっつく）ことで，ほっとしたり安心すること」です。

　後者の場合，ネガティブな感情状態をいつもの状態に戻すこと，つまりマイナス（−）の気持ちをゼロ（0）に戻し，いつもどおりの安心した状態にすることが強調されます。たとえば，小さい子どもが道路を歩いていたら，近くを通りかかったイヌに吠えられ，それにより子どもがビックリして怖くなり，泣いてしまったとします。そのときに，親が「よしよし」と子どもの気持ちをなだめ，子どもが泣き止みました。安心してマイナスの気持ちがゼロに戻ったということです。そして，この一連のやり取りが，アタッチメントそのものです。

　アタッチとはくっつくことを意味しますが，子どもが親と気持ち的にくっつき（時には身体的にも），気持ちが落ち着く，このやり取りの積み重ねが子どもの心の成長に不可欠です。子どもをほめるといったポジティブな気持ちの交流も大切ですが，それよりもネガティブな気持ちをなだめ，安心した状態に戻すことが，親の役割のなかで重要になります。子どもは小さい頃は親の助けを借りながら，ネガティブな気持ちをなだめ，しだいに自分自身で

気持ちをなだめられるようになるのです。つまりは，親から気持ちをなだめ
てもらう経験に乏しいと，後々に感情のコントロール（イライラや抑うつ）
に問題が出てくる可能性があります。

　子どもにとって，泣くというサインを出しても親が適切に応答してくれな
い場合は，サインを出すことをあきらめるか（自分で抱える），もっと大き
なサインを出す（激しい行動を起こす）しかなくなってしまいます。虐待を
受けた子どもに，気持ちのコントロールが苦手な子どもが多い理由は，ここ
にあります。

　アタッチメントの問題はそれ以外にも，対人認知が歪んだり（他者は自分
を助けてくれないととらえる），他者との親密な関係を避けたり，逆に誰に
でもくっつこうとすることにつながる可能性があります。そして，ここで大
切なことは，くっつく相手は親に限りませんが，誰でもよいわけではなく，
あくまで親などの“特定の”他者から保護してもらえるという信頼感が大切
です。

　虐待が見られた親子においても，親が子どものネガティブな気持ちにどう
対応してきたかは，重要な視点でしょう。もし子どもが泣いたときに，親が
イライラしてしまい，暴言や暴力という形で応答していないかは心配になり
ます。もちろん，子どもが泣いたときにイライラしてしまうことは誰にもあ
りますが，望ましい応答ができない頻度が高いと，後述するように不適切な
パターンとして固定化されていきます。

　次に，具体的な親との関係のアセスメントとして，① アタッチメント行動，
② アタッチメントのイメージ，③ 独特な親子関係，④ 親への感情・自己イ
メージ，⑤ 心理的な支配とコントロールに分けて説明をします。

## 2. アタッチメント——行動のアセスメント

　アタッチメントのアセスメントの方法は，大きく二つに分かれます。一つ
は子どもの行動で推測する方法，もう一つは子どもに親との関係のイメージ
を尋ねる方法です。アタッチメントのアセスメントのポイントを，以下に示
します。

(1) 子どもが小さいとき（幼少期）
　・子どもの行動によるアセスメントがメイン。
　・子どもの言語表現レベルによって，言葉のやり取りによる情報も
　　参考にする。
(2) 子どもが小学生以降
　・言葉でのやり取りによる，子どものイメージ（内的作業モデル）
　　のアセスメントがメイン。
　・行動面の情報も重要。

　行動面については，アタッチメントパターンと呼ばれることがありますが，親と子どもの相互作用の結果として，行動面に一定の傾向ができあがってきます。なお，このアタッチメントパターンは，5歳などの幼少期までにパターンができやすいと言われています。つまり，幼少期のなるべく早い時期に，不適切な親子関係に支援や介入をする必要があるということです。
　アタッチメントパターンは，大きく以下の四つに分類されます。

　　Aタイプ（回避型）——親との分離に苦痛を示さず，親と再会した時に
　　　自分の気持ちを表現せず我慢をする。人との親密さを避ける（抑制タ
　　　イプで誰とも関係を持とうとしない）。
　　Bタイプ（安定型）——親との分離にネガティブな気持ちを示すが，親
　　　と再会すると落ち着く，望ましいタイプ。しっかりと危険を避けよう
　　　とする。
　　Cタイプ（抵抗・アンビバレント型）——親との分離にネガティブな気
　　　持ちを示し，再会すると怒ったり反抗的になる。自分の気持ちを過度
　　　に表現して，親を自分の近くに居させようとする。人との分離を嫌が
　　　る。
　　Dタイプ（無秩序型）——親との関係で相反する行動を行う。親に近づ
　　　くことも離れることもできない，混乱したタイプ。

　虐待の受けた子どものアセスメントにおいて，最も重要なのはDタイプです。Dタイプにまで至っているかどうかは，虐待の影響の重症度を考える

うえで重要になってきます。

　Ｄタイプは，組織化されていないアタッチメントパターンのことですが，矛盾する行動をとることが特徴的です。たとえば，親が抱っこしようとした際に，子どもは両手を挙げるのに親から離れるように後ずさるような矛盾した行動です。子どもは怖いとき，不安なときなど，ネガティブな気持ちのときは特定の養育者にくっつきたくなります。しかし，泣きながら近寄ったときに，暴言や暴力といった子どもが逆におびやかされる場合は，「親にくっつきたい」けれど「親に近づくのは怖い」といった相反する気持ちになり，子どもは混乱してどうしてよいかわからなくなってしまいます（方略が一定しない）。その結果として，近づくことも離れることもできずに固まったり，混乱した状態になり，それによりさまざまな日常生活場面での行動上の問題を引き起こしている状態が，Ｄタイプと考えられます。

　Ｄタイプ以外にも，虐待を受けた子どものなかには，Ａタイプ（回避型）の延長線上にある，特定の大人にアタッチメント行動をとらない抑制型のタイプがあり，このタイプの子どもは大人との関係を避けがちです。また，親といても安心できないので，誰彼かまわず無差別に大人に対してアタッチメント行動をとる，無差別タイプ（脱抑制型）もあります。

　これらのパターンを理解するためには，基本的には日常生活の観察が大きな役割を果たすことになります。日々接することの多い親，保育園や学校などの所属，施設職員や里親からの情報が，貴重なアセスメント材料になります。

　上記のアセスメントには，子どもの行動観察が重要にもなります。具体的な子どものアタッチメント行動について，青木ら（2014）の「アタッチメント行動チェックリスト（ABCL）」が参考になります。

## 3. アタッチメント──イメージ（内的作業モデル）のアセスメント

　子どもが親のことを「安心の基地」としてとらえられているかは，重要なポイントです。子どもは大きくなるにつれ，親などの養育者に物理的に近づき，身体的にくっつくことから，気持ちの面でくっつくことで不快な感情をなだめてもらう方法にシフトしていきます。

　これに関連して，「内的作業モデル」という言葉があります。これは，他

者が自分を守り，安心させてくれるという期待感（アタッチメント行動が内在化したもの）のことであり，アタッチメントに関する心的ルール，もしくは心のなかにある養育者イメージとも言えます。子どもが大きくなると，望めば養育者に甘えられる，嫌な気持ちになればなぐさめてくれる，困ったときに助けてくれる，という期待（利用可能性）を持てるかが重要になります。目の前にアタッチメント対象がいなくても，養育者をイメージして自分で自分を落ち着かせることが可能になる，ということを意味します。

　そのアセスメントのためには，どの程度，自分を助けてくれるかの期待度を，面接のなかで子どもに確認する必要があります。子どもが大人にSOSを出せるのかも，関連する重要な点です。たとえば，「困ったときに誰に話をする？」「お父さん（お母さん）は○○ちゃんの話を聞いてくれる？」「お父さん（お母さん）は困ったことがあれば助けてくれると思う？」などを聞きます。言語化が難しい場合，このイメージは，人形遊びのなかで，無意識的に出てくることもあるかもしれません。たとえば，アセスメント面接のなかで人形セットを用意します。子どもは象徴的に表現をする力があるので，子どもが親人形を使ってどのような振る舞いをさせるかは注目に値します。なお，詳しくは割愛しますが，プレイセラピーでのセラピストとの関係性，象徴的表現もアセスメントの重要な情報となります。

　また，投影法によるアセスメントが役立つことがあります。たとえば，早大版CAT（児童用絵画統覚検査）（戸川，1956）は，いくつかの場面が描かれた図版を子どもに見せ，その場面について子ども自身がストーリーを作ることで，アセスメントをしようとするものです。登場人物であるリスと自分を重ね合わせて見る（同一化する）ことで，その子の欲求や感情，親との関係が表れてきます。特に，図版3，5，6，10，11は，親への期待感の程度や虐待状況の認知が表れやすいものです。古い心理検査ではありますが，アタッチメントイメージのアセスメントには有益な方法です。

## 4. 独特な親子関係

　親との関係について，一見奇妙な関係性が生み出されることがあります。たとえば，「親との同一化」の状態では，親に怒られるしんどさを否認するために，自分も虐待する親と同じ加害者になることがあります。そうなると，

年下のきょうだいに対してや学校で，暴言や暴力的行動をすることになります。被害者になりたくないので親と同じ加害者になる必要があるのです。

　また，親子関係が逆転する場合があります。これには二つのタイプがあり，一つは子ども（特に男の子）が成長とともに体が大きくなり，親に暴力を振るう状態です。もう一つの逆転現象は，子どもが親をケアする役割を担うタイプです。たとえば，親に精神疾患などがあり，ケアされるべき子どもが親をケアする関係性です。さらに，ケアするとまではいかなくても，親から自分には関係のない愚痴を聞かされる役割を子どもが担う関係もあります。

　こういった逆転現象は，アタッチメントの課題が背景にあります。たとえば無秩序型のDタイプで，混乱しているために親に暴力を振るう，見捨てられ不安や分離不安のために親にとらわれ，ケアする側になる可能性があります。つまり，小学校高学年や中学生になっても，アタッチメントの課題が違うかたちで表現されると言えます。

## 5．親への感情・自己イメージ

　親への感情（気持ち）と自己イメージの二つは，虐待を受けた子どもの場合，切り離せない表裏一体の関係にあります。

### (1)　親への感情

　まずは親への感情ですが，ここで気をつけるべきことは，① 子どもが親に持つ感情は一つだけではなく複雑であること，② 子どもは相反する矛盾する感情を抱えており，葛藤と混乱があること，③ 親へのネガティブな感情は表現されにくいことの3点です。

　親への感情としては，「恐怖やおびえ」はもちろんですがほかにも，虐待をすること，守ってくれないことへの「怒り」，親に見捨てられる，愛情を失うのではないかという「不安」，親に精神疾患がある場合などに，親のことを「心配」する離れがたい気持ち，そこから派生して親の考えに合わせようと「同調」すること，親は変わらない，今の環境は変えられないという「あきらめ」が，例として挙げられます。

　また，小学校低学年以下の子どもは，たとえ不適切な関わりをする親であっても，親から見捨てられる不安は大きいものです。親は怖いけど離れたくな

いなど，一見相反する気持ちを同時に抱えている状態も往々にしてあります。

## (2)　自己イメージ

　自己イメージについては，虐待を受けるのは自分が悪いからだと自分を責める「自責感・罪悪感」が，第一に挙げられます。親が悪いのではなく，殴られるような言動をした自分が悪いと感じる，ということです。面接のなかで，「親が叩いてきたことについて，親と自分のどちらが悪いと思うか」と，ストレートに聞いててでも確かめたほうがよいことです。その他，自分なんてどうでもいい存在だと思うほど「自尊心（自己肯定感）」が低い状態の子ども，自分には力がなく何も変えられないという「無力感」を持つ子ども，何でもできる自分でないと許されないという子ども，ひとりぼっちだという「孤独感」を持つ子どももいます。

　また，虐待環境に適応しようとする結果，自分の意思に乏しく，まるでカメレオンのように周囲に合わせようとする子どもがいます。これは，親に逆らわずに虐待環境に溶け込むことが生きる術となっており，見捨てられ不安や分離不安を同時に抱えていることが多いように思います。その反対に，虐待を受ける無力な自分を否定するために，自分には力があって何でもできるという「万能感」を持つ子どもがいます。

　先ほど述べたように，親への感情と自己イメージは表裏一体です。たとえば，親への「怒り」と自分への「自責感」はシーソーのような関係性があり，一方が上がれば一方が下がる関係になりやすいです。また，時間とともにそのシーソーの傾き具合は変化していきます。

## 6. 心理的な支配とコントロール（特に重篤な場合）

　特に重症度が高い親子関係は，子どもが親の強い心理的な支配とコントロール下にある状態であるように思います。まさに，洗脳状態と言っても差し支えない状態です。その状態像としていくつかの特徴が見られます。

　ひとつは親の理想化です。どのような虐待状況にあっても，親に悪いところはなく，自分にとって必要不可欠な存在だと見なします。適切な距離を取れずにしがみつき，たとえ一時保護など安全な環境にいても，親の元に帰りたいと希望します。こうなると，親の否定的な面に目を向けることが困難に

以下の該当する項目の□に✓を入れる

1. アタッチメント　　□回避型・抑制タイプ（A タイプ）
　　　　　　　　　　　□安定型（B タイプ）
　　　　　　　　　　　□抵抗・アンビバレント型（C タイプ）
　　　　　　　　　　　□無差別タイプ
　　　　　　　　　　　□無秩序型（D タイプ）
　　　　　　　　　　　□親を安心の基地と感じていない
　　　　　　　　　　　□親が助けてくれる期待感がない

2. 独特な親子関係　　□親との同一化　　　　　　□親への暴言・暴力
　　　　　　　　　　　□子どもが親をケアする
　　　　　　　　　　　□強力な支配（コントロール）　□親の意見に同調
　　　　　　　　　　　□支援者の意見を取り入れない　□親を過度に理想化
　　　　　　　　　　　□虐待の被害感あり　　　　□被害感なし

3. 親への感情　　□恐怖・おびえ　　　　　　　　□怒り
　　　　　　　　　□不安（□見捨てられ不安　□分離不安）
　　　　　　　　　□あきらめ　　　　　　　　□親のことが心配
　　　　　　　　　□親への感情の混乱の程度が大きい

4. 自己イメージ　　□虐待への自責感・罪悪感　　□無力感
　　　　　　　　　　□自尊心や自己肯定感が低い　□孤独感
　　　　　　　　　　□自分の意思がなく合わせる　□万能感

　　　　　　　　　　※虐待への怒り，不安，自責感のバランスにも注意

**図 1-3　虐待を受けた子どもの親との関係性，自己イメージのまとめ**

なります。そして，シーソーのように自分の価値を下げ，親を責めないので被害感が持てないこともあります。多少はしんどさ，被害感を持っていても，被害体験を隠したりして言語化が極端に難しくなります。これらは，自分がつらい心理状況にあることに気づきにくい状況です。

　面接のなかでも，面接者の感情や考えを詮索してそれに同調しようとする，不信感が強くこちらの言葉に耳を傾けようとしない，親の価値観をなぞる発

言しかしない，親以外の第三者の意見を聞き入れにくい，親を否定する支援者の発言に怒りを感じる，などが確認されることがあります。支援者の意見や考え方をまったく取り入れられない場合は，重篤な心理的コントロール下にあると考えられます。

　このような状態にある子どもには，親子間にどのように支配関係が作られていったのか，生育歴をたどりながら読み解く必要があります。

　以上の 1.～6. を，図 1-3 にまとめました。

## 7. まとめ

　ここまで，子どもと親の関係について考えてきましたが，親との関係がどこまで重篤な状態であるかのアセスメントも必要になります。図 1-4 にその一例を示しました。「重度」は，親からの保護・分離を検討してもよい状態を示しています。あくまで経験的な分類になりますが，参考に例示します。

---

以下の該当する項目の□に✓を入れる

❶ 軽度・中度
　□アタッチメントタイプが回避型（抑制型）
　□アタッチメントタイプがアンビバレント型・無差別型
　□親への分離不安がある　　　　　□親への見捨てられ不安がある
　□親への怒りの感情がある　　　　□親の変化を諦めている
　□親が自分を助けてくれる期待感に乏しい
　□親と子の役割が逆転している（時に重度）

❷ 重度
　□アタッチメントパターンが組織化されていない無秩序型（D タイプ）
　□子どもから親へのひどい暴言・暴力
　□強力な被支配関係（＝コントロール・同調・過度の理想化・被害体験を隠す）
　□親への感情の混乱の程度が大きい
　□虐待を受けることの自責感がかなり強い

---

図 1-4　親との関係性・自己イメージの重症度例

## ■ 第 4 節　トラウマ反応のアセスメント

## 1. トラウマ反応の理解

　虐待を受けた子どもにどのようなトラウマ反応（症状）があるかは，必須のアセスメント項目になります。虐待の心理的影響について，幼少時はアタッチメントが中心になりますが，小学校中学年以降になると，トラウマ反応が重要になってきます。また，児童虐待については，災害などの他のトラウマ体験と異なり，その体験が複数回，長期にわたることが多いという特徴があります。

　トラウマ反応のとらえ方については，DSM（米国精神医学会の精神疾患の診断・統計マニュアル）や，ICD（国際疾病分類）による PTSD の診断基準が基本となります。代表的なトラウマ反応について，図 1-5 にまとめました。その他にもとらえ方はありますし，ここではそれらを参考にトラウマ反応について説明します。

　虐待に限らず，災害なども含めた怖い体験をした際の反応は，人それぞれです。ここからはたとえ話ですが，ある 3 人の大人が山を歩いていたときに

以下の該当する項目の□に✓を入れる

□逃走：回避・否認
□闘争：過覚醒（□多動傾向　□イライラ感　□不眠）
□凍結：解離
□再体験（□フラッシュバック　□悪夢）
□強い恐怖
□自傷他害など感情のコントロールが困難
□虐待を受けることへの自責感・罪悪感
□他者との接触を避け，手を差し伸べられても応じようとしない

図 1-5　代表的なトラウマ反応のまとめ

予期せず熊に遭遇した場面を，恐怖体験として考えてみます。A さんは一目散にその場から逃げました。B さんは果敢にも熊を撃退しようと向かっていきました。そして，C さんは固まってしまい，その場に立ちすくんでしまいました。

　A さんのように「逃走」をするタイプが，トラウマ反応で言うところの「回避」や「否認」になります。このタイプの子どもは，トラウマの元凶（虐待）から逃げることに，すべてのエネルギーを注ぎます。親から怒られることにつながりやすい体験や思い出す事物を避けることもそうですが，何より虐待体験の「記憶」や，それにまつわる「感情」を避けたり，フタをすることが特徴になります。向き合うことがしんどいために，記憶にアクセスしたり，気持ちを言語化することが難しい状態になります。

　B さんのように「闘争」をするタイプは，トラウマ反応の「過覚醒」になります。これは脳が興奮して活性化されることを意味します。身体的虐待を長期に受けている子どもが，他の子どもに手が出やすかったり，落ち着きがなく，イライラしやすくなってしまう場合がありますが，これは刺激に対して脳が興奮しやすくなり，過覚醒状態となりやすい結果と考えられます。たとえたら，未知のジャングルに一人でいるようなもので，神経が張り詰め，ちょっとした音に過敏に反応する状態であり，多動，イライラ感，不眠もこの過覚醒に含まれます。

　C さんのように「凍結」になってしまうタイプは，トラウマ反応の「解離」状態にあたります。解離は難しい概念ですが，そのひとつのかたちは，意識のスイッチをオフにする状態です。たとえば，子どもが親から長時間の説教を受けているとします。そのとき，子どもとしてはしんどいことなのでスイッチをオフにして，意識をボーっとさせることで，親の説教を右の耳から左の耳に聞き流す状態を作り出すことができます。また，子どもが怒られた理由を覚えていないことがありますが，これは怒られた経験を，意識のスイッチをオフにすることで記憶から切り離すことで起こります。解離は使い方によっては有効ですが，解離の癖がついてしまうと，日常生活でボーっとしやすくなったり，意識（記憶）の連続性が保てなくなるなど，日常生活に支障が出てきます。また，解離はリストカットなどの自傷行為との関係が深いです。

　以上，三つのタイプのトラウマ反応の出方を説明しましたが，このほかにも，どのタイプにも共通して表れることがある反応として，「再体験」あるいは「侵入症状」というものがあります。これは，「フラッシュバック」「悪夢」により，強い恐怖感を感じることです。フラッシュバックは，虐待を受けた記憶や感情が急に思い出されることですが，文字どおり過去の被害体験が現在の日常生活に侵入してきて，記憶やネガティブな感情を再び体験することになります。この侵入症状は，抑えているフタがゆるむ寝ているとき，つまり夢の中で出てくることもあります。悪夢の場合は，リアルな体験を夢で見るのではなく，夢の作用で何らかの変形がなされます。つまり登場人物が親ではなかったり，象徴的な意味合いに変換されていることもあります。

　また，虐待の場合は，災害によるトラウマ体験などと異なり，長期に複数回のトラウマとなる体験をしていることが特徴的です。これは「複雑性トラウマ」と呼ばれるもので，より感情のコントロールが苦手で，自己イメージが悪く，他者との接触を避けるといった特徴が見られると言われています。つまり，被虐待児が，再体験，回避，過覚醒，解離に加え，自傷他害が認められる，自責感が相当強い，他者からの助けに応じないといった特徴を併せ持っていたら，それだけ重篤度が高いと考えられます。

　このように，トラウマの表れ方は広範にわたります。そのため，トラウマの本質がわかりにくくなりますが，トラウマの中心は記憶と感情にあるように思えます。たとえば，トラウマとなる虐待された記憶が，何らかのきっかけで思い出されたとします。その際に，そんなこともあったなと過去の記憶として扱うことができ，多少のネガティブな感情があったとしても，意識的にエピソードとして言葉にできる状態であれば，それほど重篤な状態とは考えにくいです。一方で，記憶の想起の際に，それがあたかも現在起こっているかのように，強い感情反応や身体の緊張反応が生じる場合には，重篤な状態と考えられます。それは言葉にできないコントロール不能な記憶への反応です。このように，トラウマ記憶の性質に目を向けることが，子どもがどの程度深刻な状態であるかの理解を助けてくれることがあります。

　もうひとつ大切なこととして，トラウマは時限爆弾の性質を持っています。これには二つの意味合いがあります。一つは，トラウマが忘れられ，無意識下に封印されたとしても，なくなったわけではないので，何かのタイミング

で爆発する可能性があるという点です。そのタイミングは，思春期・青年期
になったとき，誰かと親密な関係になったとき，別の人から同じような被害
を受けたとき，自分が親になったときなどさまざまです。

　二つ目は，性的虐待に代表されるように，時間がたった後から被害の意味
がわかってくる場合です。年齢が低い子どもが性的被害（性器を触られるな
ど）を受けた場合は，子どもにはそれが被害で深刻なことだという認識が持
てないことがあります。しかし，成長して学校で性教育を受けたとき，自分
の意思で性的行為をしたときに，被害感，悪影響が表面化してしまう恐れが
あります。つまり，一見，トラウマ反応がないように見えても，心の奥底に
眠っている（隔離している）だけで，周囲の大人が今後の経過を注意深く見
守る必要があります。

## 2. トラウマ反応のアセスメントの方法

### (1)　子どもからの聴取

　実際の方法としては，子どもに基本的なトラウマ反応について一つひとつ，
あるかないか，あれば頻度や，具体的にどのような主観的体験なのかを尋ね
ることになります。特に，フラッシュバック，悪夢，解離，イライラ感につ
いて聞きながら，回避（抑圧）の程度を推し量ることになります。

　フラッシュバックの場合は，日常生活で怖い場面が急に頭に思い浮かぶこ
とがないかについて尋ねますが，その際に，どんな場面を思い出すか，映像
か音か，その頻度，思い出したときの気持ちや体の反応，思い出すきっかけ
について問いかけます。そして，思い出したときに，今，ここでは安全と思
えているかどうかで重篤度も変わってきます。また，解離の場合は，ボーっ
としてしまうことはないか，大事なことを忘れてしまうことがあるかについ
て聞きます。また，これらの質問に対する語りのなかで，トラウマ記憶の水
準はどのレベルなのか（意識的に穏やかに話せるレベルなのか，身体的緊張
も見られるレベルなのか），虐待の記憶や気持ちに触れることをどれだけ避
けるのかについても確認をします。

　一つひとつを単独で質問するのではなく，標準化された質問紙を用いるこ
とも有効です。標準化とは，結果を数値として表すことができ，しかも子ど

もの平均値がわかっている，という意味です。つまり，子どものトラウマ反応をある程度，客観的な数値として表せるという利点があります。

　日本で標準化されている検査としては，TSCC（子ども用トラウマ症状チェックリスト）があります（西澤・山本，2009）。TSCC は基本的には7～15 歳を対象に，不安，抑うつ，怒り，外傷後ストレス，解離，の五つの領域について評定できます(性的関心を含めたバージョンもあります)。また，DSM-5 における PTSD 症状に沿って評定を行う，日本語版 UPID-5(高田ら，2015）という質問紙もあります。トラウマ反応について自由に話すことは難しくても，この質問紙に答えるかたちでは表現できる子どもがいます。

## (2)　行動観察

　アタッチメントと同じように，トラウマ反応についても，日常生活での行動観察から大切な知見が得られます。たとえば，日常生活でトラウマを思い出すような事物を避ける，その子の頭をなでようとしたら反射的に腕を上げる，他の子がケンカをしているとその場から離れる，ボーっとしていることが多い，などの行動が挙げられます。また，面接場面での行動観察も重要であり，たとえば，親のことや虐待状況の話題になると途端に落ち着きがなくなり，席から離れて立ち歩く場面がありますが，これは回避・否認や過覚醒の表れである可能性があります。

　特に，日常生活でトラウマ反応が生じるきっかけについて知ることが，重要なアセスメントになります。このきっかけのことは「トリガー」や「リマインダー」とも呼ばれます。きっかけは，大きい音を聞いたとき，誰かが怒られているのを見たとき，特定の物を見たとき，ボーっとしているときなど，人によってさまざまです。このことについて，本人から聞いたり，行動観察によって特定することが，今後の支援を考えるうえで重要になってきます。

## (3)　まとめ

　図 1-6 に，トラウマ反応に関する重症度を一例として示しています。アタッチメントと複合的に考える必要があり，あくまで経験的な私見ですが，虐待被害の心理的アセスメントをする際の参考にしてください。

以下の該当する項目の□に✓を入れる

軽度・中度
　□被虐待体験を思い出すことがあるが，大きく気持ちが揺さぶられない
　□悪夢を見る
　□虐待に関する話題を避けたり，少ししか話さない
　□時々ボーとすることがある
　□怒られた理由があまり思い出せない
　□イライラしやすい

重度
　□頻発するフラッシュバックや悪夢
　□トラウマ記憶がよみがえった際のコントロールできない強い感情
　□日常生活に支障が出るほどの解離
　□感情のコントロールができず自傷他害が激しい
　□虐待体験やそれにまつわる感情をまったく言語化しない
　□シビアな虐待状況にあるが被害感がない

**図 1-6　トラウマ反応の重症度例**

## 第 5 節　おわりに

　以上，アセスメントの一部に関するポイントについて概観しました。心理的アセスメントの領域は，医師との連携が必要な場面も多いと思います。アセスメントについては，今回述べた現在の状態の把握とともに，そこに至った経過（プロセス），つまり生育歴や家族歴を丁寧にたどる作業が欠かせません。

　続く第2章で検討するように，虐待のアセスメントは，シンプルにできるものではなく，同時に白黒はっきりしないグレーの場合が多くあります。悩みながらアセスメントをしたり，不安や責任を抱えながらの作業になります。つまりは，不確かさに耐えること，言い換えれば，精神分析家ビオン（Bion, W. R.）が詩人キーツ（Keats, J.）から引用した，事実と理由を早急に追い

求めずに不確実さに留まる,「負の能力（ネガティブ・ケイパビリティ）」が求められる場面が多いように思われます。そのためには, 連携のなかでさまざまな意見をコミュニケートすること, 個人ではなくチームでアセスメントをすることが不可欠になります。

【文献】

青木豊・南山今日子・福榮太郎・宮戸美樹（2014）アタッチメント行動チェックリスト Attachment Behavior Checklist：ABCL の開発に向けての予備的研究——児童養護施設におけるアタッチメントを評価するために. 小児保健研究, **73**(6), 790-797.

飛鳥井望（2019）ICD-11 における PTSD/CPTSD 診断基準について——研究と臨床における新たな発展の始まりか, 長い混乱の幕開けか？　トラウマティック・ストレス, **17**, 73-79.

Bion, W. R.（1970）*Attention & Interpretation*. Heinemann.（福本修・平井正三訳〈2002〉注意と解釈. 精神分析の方法 II——セブン・サーヴァンツ. 法政大学出版局）

服部隆志（2018）心理的虐待のアセスメントについての検討. 精神療法, **44**(2), 243-254.

Herman, J. L.（1992）*Trauma and Recovery*. Basic Books.（中井久夫訳〈1996〉心的外傷と回復. みすず書房）

数井みゆき・遠藤利彦（2007）アタッチメントと臨床領域. ミネルヴァ書房

仲真紀子編著（2016）子どもへの司法面接——考え方・進め方とトレーニング. 有斐閣

日本子ども家庭総合研究所編（2014）子ども虐待対応の手引き. 有斐閣

西澤哲・山本知加（2009）日本版 TSCC（子ども用トラウマ症状チェックリスト）の手引き. 金剛出版

高田紗英子・山本沙弥香・亀岡智美・加藤寛・浅野恭子・島ゆみ（2015）日本語版 UPID-5 の信頼性と妥当性に関する研究. 心的トラウマ研究, **11**, 1-8.

戸川行男（1956）幼児・児童絵画統覚検査 CAT 日本版. 金子書房

# 第2章

# 虐待を受けた子どもの心理的アセスメントに おける臨床的課題

【服部隆志】

## 第 **1** 節　子どもが虐待の被害体験を言語化できないとき

　第1章では，虐待を受けた子どものアセスメント，特に心理的影響のアセスメントのポイントについて紹介しました。しかし，虐待を受けた子どもに対して，スムーズに明瞭にアセスメントをすることは困難です。人の心は複雑ですので，アセスメントをする作業は一筋縄ではいきません。

　本章では，心理的アセスメントを難しくする，実際に起こりうる臨床的課題について考えたいと思います。今回取り上げる臨床的課題は，以下のとおりです。

　　⑴ 子どもが虐待の被害体験を言語化できないとき
　　　・心を守る方略（防衛機制）
　　　・被害感と言語化・意識化の水準
　　　・言語化を促すいくつかの方法
　　⑵ 虐待状況と子どもの心理的影響がミスマッチなとき
　　　・実際の被害と比べて心理的影響が明らかに見られる場合
　　　・実際の被害と比べて心理的影響があまり見られない場合
　　⑶ 生まれつき（発達障がい）か，虐待の影響か
　　⑷ 周囲の大人が子どもの心理的悪影響にフタをしたがる
　　⑸ 子どもの面接をしているときにかき立てられる感情と心の余裕

　アセスメントの際，支援者が一番困ることは，子どもが虐待状況について「話したくない」と拒否したり，「わからない」「忘れた」と言ったり，被害

体験がなかったと否認する場合だと思います。子どもが親のネガティブな面について話をしてくれないと，どのような親子関係なのか，または心理的な悪影響の程度について，アセスメントをすることが難しくなります。同時に，その後のケアも困難になります。

　この問題について考えるにはまず，子どもがネガティブな体験や気持ちから自分の心を守るために，さまざまな方略（防衛機制と呼ばれます）を用いるという点について，考える必要があります。

## 1. 心を守る方略（防衛機制）

　子どもでも大人でも，嫌なことは考えたくない，忘れてしまいたい，という気持ちがあります。ネガティブなことに直面化しすぎると心に負荷がかかりすぎるために，さまざまな方法で直面化しない方略（防衛機制）を無意識のうちに使います。それは虐待体験にも当てはまります。防衛にはいくつかの方法があり，以下は虐待を受けた子どもに見られる防衛の一例です。

### (1)　抑圧・回避・否認

　抑圧・回避・否認はそれぞれ意味が少し異なりますが，根本的に同じ内容を示しています。人は往々にしてショックなことがあると，その体験にフタをして忘れようとするものです。もちろん，自分の心を守るためには必要なことですし，些細なことであれば忘れるほうが良い場合もあります。しかし，回避がトラウマ反応のひとつとして数えられているように，日常生活に支障が出る場合も多いです。たとえば，自分への悪影響について考えられない，その出来事が思い出せないなどによりフタをして忘れようとします。

　子どもがネガティブな感情やトラウマ反応について「ない」と話した場合でも，本当にないのか，抑圧・回避・否認しているかの区別は必要です。その区別のひとつの視点については，次項の「被害感と言語化・意識化の水準」を参考にしてください。心の代わりに，行動や身体が何らかのサインを示しているかもしれません。

### (2)　解離

　解離は抑圧などと似ている方法ですが，特徴は記憶や気持ちを自分から切

り離すことにあります。詳細は第1章の第4節で触れているので，それを参考にしてください。

### (3) 投影同一化

投影は自分の感情を相手に投げ込む現象です。言い換えれば，子どもの気持ちがこちら側にも伝わり同じ気持ちになることです。たとえば，子どもと関わっていると，こちらがイライラさせられたり，悲しくなることがありますが，これは投影のなせる技です。子どもにとっては，自分のなかのネガティブな気持ちを誰かに投げ込む（渡す）ことで，その気持ちが減らせるということです。

### (4) 行動化

行動化は，イライラ，さみしさ，不安，怖さといったネガティブな気持ちを消したり，忘れたりするために，タバコ，アルコール，自傷行為，盗み，性などの行動を起こすことを言います。

### (5) 攻撃者との同一化

攻撃者との同一化は，虐待者と同じように，他者に攻撃的に振る舞うことです。ネガティブな感情になる被害者の立場となることを避けるために，自分が攻撃者側となり，他者に暴言や暴力をする（つまり，虐待者と同じ行動をとる）ことがあります。

### (6) 躁的防衛

躁的防衛は，ネガティブな感情にならないよう，テンションを上げて考えないようにすることです。空元気とも言えますが，第三者から見れば不自然に見えます。また，これはトラウマ反応の過覚醒の一側面とも言えます。

### (7) 分裂と理想化

この二つは少しわかりにくいメカニズムになります。本来，どの人にも，良い面と悪い面の両方があるのですが，分裂状態になると，「この人は全部が良い人（all good）で，この人は良いところが全然ない悪い人（all bad）だ」

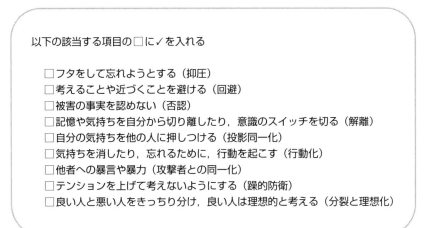

以下の該当する項目の□に✓を入れる

□フタをして忘れようとする（抑圧）
□考えることや近づくことを避ける（回避）
□被害の事実を認めない（否認）
□記憶や気持ちを自分から切り離したり，意識のスイッチを切る（解離）
□自分の気持ちを他の人に押しつける（投影同一化）
□気持ちを消したり，忘れるために，行動を起こす（行動化）
□他者への暴言や暴力（攻撃者との同一化）
□テンションを上げて考えないようにする（躁的防衛）
□良い人と悪い人をきっちり分け，良い人は理想的と考える（分裂と理想化）

**図 2-1　虐待を受けた子どもが用いることのある防衛機制**

といった具合に，極端な対人認知となります。また all good の場合は，たとえ虐待者であっても親を理想化して，悪いところはない良い人だととらえます。ネガティブな感情について考えないためには，その人を all good だと認知するほうが楽なのです。特に子どもは，生きるためには親の養育が必要なために，見捨てられないように理想化しやすい傾向があります。

　このようにさまざまな心の守り方があり，どのようなときにどの方法を使うかは，人それぞれです。被害体験について話さない場合に，被害体験がないとは決めつけず，被害体験はあるが，それに触れられずに防衛しているために言葉にできない，ととらえることが重要な場面があります。また，同じ防衛しか使わなかったり，防衛に頼りすぎると日常生活に支障が出ることがあります。そのため，アセスメントとして，どのような防衛方法が用いられやすいのか，その防衛のメリットとデメリットについて注意深く検討することが勧められます。
　以上の子どもが用いることのある防衛機制について，図 2-1 にまとめました。

## 2. 被害感と言語化・意識化の水準

　被害体験やその感情を言語化しない場合に，他の視点で考えることもできます。それは，子どもが虐待状況のしんどさ，苦しさをどの程度，意識化（自分で認識できる）できるか，それとも意識化できない無意識レベル（無自覚）なのかという点です。言語化するためには，意識化することが必要です。

　まず前提として，子どもがその虐待被害について，被害感，困り感，助けてほしい気持ちを持っているかどうかがポイントになります。つまり，被害感があり，虐待被害がしんどいことだったと気づいているが言語化できないのか，そもそも自分が被害感などのしんどい気持ちなのに気づいていないのかについて，区別をする必要があると思われます。ネガティブな記憶と感情に，子ども自身が自由にアクセスすることができないと，言葉にして誰かに伝えることは難しくなります。

　他者に言語化してコミュニケーションできる場合でも，しんみりと抑うつ的に話せる子どもから，吐き出すような勢いでネガティブな記憶と感情を話す子どもまでいます。後者の場合は，面接者を攻撃するかのように話すことがあります。

　被害感が多少なりともあり，記憶や感情に触れられるのに言語化しない場合には，いくつかの可能性があります。たとえば，どのように言葉にしたらよいのかわからない，虐待への罪悪感や自責感を抱えている，家のネガティブな面を他者に言うのは良くないことと思っている，自分が悪いための親の行動であり，自分の否定的な面は言いにくい，親に口止めされている，などが考えられます。

　一方で，自分から自由に話すことができないが，絵や遊び，夢を通じて表現することが可能な子どももいます。これは，「象徴」という心の作用を通じた表現になります。たとえば，自由に絵を描いているときに，トラウマ体験に似たような場面を書いたりします。しかし，直接的な表現ではなく，象徴的な表現（何かを他のもので表すこと）なので，たとえば，独りぼっちのウサギの絵，傷だらけの木の絵などです。前者はさみしさと心理的居場所のなさ，後者がトラウマを持つ自己像を表している可能性があります。

　象徴的表現をする場合，子どもは意識的ではなく，多くは無意識的な表現

です。夢にも何らかの意味があることもありますが，いずれにせよこれらは
ストレートな表現ではないので，わかりにくいことも多いです。子どもにとっ
てしんどさを表現したいが，意識的に表現できない結果として象徴的な表現
となる点を，理解することが望ましいように考えます。

　あるいは，象徴的にも表現できない子どももいます。虐待被害がかなり深
刻であったり，子どもが表現することに耐えられない場合は，象徴化すらさ
れずに表現されないことがあります。しかし，虐待によるネガティブな影響
は隠しきれないので，言葉ではなく行動で，あるいは身体反応として表れる
場合があります。

　行動として表現される場合，他者への暴言や暴力といった反社会的行動化
から，ひきこもりなどの非社会的行動まであります。いくつかの行動化のう
ち，他者への暴言や暴力は，防衛機制のところで述べた攻撃者への同一化が
背景にある場合が多いですし，無力感や怒りの表現の可能性もあります。ま
た，盗みは，さみしさなど満たされない気持ちを食べ物などの物で埋めたい
願望や，自分は持っていないが他の人が持っているものを奪いたい願望が，
背景にある可能性があります。火遊びは，たとえば，虐待者や自分の環境へ
の怒りを示しているかもしれません。その他，対人接触が嫌になり，不登校
やひきこもりなどの非社会的行動をとったり，イライラや悲しさを紛らわす
ために自傷行為に至る子どももいます。

　このように，フタをしようにも収まりきらないネガティブな感情が，行動
面に表出されます。こういった行動上の問題は，子ども自身の課題ととらえ
られることもありますが，虐待被害の悪影響の結果であるというとらえ方も
できます。

　また，身体反応の場合，腹痛や頭痛といった不定愁訴の訴えがあります。
これは，ストレスが身体症状に出ることと同じです。被害感があってもなく
ても身体で表現されることはありますが，被害感が少ないとよりコントロー
ルしにくい状態のように思われます。

　そして，抑圧や否認，解離がかなり強く，どのような手段でも表現されな
い水準もあります。特に第1章で見たように，親からの支配（コントロール）
が強く，言わば洗脳状態にある場合に言語化してもらうことは，一番難しい
作業となります。以上の子どもの被害感と言語化・意識化の水準について，

以下の該当する項目の□に✓を入れる

1．被害感（助けてほしい気持ち）
　　□あり　　　□少しあり　　　□なし

2．言語化・意識化の水準
　　□言語化・コミュニケーション可能
　　□象徴的表現が可能
　　□行動化（□暴言・暴力　□盗み　□火遊び　□非社会的行動　□自傷行為）
　　□身体反応
　　□抑圧・否認・解離が強い

**図 2-2　子どもの被害感と言語化・意識化の水準**

図 2-2 にまとめました。

　行動化や身体反応で表出した場合は，それを言葉に置き換える作業が重要になります。また，子どもだけでこの作業はできないので，次項に述べるように，大人の助けが必要となります。

## 3．言語化を促すいくつかの方法

　ここで，子どもが被虐待体験や感情を言語化するために，私たちができることについて考えたいと思います。この点について検討するためには，前提として，子どもにどこまで言語化を促せばよいのかという問題に直面します。

　子どもが虐待被害とそれにまつわる感情について話さないことは，自分の心を守ろうとした結果である可能性があります。そのことは尊重する必要があります。一方で，フタをしようにも，虐待被害のように継続的であったり，インパクトが大きすぎると，そううまくはいきません。心のキャパシティを超えてしまい，日常生活に支障が出る（トラウマ反応や身体反応，行動上の問題が出る）ことがあります。もちろん，適切なアセスメントなしには，適切な支援や介入はできませんし，虐待体験について話すことなしにケアされることは，基本的にはあり得ません。

　他方，無理矢理に言語化させることは子どもにとって逆に負担となり，トラウマ体験になる場合があります。本人の置かれた状況や環境，サポート体

制を考慮する必要がありますし，子どもがネガティブな記憶と感情に向き合える力や準備が必要な場合もあります。これは，アセスメントのみならずケアにも関連することですが，子どもの状態像をアセスメントしながら，段階的にサポートをするなかで言語化してもらうことが大切です。

　上記を併せて考えると，アセスメントでは，無理強いはしないが被害体験やトラウマを話すように促すことが基本路線のように思います。面接者がトラウマに触れることを怖れていては，子ども自身がトラウマに触れることを怖れることにつながります。われわれがトラウマをネグレクトするわけにはいかないように思います。

　以上の前提のもと，いくつかの方法について触れます。アプローチの仕方についてはいくつかありますが，共通して大切なことがあります。それは，① こちらが理解した子どもの状態や客観的な情報を言葉にして伝えること，② それにより，子どもが自分について知ったり，面接者が自分の気持ちをわかってくれる人だと感じること，③ それらを通じて，子どもが自分の本当の気持ちや状態を言語化できるようになる，というプロセスです。

　ここで重要なことは，「情緒的に考える」作業が必要だという点です。防衛は強力ですので，表面的に言葉にして伝えたり，感情が伴わない知的作業になってしまうと，子どもの心は変わりません。子どもの心理状況に合わせて，面接者との関係性や相互作用を通じて，一緒に考える作業が必要になると考えます。

　以下に，言語化するためのアプローチをまとめました。


(1) **共通**

　　① こちらが理解した子どもの状態や客観的な情報を，言葉にして伝える。

　　② それにより，子どもが自分について知ること，面接者が自分の気持ちをわかってくれると感じることにつながる。

　　→これらのプロセスを通じて，子どもが自分の本当の気持ち，しんどさについて触れ，言語化することができる。

(2)アプローチ方法

　①一般的な情報を心理教育として伝える。

　②心の防衛のあり方について伝える。

　③面接者との関係性（転移関係）について伝える。

　④自責感と怒りについて触れる。

　⑤遊びや絵などの象徴的表現を，言語化して伝える。

　⑥子どもの本当の気持ちについて一緒に考える。

　※上記を通じて，自分の本当の気持ちについて「情緒的に考える」作業を行う。

## (1)　一般的な情報を心理教育として伝える

　まず紹介するのは，客観的な情報を心理教育として伝えることです。心理教育をすることの一番の目的は，子どもが自分について知ることにあります。虐待を受けた子どもは，さまざまなトラウマ反応やアタッチメント行動に悩んだり，振り回されたりします。しかし，自分ではなぜこうなるのか，どうしたらよいのかがわからず，こんな自分はおかしくてダメな人間なんだという苦しみを抱える場合があります。そのようななかでは，大人が客観的な情報を伝えることが助けになる場合があります。

　具体的に子どもに伝える内容としては，その子どもが受けた行為は虐待と言い，法律でも禁じられているくらい，どんな理由があってもしてはいけないことだ，と伝えることがあります。また，そういった被害を受けたときは，さまざまな反応が起こるのが普通であることについて，具体的なトラウマ反応を用いながら説明をします。さらには，今後の見通しとして，それらの反応は，安全で安心な生活を続けることで少しずつ減っていくこと，もしその子どもがフラッシュバックで苦しんでいたら，リラックスして落ち着く方法を一緒に考えたり，呼吸法や筋弛緩法などを一緒に練習をすることが有益でしょう。また，解離の場合は，自己感覚を取り戻すように，五感を確認する練習方法があります。

　これらはあくまで一例ではありますが，心理教育によって正しい情報を伝えることで，たとえば，以下の効果が期待されます。

⑴子どもにとっては訳がわからなかった反応に名前を与えること。

⑵反応が出ることは自分だけはない，当たり前であることを知ること（ノーマライゼーション）。

⑶今の自分の状態を多少なりとも客観視することで，自己理解を促すこと。

⑷苦しんでいる反応を外在化し，コントロールできる感覚を持ってもらうこと。

⑸罪悪感や自責感を減らすこと。


　もし，これらが部分的にも達成できたなら，正確な認知や被害の言語化に結びつき，子どもがポツリポツリと話しはじめてくれるかもしれません。

　心理教育はいろいろな子どもに広く使えますし，特に急性期のトラウマ反応に苦しんでいる子どもに上記の情報を伝えてあげることは，大きな助けになると思います。一方で，年齢が低い子ども，回避がかなり強い子ども，トラウマ体験を言語化できない（もしくは絵などでの象徴的な表現に留まっている）子ども，トラウマに向き合う力にあまりに乏しい子どもの場合は，心理教育は届かないことがあるように思えます。その場合の工夫としては，気持ちについての心理教育をすること，後述する象徴表現や，本当の感情を言語化して伝える関わりなどで，補完する必要があります。

## ⑵　心の防衛のあり方について伝える

　虐待被害の記憶や感情に触れて言語化するためには，強い防衛を弱めてもらう必要があります。そのために，防衛をしている（心を守っている）ことについて伝え，なぜ心を守っているか（防衛のニーズ）について一緒に考える作業が，有効な場合があります。子どもがそれに気づくことで，または子どもが面接者を自分のことをわかってくれる人だと認識することが，防衛を弱めることにつながる場合があります。

　たとえば，子どもに「そのことを考えるより，忘れてしまうほうが良いって思っているのかもしれない」「お父さんのことになると，思い出したり，話すことが難しくなるね」「そういうことがあったら悲しい気持ちになりそうだけど，○○ちゃんはそれを隠そうとする」などと伝えるチャンスがある

かもしれません。

　また，防衛をするときは，何かを怖れていたり，何かを守ろうとしているときが多いものです。子どもの心情としては，親を裏切った気持ちや罪悪感があるのかもしれませんし，親に見捨てられるのではないかという不安が背景にあるかもしれません。あるいは，親のネガティブな面を言葉にすることで，親が良い方向に変わってくれる期待を捨てることになったり，これまでの親との良い思い出を守りたい願望が隠れているのかもしれません。

　このような場合，「家であったしんどいことについて話すと，お母さんに捨てられるのではないかと心配しているのかも」「お父さんとお母さんの嫌なことは言わないほうが，家での生活が楽だと思っている」などと伝えて，言いたくない背景について考えてもらう手があります。

　これらの防衛は一見不合理で，面接者としては了解しにくいものもあります。ここでは，子どもの心情や防衛を尊重することと，心の成長のために隠れている感情や思考について一緒に考えることのバランスが，大切だと思われます。

### (3)　面接者との関係性（転移関係）について伝える

　子どもが被害体験や気持ちを言語化しない背景のひとつに，面接者との関係があります。たとえば，子どもは面接者のことを親と同じで，怖くて自分の気持ちをわかってくれない人と感じている可能性があります。たとえ面接者が子どもと初対面であっても，真っ白なゼロから関係がスタートするとはいきません。この現象は「転移」と呼ばれる，子どもが「自分にとって重要な人」と，「それ以外の人」を重ね合わせて見る事象が原因です。

　言い換えると，子どもは面接者と会う前から，大人へのイメージ，不安や期待が，子どもの心のなかにすでに準備されているとも言えます。一種の色メガネをかけてこちらを見ている状態と言えますが，出会った最初から親と重ねて見られることもあれば，関係が深まってから親と重ね合わせられることもあります。後者は，面接者との情緒的接触が，親との関係で経験したさまざまな感情を蘇らせることが背景にあります。もちろん，さまざまな内容の色メガネが用意されており，たとえば，最初は優しいけど後から怖くなる信用できない大人，自分の気持ちを聞いてくれない大人，口うるさく支配し

ようとする大人のイメージで，面接者を見ている可能性があります。この点
は，第１章で触れたアタッチメントイメージのアセスメントとも関連します。

　また，面接者は，ネガティブな不安だけではなく，期待の目で見られるこ
ともあります。たとえば，今まで出会うことのなかった完璧な大人ではない
か，自分のことをなんでも決めてくれる依存できる大人ではないか，といっ
た期待かもしれません。転移関係は，子どもを支援するうえでは厄介な現象
ですが，面接のなかで扱わないとアセスメントやケアが失敗する可能性が高
まりますし，子どもの面接者への不安と期待をどう扱うかが，面接のポイン
トになります。

　具体的には，面接内での関係性について取り上げ，言葉にして伝える必要
があります。たとえば，「最初は優しくても結局裏切られるということは，
ここで私にも感じていることかもしれない」といったように，子どもが自分
（面接者）のことを親と同じような人だと思っているかもしれない，という
視点で伝えることがポイントになります。

　過去の虐待体験と，今の目の前の面接者との関係をつなげることは，子ど
もにとってリアルで生々しいことです。しかし，それが情緒的なインパクト
となり，子どもの心に響き，結果として情緒的に考えることに発展する可能
性があります。

## (4)　自責感と怒りについて触れる

　第１章で見てきたように，子どもは親に対して複雑な感情を抱えています
し，そもそも人間は感情の生き物です。親が加害行為をする親か，積極的に
虐待行為をしない親（非加害親）かの違いもありますし，たとえ虐待行為が
あっても，基本的なケア（食事や衣服の提供）をしてくれる場合や，怖れや
怒りといったネガティブな気持ちだけではなく，ポジティブな気持ちを持っ
ている場合もあります。

　このように，複雑な気持ちを抱えているなかで，虐待行為を受けるのは自
分が悪いという「自責感（罪悪感）」と，虐待行為をする親への「怒り」は，
鍵となる気持ちになります。言語化しないこととの関連で言えば，自責感が
大きいほど親のネガティブな面は言葉にしませんし，怒りが大きいほど言語
化も可能です。そして，この怒りは正当である点が大切なように思えます。

子どもが正当な怒りを感じられるようになることで,自分ではなく親が悪い,という認知の変容のきっかけとなる場合があります。

　実際の面接のなかで,親に対してさまざまな気持ちを抱えていることを共有したうえで（たとえば,「○○ちゃんには△△の気持ちと,□□の気持ちの両方がある」と伝える）,怒ってもよい状況であると伝える（たとえば,「だけど親から××なことをされたら,普通イライラしたり,怒ったりすると思うけど」と伝える）ことができます。

　また,どのような理由があっても虐待をする親が悪いことを子どもに伝え,本当に自分が悪いのかについて一緒に考える作業をすることもできます。怒りの気持ちがあるのは自然であると第三者に認めてもらうことは,子どもの助けになることがあります。その際には,親が良い方向に変わる期待といったポジティブな気持ちを子どもが持っていることを否定せず（肯定もしない）,そのうえで自責感に対抗できる正当な怒りを感じる手伝いができれば,子どもが変化するきっかけとなる可能性があります。なお,その後に怒りへのケアも必要になります。

## (5)　遊びや絵などの象徴的表現を言語化して伝える

　「言語化・意識化の水準」で述べたように,子どもは言葉で充分に表現できなくても,遊びなどの子どもが自由に振る舞う場面で,象徴的に被害が表現されることがあります。また,心理教育として子どもの心の状態を伝えても,「自分には関係ない」と否定する子どもがいます。そういった場合には,子どもが表現したものに意味を加えて伝えるほうが,子どもへの情緒的なインパクトが強いことがあります。

　このアプローチでは,面接者は目の前の子どもが何を表現しており,何を伝えようとしているのかを考え,可能な限り言葉で伝えることが仕事になります。言葉で伝え,理解するというのは,子どもには難しい作業に思われるかもしれませんが,少なくとも5歳以降であれば可能です。

　象徴的な表現を媒介するものとしては,自由な遊び場面はもちろんですが,他にも,自由画,樹木画（小学校高学年以降）といった絵が考えられます。子どもは絵への親和性が高く,防衛がゆるみ,内的世界が表現されやすい傾向にあります。描画では,キャラクター,動物,架空の生物にどのように振

る舞わせるかを見ていきます。また，基本的にはその絵で表れてきたものは，その子ども自身のこと（投影されたもの）として理解し，そこでの情緒（怒り，傷つき，さびしさなど），関係性の特徴（攻撃性，依存性など）など，表現されたものについて伝える作業をします。例を挙げれば，「そのネコは，他のネコに怒っているけど，それは○○くんにもある気持ちなのかな」「そのウサギはひとりぼっちだけど，○○ちゃんも家でさみしい気持ちだったのかもしれない」「今描いている鬼とヘビの関係は，お父さんと○○ちゃんの関係と一緒のように思う」などです。

　遊びにせよ，描画にせよ，子どもの象徴的表現を面接者が言葉で伝えることで，子どもがそれに反応して言語化をするというプロセスが大切です。

## (6)　子どもの本当の気持ちについて一緒に考える

　これまでのまとめになりますが，虐待を受けた子どもにとって重要なことは，子どもが自分のネガティブな心の状態に気づき，それを言葉にして誰かとコミュニケーションできるようになることです。しかし，虐待を受けた子どものなかにはそれが難しい子どもが多いため，これまで概観したように，いろいろな角度から子どもに心の状態について伝え，一緒に考えることになります。精神分析家のビオン（Bion, W. R.）が示しているように，自分ではしんどくて考えられない心の状態であっても，他者に考えてもらい，理解され，言葉にして返してもらうことで，子ども自身が考えられるようになるプロセスが生まれてきます。

　たとえば，子どもとのコミュニケーションのなかで，「叩かれたときには，自分なんてどうでもいいって気持ちになるんだね」「いつものことだから気にならないって言うけど，本当は○○くんはとても怒っているように聞こえるよ」など，子どもが言語化をしないが本当は感じている感情や考えについて，タイミングを合わせて伝えることで，子どもがそれに触れ，情緒的に考えることができるようになります。

　以上，さまざまな角度から，子どもに心の状態について伝える方法を説明しました。すべてのアプローチに共通することですが，面接者とのコミュニケーションを通じて，子どもが面接者のことを，自分の気持ちを受け止め，

理解してくれる人ととらえてもらうことが土台になると思います。そのためには，子どもが圧倒されているネガティブな気持ちを面接者は受け取り，保持できる姿を示すことが必要です。そういった相互作用の結果として，子どもが情緒的に考えること，誰かに伝えることが，自分の助けになると感じてくれるようになることが期待されます。

 ## 第2節　虐待状況と子どもの心理的影響がミスマッチなとき

　同じ内容の虐待を，同じ頻度と期間で受けたとしても，心理的影響の表れ方は人それぞれです。そして，影響の大小も変わってきます。虐待を受けた子どもの心理的アセスメントをしていると，もっと深刻な悪影響が出てもよさそうなのに，そこまで大きなトラウマ反応が見られない場合もありますし，その逆もあります。アセスメントを難しくする点でもあるので，その背景について，いくつかの検討をしていきたいと思います。検討事項は図2-3に示すとおりです。

---

以下の該当する項目の□に✓を入れる

□実際の被害と比べて心理的影響が明らかに見られる

　　□アタッチメントに課題がある子ども
　　□過敏で被害的な受け止めになる子ども

□実際の被害と比べて心理的影響があまり見られない

　　□適応能力が高い
　　□社会的スキルが高い
　　□心の防衛がうまく機能している
　　□虐待親以外のサポート関係が良好である

---

**図2-3　虐待状況と心理的影響のミスマッチが起きる場合のまとめ**

# 1. 実際の被害と比べて心理的影響が明らかに見られる場合

## (1)　アタッチメントに課題がある子ども

　特定の養育者とのアタッチメントの形成が，子どもの感情の発達にも影響を与えます。アタッチメント関係が良好であることは，つまり，子どもは親からネガティブな感情をなだめてもらった経験が多いということになります。すなわち，幼少期に子どもが泣いたときに，養育者からそのネガティブな感情を扱ってもらうという経験の積み重ねが，後のトラウマ反応や感情のコントロールにも関連するのです。この点は，子どもが自分の気持ちを自分でなだめる（ネガティブな気持ちを小さくする）ことができるようになる力に直結します。一方で，ベースとしてアタッチメント面の課題があると，トラウマ体験をした際に，自分のネガティブな感情（怖さや不安，抑うつ，怒りやイライラ感）をうまくなだめることができず，結果として心理的影響が大きくなる可能性があります。

　また，アタッチメントは対人信頼感にも関連するので，誰かが自分を助けてくれるだろうという期待感の大小にも影響します。そして，被虐待体験やその影響を過剰に報告する子どものなかには，自分の気持ちをわかってもらいたい，気づいてほしい，といった思いを強く持っている子どもがいます。もちろん，主観的には子どもは苦しんでいるので，それは理解し，受け止める必要がありますが，過剰に報告し，自分の気持ちをわかってほしい強い思いの背後に，アタッチメントの課題が見え隠れする場合もあります。

　このように，アタッチメントの質は，脆弱性にもレジリエンスにもなるために，丁寧にアセスメントをすることが大切と考えられます。

## (2)　過敏で被害的な受け止めになる子ども

　子どものなかには被害的に受け止めてしまう子どもたちがいて，その特徴のために，より被害感や負担感を感じる場合があります。子ども自身が持つ過敏性とも言えますし，ネガティブな面に目を向けやすい傾向とも言えます。これは子どもがある種の脆弱性を持っているからととらえられます。生まれつきの特徴の場合もあれば，自尊心（自分を大切にする気持ち）が低い，悪

い方向に考えすぎるなど，生育歴からくる場合もあります。同じく，他者への依存性が高い子どもも，他者からの影響を受けやすいために，被害感も高くなりやすいと考えられます。

　中高生の女子の場合，親との関係で否定的な過去を積み重ねた期間が長いこともあり，情緒的な反応が強く出ることがあります。自分の気持ちをわかってくれない，親に大切にされていないという思いを強く持ち，その時点の虐待状況としては軽くても，家に帰りたくないと強く希望する子どももいます。

　その他，自閉症スペクトラムの子どもは，発達特性としてフラッシュバックをしやすかったり，被害感を持ちやすいことがあります。こちらは生来的な特性で変わりにくい部分ですし，はたから見たら「そこまで大きいことに思えない」と考えてしまうことがあるかもしれませんが，子どもの主観としては苦しんでいる，という理解と配慮が必要になると思われます。

## 2. 実際の被害と比べて心理的影響があまり見られない場合

### (1)　適応能力が高い

　心理的な悪影響があまり見られないひとつの可能性は，適応能力がある場合です。子どもに適応能力があれば，たとえそれが虐待環境であっても，それなりにうまく適応して乗り切ることができます。適応能力に大きく関連するのは，知的能力だと思われます。親からの虐待行為を招かないようにうまく振る舞うことはもちろんですが，知的能力が高い子どもは，親の状態像を理解できることがあります。これは親に過度に巻き込まれることなく，ある程度客観視できる力に直結します。その結果，自分が悪いのではなく親が悪いととらえられるので，自責感も少なく，影響も小さいことがあります。

### (2)　社会的スキルが高い

　適応能力を支えるものとして，社会的スキルがあります。社会的スキルには，対人スキルや自分の感情を扱うスキルなど，さまざまなものが含まれます。

　対人スキルがあれば，周囲の大人に助けを求めることができ，併せて学校での良好な友だち関係が，虐待による悪影響の緩衝材となります。また，自

分の感情を上手に扱うスキルがあれば，不安や怖れといった自分の気持ちに気づき，それをコントロールしやすいことにつながります。そして，対人スキルと感情を扱うスキルの両者があれば，誰かにきちんとしんどさを伝えることができ，負担感も軽減されます。自分の気持ちを把握し，それを言葉にして伝えることが，心理的な悪影響の軽減には最適な方法になります。

　これらは非認知（社会情緒）的能力のひとつとも言われており，近年着目されている能力です。知的能力は変わりにくい性質のものですが，社会的スキルは比較的短期間で身につくため，支援方法として有効だと考えられます。

### (3)　心の防衛がうまく機能している

　虐待による影響が少ないことは，それだけ心の防衛がうまく機能していることを意味します。うまく機能していること自体は良いことですし，嫌なことも忘れられるなら，それもひとつの手です。一方で，長期で複数回にわたる虐待被害体験にフタをすることは無理があり，いくらフタをして忘れようにも，身体症状や行動化として表れたり，何かがきっかけとなってフラッシュバックなどにつながってしまう可能性があります。

　あくまで経験上の話ですが，いくつかの防衛のなかで特にうまく機能しやすいのが，「解離」のように思います。解離は第1章で触れたように，意識のスイッチをオフにして，自分から切り離すメカニズムです。平穏な日常生活と虐待状況の間で，スイッチのオンオフを上手に使う子どもがいます。解離はスペクトラムなので，軽いものから重たいものまであります。もちろん，その防衛を長期間使い続けると悪影響があり，たとえば解離癖がつくと日常生活でもボーっとしたり，忘れやすくなったり，心のキャパシティが減ったりと，何かと支障が出るようになります。解離は便利ですが，使い過ぎると，後々やっかいな状態に至ることも多いように思われます。

### (4)　虐待親以外のサポート関係が良好である

　虐待状況があった場合でも，積極的に虐待行為をしない親（非加害親）との良好なアタッチメント関係や，きょうだい，祖父母などの親族との良好な関係が保障されていれば，それが子どもの大きな助けとなります。また，関係機関が指導や支援を行っても，親自身が抱えている課題が大きいために，

すぐに変わることは困難な場合もありますが，その際も，子ども自身の友人関係，保育園や学校といった所属での大人との関係，支援者のサポート体制がしっかりあれば，子ども自身が自分のネガティブな気持ちを言葉にして，SOSを出せることにつながります。

## ■ 第3節　生まれつき（発達障がい）か，虐待の影響か

アセスメントの際には，それが環境（虐待状況）の影響なのか，それとも生まれもった特徴なのかの区別に悩まされます。たとえば，多動，衝動性を示す子どもがいたとして，それがADHDに由来するものなのか，過覚醒というトラウマ反応なのかといった区別は難しいです。ボーっとしている，忘れっぽい状態については，ADHDの不注意の場合とトラウマ反応の解離の場合があります。「ニワトリが先か，卵が先か」という例え話がありますが，虐待環境は幼い頃から続いていることもあるので，もはや生まれつきなのか環境のためなのかの区別がつかない場合も多くあります。

このような場合には，医師の意見を聞くことがありますが，正確な診断のためには，生育歴の情報を丁寧に聞き取っていくことが第一になります。しかし，親から聞くことが難しい場合もあります。その際は，保育園や小学校など，子どもの所属からの情報が貴重になります。また，現在の日常生活での丁寧な観察をすることも重要です。

鑑別は困難ですが，いくつかの違いが報告されています。先ほど例に挙げた多動，衝動性については，被虐待児の場合は解離が認められること，ADHDの子どもは対人関係が素直でわかりやすいが，被虐待児はややこしい関係性をとること，被虐待児はADHDのように常にテンションが高いわけではなく，気分の波があることが指摘されています。

自閉症スペクトラムとアタッチメント行動の区別も，同様に難しいことがあります。誰にでも話しかける対人関係は，自閉症スペクトラムと無差別型のアタッチメントタイプの両者に認められます。区別の視点としては，感覚過敏やこだわりの強さは自閉症スペクトラムに特徴的ですし，対人関係に敏感で他者の反応やどう思われているかを気にすることはアタッチメントに課題のある子どもの特徴として挙げられます。しかし，これらは絶対の基準で

はありません。

　また，両者が関連することもあります。もともと生来的な多動傾向があり，それが暴力被害のために過覚醒状態となり，多動性や衝動性に拍車がかかってエスカレートする場合です。いずれにせよ，このあたりの点は，特に医療機関との連携が必要となる分野です。

## ■ 第 4 節　周囲の大人が子どもの心理的悪影響にフタを したがるとき

　児童虐待において難しい問題のひとつが，親などの身近な大人が虐待状況にあることや，それによる子どもの悪影響がまるでなかったかのように振る舞うことです。これは，親自身がそのことを扱えないために起こる状況ではありますが，親が見て見ぬふりをすると，一緒にいる子どもも，そのことは家族としゃべってはいけないのではないか，実はたいしたことではなかったのではないか，自分の気のせいではなかったのか，と感じる可能性があります。

　そうなると第1章で触れたように，トラウマが地雷になる危険があります。そのような場合，地雷を撤去しようとするか（積極的にトラウマケアをしようとするか），経過を見守るかの判断は難しいですが，少なくとも本人が困っている場合や日常生活に支障が出ている場合は，何らかのケアをする必要があります。せっかくケアをしようにも，身近な大人がフタをしたがればケアはうまく進みません。いずれにせよ，こういった場合には，まず周囲の大人（家族，里親，施設職員など）に本人の状態像と今後必要な支援について伝え，理解してもらうことが重要でしょう。

## ■ 第 5 節　子どもと面接をしているときにかき立てられる 感情と心の余裕

　虐待を受けている子どもと向き合っていると，面接者側にもさまざまな情緒的反応が起きることがあります。たとえば，面接をしていると，その子どものことが極度に心配になる，子どもの言葉や行動にイライラする，圧倒さ

れてこちらの感受性や思考力が麻痺する，子どもの被害体験に触れることを避けて見て見ぬふりをしてしまうことが挙げられます。

　これらは「投影同一化」と呼ばれる心の働きによるものだと考えられます。「投影同一化」とは，簡単に言えば感情が伝わることですが，子どもが自分の心に置いておけない嫌な気持ちが伝わってきて（投影），こちらが同じ気持ちになる（同一化）現象のことです。日常生活でも，もらい泣きや逆ギレなど，気持ちが相手に伝わり同じ気持ちになることがありますが，これも同じ作用によるものです。

　たとえば，ある子どもが親に対して，暴言や暴力を受けたイライラや怒りの感情を持っているとします。子どもと共感的に関わっていると，その怒りが面接者に伝わり，次第に面接者がその子に対し，イライラする気持ちが沸き起こってくることがあります。結果として，子どもに対してイライラしながら接したり，関わることを避けてしまうことにつながります。

　つまり，面接者側に極端な気持ちの反応が起きた場合，それは子ども自身が持っている気持ちがこちら側にも体験されており，その気持ちは自分ではなく，子どもの気持ちとして理解することが大切と考えられます。言い換えれば，こちらに喚起され湧き上がってくる感情（逆転移）にも目を向けることが，子どもの理解の助けになるということを意味します。

　虐待を受けた子どもとの関わりでは，虐待の再演サイクルに巻き込まれることに気をつける必要があります。こちらに強い感情が湧き上がってきたときはふと立ち止まり，「この子はこういう気持ちを今まで感じてきて，それがこちらにも伝わっている」と気づくことで，冷静さやバランスを取り戻すきっかけとなり得ます。

　心理的アセスメントの際には，子どもの気持ちを敏感にキャッチする必要があるので，こちらの感受性を維持することが必要です。それは同時に，子どもから伝わる気持ち（投影同一化）も強くなります。つまり，子どもと関わるときは，共感しすぎてもよくないし，心を閉ざしてもよくないことになります。アセスメントではそのバランスを保ちながら，子どもから投げ込まれた感情に巻き込まれないこと，伝わってくる気持ちについて考えること，気持ちを受け取れる他者であることを子どもに示すことが求められます。

　上記のためには面接者側に心のゆとりが必要です。第三者の意見を聞くこ

とや，職員間でのコミュニケーションとサポートが助けとなるでしょう。虐待を受けた子どもと一人だけで関わることは困難ですので，さまざまな人との連携とコミュニケーションが欠かせません。

【文献】

Bion, W. R. (1962) *Learning from Experience*. Heinemann.（福本修訳〈1999〉経験から学ぶこと．精神分析の方法 I──セブン・サーヴァンツ．法政大学出版局）

Cohen, J. A., Mannarino, A. P., & Deblinger, E. (2006) *Treating Trauma and Traumatic Grief in Children and Adolescents*. Guilford Press.（白川美也子・菱川愛・冨永良喜監訳〈2014〉子どものトラウマと悲嘆の治療──トラウマ・フォーカスト認知行動療法マニュアル．金剛出版）

Garland, C. (1998) *Understanding Trauma: A Psychoanalytical Approach*. Karnac Books.（松木邦裕監訳，田中健夫・梅本園乃訳〈2011〉トラウマを理解する──対象関係論の基づく臨床アプローチ．岩崎学術出版社）

服部隆志（2016）被虐待児とのコミュニケーションにおけるセラピストの内部の心的空間──コンテインメントと空間概念との関連．精神分析研究，**60**(2)，202-209.

服部隆志・良原果林・福井智子・日下部陽香（2019）児童養護施設における被虐待児へのSST（ソーシャルスキルトレーニング）の実践──人づきあいスキルと感情のコントロールスキルの獲得にむけて．子どもの虐待とネグレクト，**21**(1)，98-105.

Hoxter, S. (1983) Some Feelings Aroused in Working with Severely Deprived Children. In M. Boston & R. Szur (Eds.), *Psychotherapy with Severely Deprived Children*. Routledge & Kegan Paul.（reprinted Karnac Books, 1990）（平井正三・鵜飼奈津子・西村富士子監訳〈2006〉被虐待児の精神分析的心理療法──タビストック・クリニックのアプローチ．金剛出版）

亀岡智美（2013）子どものトラウマとアセスメント．トラウマティック・ストレス，**10**(2)，131-137.

前田正治・金吉晴編（2012）PTSDの伝え方──トラウマ臨床と心理教育．誠信書房

Salzberger-Wittenberg, I. (1970) *Psycho-analytic Insight and Relationships: A Kleinian Approach*. Routledge.（平井正三監訳・武藤誠訳〈2007〉臨床現場に生かすクライン派精神分析──精神分析における洞察と関係性．岩崎学術出版社）

杉山登志郎（2007）子ども虐待という第四の発達障害．学習研究社

# 第3章

## 施設でのアセスメント概説

### 第1節 はじめに

【鵜飼奈津子】

　第1章と第2章では，「虐待を受けた子ども」をキーワードに，その包括的アセスメントと心理的アセスメントについて概観してきました。本章では，そうした子どもが施設に入所した場合，そこでの生活を始めるにあたってのアセスメントについて，児童養護施設と児童心理治療施設で心理専門職として仕事をする著者らが，それぞれの現場での実情を踏まえて紹介し，検討します。

　子どもが施設に入所するまでには，措置機関である児童相談所をはじめとした多くの機関が，その子どもと家族に関わってきています。その過程で，子どもと家族は少なからぬ数の専門家に出会い，さまざまなアセスメントを受けてきているでしょう。また，施設の側も，そうしたなかで得られた子どもと家族についての複雑で多岐にわたる「情報」に圧倒されつつ，子どもの入所を迎えることになります。あるいは，多くの機関が関わっていたとしても，今後，その子どもの養育を引き受けていくことを考えるうえではまったく充分とは言えないほど，その子どもと家族に関する情報が得られないままに，子どもの入所を迎えることもあるかもしれません。いずれの場合にせよ，子どもの養育を引き受ける施設にとっては，子どもが施設に入所してくるということは，多大なる不安を抱かざるを得ない状況であることに変わりはないでしょう。

　情報が多すぎる場合も少なすぎる場合も，いったいどういった子どもが

やってくるのだろう，この子どもはこの施設での生活になじんでくれるのだろうか，大人という存在に対して，またほかの子どもたちに対して，どのような不安や期待を抱いて施設に入ってくるのだろうか……など，不安は尽きないでしょう。そして，その子どもとともにやってくる情報は，決して「ほどよい」量であることはないのです。なぜならそれは，その子どもが，決して「ほどよい」養育を受けてはこなかったという事実が反映されているものだからです。

　こうした子どもを受け入れる施設は，その子どもの身体という物理的な存在のみならず，ほどよく適切な養育を受けてこなかったその子ども自身の不安や怒り，そして悲しみといった「こころ」をこそ，受け入れることになるのです。それは時には，措置機関やその他の関係機関が「施設に対して"ほどよい"連絡を取ってこない」という，施設側の思いとして経験されることがあるかもしれません。あるいは，関係機関が持つその子どもと家族をめぐる不安が，すべて施設に一気に投げ入れられ，請け負わされるという体験をさせられることもあるかもしれません。これは具体的には，「とても大変な子どもなので，入所したらすぐにでもセラピーをしてほしい」などといった，まるで施設側の状況を考えていないかのように思われる，理不尽なリクエストとして表現されるかもしれません。

　いずれにせよ，施設は，子どもにとっての最後の砦であると同時に，それまでその子どもと家族の支援に携わってきた関係機関にとっても，ようやく子どもを無事に保護することができたという，いったんの"ゴール"ではあります。施設は，そうした多くの人々の不安，怒りや悲しみを，そしてそれらを抱える子どもとともに受けることになる，受け手なのです。そして，施設への入所とは，施設の側からすると決してゴールなどではなく，そこからこそが"スタート"なのだと言えるでしょう。さまざまな体験と思いを持った子どもがやってきます。そこには，その子どもの家族や，それまで関わってきた関係機関の体験や思いも伴います。それらは，「情報」の量として反映されることもあれば，措置機関の担当者の言動によって体現されることもあるかもしれません。

　施設で働く専門職は，心理職であれ子どもの養育に携わるスタッフであれ，まずは，自分たちはこうしたさまざまな感情を投げ入れられることになって

いるのだ，ということを認識しておく必要があるのではないかと思います。
それがなければ，施設やそこで働く職員は，そうしたものをただ「投げ入れ
られる"ゴミ箱"」と化してしまい，投げ入れられたものについて考え，そ
こで何が起こっているのか，そしてそれに対して自分はどのような思いを抱
いているのか，といったことを内省する「容器」にはなれないでしょうから。

　さて，施設に入所してくる際，多くの子どもはすでに心理的アセスメント
を受けてきているであろうことは，前章までを含め，先に触れたとおりです。
それでは，そのアセスメントをもとに，施設での養育のあり方について検討
すればよいのであって，施設があらためて独自のアセスメントを行う必要は
あるのだろうか，という問いが出てくるかもしれません。むろん，施設に入
所する前の心理的アセスメントは，その子どもの養育について考える際に，
大いに参考になるものではあるでしょう。しかし，その後，子どもがある程
度の期間にわたって生活をすることになるであろう施設におけるアセスメン
トは，やはり，それまでの在宅時のアセスメントとは質的に異なるものであ
り，欠かせないものであると思います。

　次節から，それらについて具体的に見ていきましょう。

## 第 **2** 節　児童養護施設におけるアセスメントについて考える
　　　──コンテインメントとしての機能

【荒屋昌弘】

## 1. はじめに

　現在，社会的養護下にある子どもは約４万５千人と言われ，そのうち２万
８千人が児童養護施設に入所しています。施設に入所する子どもは，児童相
談所が相談対応を行ったうちの 10％程度であり，深刻な問題を抱える家庭
環境と判断されたケースであると言えます。そのうちの 60％程度が被虐待
経験を持ち，30％程度は知的障害，発達障害などの困難を抱えており，投薬
の是非を含め，精神科受診を必要とする子どもも増加傾向にあります。これ
らの数値が高いか低いかの印象はそれぞれ異なるでしょうが，たとえば児童
10 名のグループのなかで，被虐待経験によりトラウマ症状を呈し，自らも
支援する周囲の大人も苦しむであろう子どもが６名，それと重複していると
しても３名が障害を抱えているという状況です。そのような子どもたちによ
る集団生活は，どのようなものだと想像されるでしょうか。

　子どもたちは，自分たちが抱えた未消化な恐怖，不安，怒り，恥，無力感
といった情緒体験をスタッフへ投影し，スタッフは渦巻く強烈な情緒にさら
されながら支援を行っています。それは，虐待状況の再演が生じやすい状況
であり，スタッフは虐待者に同一化する可能性も，被虐待者に同一化する可
能性もあります。子どもたちの支援において，未消化な情緒を受容すること
はとても大切なことであり，やりがいを感じる部分ではありますが，それに
は強烈な情緒がスタッフのなかにも喚起され，とてもストレスフルな現場で
あると言えます。

　剥奪体験を背景に持つ反社会的な子どもたちの臨床に携わったウィニコッ
ト（Winnicott, 1971）は，治療者が「生き残ること（survival）」が重要だと
述べています。しかし，剥奪や喪失を体験してきた子どもたち，虐待を受け
てきた子どもたちにとって，ぶつけられたネガティブな感情を抱えながらも
子どもの心に関心を持ち，守ろうとする，養育者として機能する存在を信じ
ることは難しく，期待することには危険すら感じることでしょう。生活を支
援し密接な関係を持つスタッフは破壊される対象になりますが，だからこそ

生き残ることで子どもたちの反復されてきたシナリオは俎上<sup>そじょう</sup>に載せられ，行動化している自分について考えることができるようになり，スタッフと一緒に取り組むことが可能になるのでしょう。

　過酷な状況と言える児童養護施設の現場において，養育者としての機能を破壊されず生き残るために必要な手段，方法としてのアセスメントの機能を，明らかにしたいと思います。本節では，アセスメントシートやその使用方法，手順や評価基準などよりも，心の痛みを抱えた子どもたちへ関心を持ち続け，投影されたものや逆転移として喚起される情緒体験を保持し，それについて考えるプロセスとしてのアセスメントの機能，また，そのために必要な概念や専門性について，見ていきたいと思います。

## 2. コンテインメント機能としてのアセスメント

　児童養護施設での生活支援は，密接な関係性を支援の基盤にしており，そのため自他の境界が保ちにくい特性があります。子どもたちは，剥奪，喪失，暴力，ネグレクト，性被害，侮辱などを受け，恥，不信，疑い，絶望，無力感などを心のなかに詰め込まれており，侵入，麻痺，回避症状など，トラウマ症状を呈する子どもも少なくありません。侵入，麻痺，回避症状は，子ども自身だけなく支援するスタッフにも伝播し，さらには職員集団，施設組織にも影響を与えます（Rustin, 2008；Emanuel, 2012）。

　たとえば，日常的な宿題場面を取り上げてみます。宿題がわからないことで子どもは不安と恐怖を喚起され，教えようとするスタッフに対して，辱め，攻撃してくる対象を見ているかのように敵意を向け，プリントをビリビリに破いてしまうなどの場面に遭遇することがあります。倒錯した養育環境で育ってきた子どもたちにとって，「宿題を教える」という私たちが良いものだと思う支援であっても，わからないという恐怖，馬鹿にされたという恥ずかしさや苛立ちを覚えるのでしょう。スタッフが体験する感情も，学校現場や保育現場で生じるものとは異なり，恥辱や無力感，怒りといった性質を帯びやすくなります。ビリビリに破られたプリントは，彼らのバラバラになりそうな心でもあり，それに直面するスタッフの気持ちを表しているのかもしれません。

　思考することが阻害される要因は，子どもたちが抱える心の痛みのインパ

クトだと言われます（平井，2011）。児童養護施設のスタッフには，子ども
たちや自分自身のなかに生じる情緒について考える能力が求められます。情
緒について考えると言っても，児童養護施設では“言うは易く行うは難し”
の言葉どおり，剥奪や虐待を受けてきた子どもたちとの関わりにおいて，彼
らの心を受容し，理解し，支援していくには，高い専門性が求められます。

　ビオン（Bion, 1962）が理論化したコンテインメントは，個人心理療法，
集団の取り組み，組織のマネジメントにおいても広く言及される用語ですが，
これは赤ちゃんと母親との情緒的なコミュニケーションが心の発達の基礎で
あると言います。意味として形をなさない原始的な情緒を赤ちゃんが投影し
（コンテインド），母親はそれを受け止め（コンテイナー），思い巡らし，お
世話として理解を与えます（コンテインメント）。そして，その母親の考え
る機能を赤ちゃんは毎日のお世話と一緒に取り入れていく様子を表していま
す。

　入所児童の多くは，適切なお世話を提供してくれる養育者を得られなかっ
たと言えますし，むしろ暴力やネグレクトを経験してきたことを考えると，
コンテインメントとは対照的な養育環境にあったと言えるでしょう。近年，
児童養護施設においてもアタッチメント理論や実践を学ぶ機会が増えてきて
いますが，ビオンのコンテインメント理論は，母子関係に見られる精神力動，
それを基盤とした対人援助関係に生じる特性をより詳細に観察，分析すると
きには，とても有用です。

　ウィリアムズ（Williams, 1997）は，このビオン（Bion, 1962）のコンテイ
ンメント理論などをもとに，社会的養護下にある子どもの心を理解するため
の観点として，「二重の剥奪」と「ギャング心性」を挙げています。ウィリ
アムズによれば，分離は成長にとって必要な機会ではあるが，剥奪は喪失で
あり，トラウマ体験になると言います。分離による心の痛みを扱われること
なく繰り返すことにより，情緒的な痛みに対して万能的になり，さらには，
対象との間で情緒体験すら切り離すようになります。つまり，心の痛みだけ
でなく愛情や温かさといった良いものであっても，心動かされる体験として
切り捨ててしまい，成長の基盤となる情緒的な関係性を持つことが困難にな
るのです。つまり，「二重の剥奪」とはアタッチメント対象からの剥奪とい
うだけでなく，自らの内の情緒体験を切り捨ててしまうことにより，情緒的

な世界からも剥奪された状態と言えます。このように，愛情や依存，不安や恐怖などは，心の痛みをもたらすものと排除し，万能的な世界を強固に守ろうとすることで，「ギャング心性」へと導かれていくことになります。

　カナム（Canham, 2002）は「ギャング心性」について，「反-生命，反-養育，反-思考」であると述べています。つまり，破壊的な部分が優勢となり，成長するためには依存する必要がある弱い存在であり，不安や混乱を受容し考えてくれる対象を求めている自分を，認めることができない心の状態だと言えます。

　被虐待や剥奪を経験してきた子どもたちの精神力動，さらに「二重剥奪」や「ギャング心性」について見てきてわかることは，彼らの心を受け止め理解することは，容易ではないということです。私たちが働く児童養護施設では，ネガティブな情緒や感情が喚起されやすく，とてもストレスフルな現場であるうえ，子どもの情緒や気持ちはとらえにくく，彼らは理解され考えてもらうことを期待しないばかりか，それらを破壊しようとさえするため，観察し，理解に基づいて考えるというアセスメント作業が困難な状況となります。しかし，そのような状況だからこそ，アセスメントをするという行為やプロセス自体がコンテインメントの役割として機能しなければならないのです。

　ここまで見てきたように，抱えきれない未消化な心の痛みは分裂排除，投影され，スタッフは無意識レベルでそれを受け取っており，関係性を基盤にした生活支援を行うなかでそれは避けることはできません。カナム（Canham, 2002）は，「ビオンの用語が言い表すそのままの意味で，コンテイナーを提供できる力量があるかどうかが，児童養護施設としての質を決める。また，その力量により，施設が治療的であるかどうかも決まる。子どもが発する言葉や，言葉にならない言葉の意味を理解しようと取り組める組織であるほうが，トレーニングを受けた専門家を雇うよりも大事なことだ」と述べています。「子どもたちが健康に成長する」ための支援，そのような環境をつくるために，アセスメントが担う機能について考えてみたいと思います。

## 3. アセスメントの実践

　1997 年の児童福祉法改正に伴い，第 41 条に「自立支援」が明記されてから，

1998年に自立支援計画の策定が義務づけられ，2005年には最低基準に定められるようになりました。「子ども自立支援計画ガイドライン」（厚生労働省，2005）を見ますと，"自主性""主体性""自己選択する力"を育てるなど，自立支援を柱とした内容が示されており，自立支援計画については，「一人ひとりの子どもの心身の発達と健康の状態及びその置かれた環境を的確に評価したアセスメントに基づいて作成する必要がある」と書かれています。

　自立の定義はさまざまあり，経済的，精神的，生活的側面から語られることが多いのですが，退所した人たちへのアフターケアを通して見えてくる自立支援の要点は，「自尊心」「自己選択」「失敗から学ぶ力」を育てることに収まっていくように思われます。言い換えれば，自分には価値があり，幸せを追求する主体であり，うまくいかない状況でも不安に耐えて，絶望せずに現実について考える力を育てることが自立支援であると考えています。

　児童虐待の相談件数が約16万に上るなか，生命のリスクに直面し，保護の判断が求められる児童相談所，また，構造化された生活環境のなかで心理治療を主とした目的とする児童心理治療施設に対し，先に述べたように児童養護施設は自立支援を柱とし，生活支援を基盤としながら健全な成長を目指す支援が求められています。それぞれの領域ごとに，アセスメントが果たす役割や求められる機能，目指す方向が異なりますし，当然，アセスメントの目的や内容，その方法も，児童相談所や児童心理治療施設で実践されるものとは異なります。

　次は，ある子どもとのやり取りです。

　　　紙粘土で遊んでいた子どもは，白くなった自分の手を見てお化けを連想したのか，私に対して「おばけだぞ〜」と執拗に迫ってきました。しばらく遊んでいると，ガタガタと音を立てるドアに対して極度な不安を示し，「怖い」と怯えていました。

音への敏感さや実体のないお化けへの恐怖心がとても強い様子からは，家庭で体験した不安や恐怖を今でも心に抱いているのだろうと想像されますし，昼間の執拗なお化けごっこは，自分の恐怖心を私に投げかけてきていたと理解することができます。

　児童養護施設の日常には，子どもたちの心を理解するヒントがいろいろな
ところに満ちていると思います。たとえば，子どものおやつがなくなるなど
の出来事は，日常のなかで少なからず起きます。それが盗みによるものであ
れば，当然，その子どもに反省を促すよう関わり，再び繰り返さないように
取り組みます。しかし，おやつを盗むという行為にその子どもの不安や傷つ
きが表れていることがあり，反省を促すよりも，不安や傷つきを理解するこ
とのほうが問題解決の近道になることがあります。

　ネグレクト環境において養育者の不在による不安をなぐさめてくれたの
は，お腹を満たしてくれる冷蔵庫という存在だったかもしれません。冷蔵庫
からおやつを盗むという行為は認めることはできませんが，その子どもが抱
える不安を認めなければ，安心を求めて同じ行為は反復されるでしょう。

　また，暴力を受けたり，暴力にさらされたりした子どもたちは，言葉で表
現しようのない恐怖を抱いています。それらの体験は無力感を生み，恥辱を
与え，罪悪感をもたらすかもしれません。言葉にできない心の痛みは，支援
関係を通してスタッフへ投影され，スタッフの体験として表れることがあり
ます。

　子どもや仕事に対する怒りや不安，無力感についてスタッフが話す内容は，
子どもたちの心の傷つきと鏡写しであることが多いです。自らのネガティブ
な情緒体験は子どもたちが体験し味わってきたものの一部であるという視点
は，子どもたちの回復を目指す支援において不可欠な理解をもたらしてくれ
ます。

　このように執拗な行為，極度の不安，盗み，暴力，理解し難い言動などは，
関係性を考慮したとき，そこにはアセスメントのための豊富な材料があるこ
とがわかると思います。しかし，これまで見てきたように，子どもたちの未
消化なままになっている恐怖や痛み，多大な不安を伴う情緒体験は，分裂排
除され，その投影を受けたスタッフは心の痛みに対して防衛的になり，情緒
体験について考えることが困難状態に陥る傾向にあります。つまり，無関心，
無思考，偽り，歪曲への落とし穴が，随所にあるということです（Emanuel,
2012）。

　また，支援のなかで没頭，巻き込まれる場合も多く，虐待関係の再演が生
じやすく，このような環境のなかでは観察すること，振り返ること，考える

ことが困難となります。投影された内容を扱わず無自覚のままでいるならば，それはスタッフの情緒体験に，子どもとの関係性に，チーム間や関係機関との関係性に，打撃的な影響を及ぼすことになります。たとえば，DV 環境で育ってきた子どもから投影を受けると，その子どもの支援を巡り，一方的な不満や敵意がスタッフ間の関係性に表出し，まるでコミュニケーション不全の夫婦関係を再現しているかのような状態へと落ち込んでいくことがあります。

　ダイヤモンド（Diamond, 2012）は，「blind eye」（先述した「無関心，無思考，偽り，歪曲」）に落ち込まないためには「第三の視点」が必要であり，子どもたちから投影を受けて生じる自らの情緒体験について，スタッフ自身が振り返る内的外的空間があることで，バラバラな部分的な理解から全体的俯瞰的な理解が生まれると述べています。そして，複数のメンバーによるアセスメント作業により，「第三の視点」が生成するのだと論じています。そのような実践のひとつとして，次項ではワーク・ディスカッションを取り上げたいと思います。

## 4. ワーク・ディスカッション

　私たちの施設ではワーク・ディスカッションを取り入れており，月 1 回 2 時間，同じメンバーで構成されたグループが継続的に取り組んでいます。グループは，スタッフと 2 名のリーダーとの 10 名程度で構成されます。支援のなかで困っていること，行き詰まっている事例について関与観察した内容を報告し，それについてディスカッションします。ワーク・ディスカッションにおいて，ディスカッションは自由連想と同じ価値を持ち，参加者は浮かんだアイデアや身体感覚などについて発言し，言語的・非言語的コミュニケーションを展開していきます。このワーク・ディスカッションは，スタッフの未消化な体験の受け皿となり，理解や発見を得る機会であり，分裂排除され，スタッフに投影されたバラバラになった子どもたちの心をディスカッションを通してコンテインメントし，ひとつにまとめあげていく作業であり，結果的にアセスメントへとつながっていきます。

　以下に，施設内で行ったワーク・ディスカッションの様子について紹介します。ある小学生の子どもについて，職員が報告した回です。

　あるスタッフが子どもとの関わりのなかでかける言葉を失い，無力感や苛立ちを覚えてしまうことを報告しました。

　報告が終わると，事例についての質疑を行い，参加者はそれぞれ感じたことや連想したこと，理解や考えたことなどをディスカッションしていきます。

　発表したスタッフが体験したのは，解離したようなボーっとした状態です。「ディスカッションでのやり取りは遠くに聞こえ，頭がボーっとしてきて，みんなの言葉が入ってこない」と話します。他のスタッフが「なんだか泣けてきます」と述べ，その言葉に触れた報告者は，「ようやく感情が動きはじめ，気持ちを受け止めてもらえた安堵を感じ，同時に子どもの気持ちを理解してこなかった後悔におそわれる」と述べました。

　そのスタッフの声かけや関わりは子どもに届かず，その子どもは解離した状態のまま，考えることすら困難な状況に陥っていたのです。孤独感を受け止めてもらうことではじめて感情は動き，考えることができるのだと，理解を得ることができました。


　このワーク・ディスカッションという方法は，対人援助に携わる専門家のトレーニングとして，また，過酷な現場でスタッフが無思考にならずに生き残るための方法として，諸外国では広く取り入れられていますが，日本ではそれほど浸透していません。マーガレット・ラスティン（Rustin, M.）らによる編著 *Work Discussion* の翻訳書において，序章「ワーク・ディスカッションとは何か」を執筆した鈴木は，以下のように述べています。


　「消耗させられるストレスから，新たな意味が生まれる」と，ストレスは緩和されます。また継続的で，定期的なディスカッションを通して，受講生がリーダーのコンテイナー機能に同一化することで，「経験から学ぶ」思考と対人スキルが発達します。そして積極的に「ストレスから学ぶ」能力が生まれ，さらなる職業意識の向上にもなります。

（鈴木，2015，p.11）


ワーク・ディスカッションは，すべてが子どもの内界を探索する手がかり

になるという前提に立っています。認めにくい情緒的反応や不快な身体感覚
ですら，ディスカッションの素材となり，気づきや理解へと収斂していきま
す。グループ内に生じる怒り，絶望，解離といった反応も，重要な価値ある
情報としてコンテインされることは，スタッフにとって安心をもたらし，そ
れにより生まれた心の余裕は，自分を振り返り考えることを可能にするので
す。

## 5. おわりに

　社会的養護下にある子どもたちには，より強固でしっかりとしたコンテイ
ナーが必要です。よく機能している集団であれば，個人やペアであるよりも
不安に耐える力は高く，それは里親家庭よりも専門性を有した施設において
実現されやすいと言えます。そのためには，個人としても集団としても，子
どもたちから受ける情緒的なインパクトについて，考えることができる空間
を作ることができなければなりませんし，それは力動に組み込まれていない
外部の人から定期的に支援を受けることでしか，実現は困難だと思われます。
　その取り組みのひとつが，先に述べたワーク・ディスカッションであり，
その他，ケース会議，アセスメント会議，スーパービジョンやコンサルテー
ションなど，スタッフが考える設定を作り，維持することが重要だと言えま
す。
　アセスメントは，適切に子どもの個別性を評価する方法や，自立支援計画
を策定する前の手続きに限らず，考えることの実践だと言えます。これまで
見てきたように児童養護施設の子どもたちの正視するには耐えがたい過去が
錯綜する文脈のうえで働く私たちは，「blind eye」に陥るリスクがあります
が，その渦中において生き生きと話し合い，学び合うスタッフとの関わりを
通して，子どもたちは考える機能を取り入れていきます。
　アセスメントとは，過酷な現場で生き残るために見通しを持ち，取り組む
意味を見出すための方法であり，これまで扱われてこなかった心の痛みを，
生活支援という関係性を通して発見する機会であると述べてきました。さら
には，意識化できず反復され，行動化される無意識的な心の痛みについて，
私たちスタッフが考える取り組みであり，それを子どもたちが取り入れてい
くことにより，考えにくい心の痛みについて考える力を育て，背負った運命

に翻弄されず，主体的に生きる自立支援そのものであるのだと考えています。

## 【文献】

Bion, W. R.（1962）*Learning from Experience*. Heinemann.（福本修訳〈1999〉経験から学ぶこと．精神分析の方法Ⅰ──セブン・サーヴァンツ．法政大学出版局）

Canham, H.（2002）Group and Gang States of Mind. *Journal of Child Psychotherapy*, **28**(2), 113-127.（Brigg, A.（Ed.）〈2012〉*Waiting to be Found*. Karnac Books.）

Diamond, J.（2012）Creating a "Third position" to Explore Oedipal Dynamics in the Task and Organization of a Therapeutic School. In Briggs, A.（Ed.）, *Waiting to be Found*. Karnac Books.

Emanuel, L.（2012）Turning a blind eye or daring to see. In Briggs, A.（Ed.）, *Waiting to be Found*. Karnac Books.

平井正三（2011）精神分析的心理療法と象徴化──コンテインメントをめぐる臨床思考．岩崎学術出版社

厚生労働省，児童自立支援計画研究会編（2005）子ども自立支援計画ガイドライン．日本児童福祉協会

厚生労働省子ども家庭局家庭福祉課（2019）社会的養育の推進に向けて．［https://www.mhlw.go.jp/content/000474624.pdf］

Meltzer, D.（2013）*The Educational Role of the Family*. Karnac Books.（木部則雄監訳〈2018〉こどものこころの環境──現代のクライン派家族論．金剛出版）

宮地菜穂子（2018）児童養護施設等における自立支援に関する一考察──施設退所者実態調査結果より措置解除年齢18歳前後の2群別諸属性の比較検討を通して．中京大学現代社会学部紀要，**11**(2), 315-336.

Rustin, M.（2008）Work discussion：Some historical and theoretical observations. In Rustin, M.（Ed.）, *Work discussion：Learning from Reflective Practice in Work with Children and Families*. Karnac Books.

鈴木誠（2015）ワーク・ディスカッションとは何か．マーガレット・ラスティン，ジョナサン・ブラッドリー編／鈴木誠・鵜飼奈津子監訳　ワーク・ディスカッション──心理療法の届かぬ過酷な現場で生き残る方法とその実践．岩崎学術出版社

Williams, G.（1997）Double Deprivation. *Internal Landscapes and Foreign Bodies*. Karnac Books.

Winnicott, D. W.（1971）The Use of an Object and Relation Through Identifications. *Playing and Reality*. Tavistock Publications.（橋本雅雄訳〈1979〉対象の使用と同一視を通して関係すること．遊ぶことと現実．岩崎学術出版社）

## 第 **3** 節　児童心理治療施設におけるアセスメントについて考える

【永井　享】

### 1.「児童心理治療施設」とは

　児童心理治療施設は，全国に 53（令和 2 年 4 月現在）ある入所型の児童福祉施設です。入所型の児童福祉施設には，児童養護施設や児童自立支援施設などがありますが，児童心理治療施設とは，「児童福祉法に定められた児童福祉施設で，心理的問題を抱え日常生活の多岐にわたり支障をきたしている子どもたちに，医療的な観点から生活支援を基盤とした心理治療を中心に，学校教育との緊密な連携による総合的な治療・支援を行う」施設であると定義され，「総合環境療法」という理念のもとに，生活・心理・教育のスタッフが密に連携を取り合いながら支援にあたっています。

　支援の対象となる子ども（家族）は，被虐待，発達障がい，不登校，家庭内暴力などさまざまです。また，ただ単に家を離れて生活するだけでなく，それぞれの状況に応じた心理支援を受けることができるということが特徴といえ，そのために，子ども 7 人に対して 1 人の心理職が配置されています（定員 50 名の施設だと，7 名の心理職が配置されることになります）。

　さまざまな面で傷つきを抱えた子どもたちが，安全に安心して暮らすことができ，子ども一人ひとりの状況に応じた治療的環境で生活ができること，そして施設それぞれの個性に合った心理支援が用意されていること，そういった意味合いが，この「総合環境療法」という言葉に込められていると言えます。

### 2. 児童心理治療施設に求められる機能と役割

　児童心理治療施設は，児童養護施設とは異なる機能と役割を担っていると考えられます。それは，児童心理治療施設が「治療施設」であり，「中間施設」であるということです。そのなかで「アセスメント」は，入所前から退所まで持続的に取り組むべき作業であると考えられます。

　子どもたちは家庭や学校，地域で，さまざまな問題を呈しています。それをスタッフとともに改善したり，健全な成長をやり直すために，家を離れ施

設に入所してきます。つまり，入所の理由が明確で，入所の時点でその子の退所へ向かう道筋も，ある程度は見えていると言えます。ですから，「入所前」の手続きや情報共有の段階で，「どのような理由で入所なのか」「入所中に何をなすべきなのか」「どうなれば退所なのか」という視点をもって，児童相談所と入所の手続きを進めていくべきですし，このこと自体が非常に重要なアセスメントであると言えます。

　そして，入所中は「アセスメント」に基づいた明確な支援目標を立て，そのプランに沿ったかたちで治療的なアプローチが試みられます。子どもたちはさまざまな試行錯誤を重ねながら，自らの課題に取り組み，成長していきます。プランどおりにいかないことも，思いがけない変化も生じます。子ども自身だけでなく，家族にも変化が生じます。それによって当初考えた退所のイメージとは異なってくることもありますが，そこでは見立てを変えていく柔軟性も必要となります。私たちが目指す最終目標は，家族が健全さを取り戻し，家族再統合に至ることです。特に被虐待家庭の場合は大きな困難が伴いますが，子どもや家族にとっての最善手を目指して支援を続けています。

　以上の観点からすると，児童心理治療施設は，先ほども述べたように「そこでがんばり続ける」施設というよりも，「社会でがんばれる力をつける／取り戻す」ための，「中間施設」だと言えます。児童養護施設が子どもを健全育成する母体であって，比較的長期の入所になることに比べて，児童心理治療施設の入所期間が比較的短期になるのは，以上のような事情によるものと考えられます。

## 3.　虐待への対応

　児童心理治療施設に求められている社会的使命のなかで，近年重要度を増してきているのが虐待事案への対応です。地域性や施設の方向性にある程度のバリエーションはあると思われますが，筆者の属する施設では入所児の大半が，入所の理由が虐待，またはその経緯を含む生育歴を持っていると言えます。

　この事象をアセスメントという観点から見ると，まずその元となる情報の取得と扱いの難しさがあると言えます。入所はすべて児童相談所からの措置になりますが，虐待という家族間の非常にセンシティヴな問題を扱うがゆえ

に，施設として当の家族から情報を直接得ることはなかなかに難しく，児童相談所の社会調査，心理判定，医学的診断を情報の中心とせざるを得ません。そういった意味でも，施設入所前の児童相談所との連携における情報交換と入所後の観察などが，アセスメントの大きな要となってきます。

## 4. 児童心理治療施設におけるアセスメント

　ここでは，虐待事案に対する児童心理治療施設のアセスメントの視点を，いくつかに整理してみます。まずは「経時的な視点」です。子どもの入所という事象の流れに沿って，その時々に必要なアセスメントについて述べます。そして「多角的な視点」です。ここでは角度を変えた視点をいくつか提示することを試みます。

### (1)　経時的な視点

#### ①「入所前」の児童相談所のデータ

　通常，施設入所に際して，児童相談所から児童心理治療施設措置が妥当であるという理由の説明と，そのための子どもについての情報提供があります。ここで大切なのは，守秘義務の合意です。特に，虐待事象の場合は社会的な影響も大きいため，互いに守秘を確認した状態で，最大限の情報交換が行えるような下準備が欠かせません。さらに，虐待事象であるがゆえに，保護者からの情報取得が困難な場合もあり，そのようななかでいかに多くの有益な情報を得るかということが，アセスメントにとっての最大のポイントとも言えます。

　児童相談所からの情報には，概ね以下のものが考えられます。

【生育歴・家族歴】

　入所する子どもの生育歴と家族歴です。子ども自身の生育歴が，その子どもの現在の問題と無関係ではなく，非常に重要な情報であることは言うまでもありません。それだけでなく，その母体となる家族歴もまた重要です。その子が生まれるに至る経緯（両親の出会い，関係性，妊娠期の家庭状況など），乳児期のさまざまなチェック項目（健診受診の有無など），母子関係（母の心身の状態も含む），家族の変化（離婚再婚，きょうだいの出生やその関係

性など），家庭の経済状況，ソーシャルサポートの有無と質（福祉・教育の支援）などです。

施設は児童相談所の情報に基づいてアセスメントをするわけですが，先ほども述べたように，児童相談所と家族が緊張関係にある場合は，取得できる情報の量および質には限界があります。そういう前提に立って，施設側が児童相談所とのやり取りのなかで足りない情報を特定したり，矛盾の修正を手伝うなどの共同作業をすることで，お互いに事例の概要の明確化を図ることができます。

先述のように，いろいろなかたちがあるとはいえ，最終的な目標としての「家族再統合」を目指すためには，保護者と良好な関係を築くというオリエンテーションが欠かせません。また，そのプロセスを通して情報収集していく過程は非常に重要です。筆者の属する施設では，各事例につき一人，担当セラピストとは別の心理職を保護者担当としてつけており，上記の作業はこの保護者担当が中心となって行います。

【問題歴】

問題行動の多い被虐待事例を見ていると，問題歴は単なる事件の羅列と映ってしまい，「問題の多い子」という印象が残るだけになりがちです。しかし，上記のように，整理された生育歴と関連させて背景を丁寧に見ていくことで，その事件の背景に意味があることを知り，そのときの子どもや家族の心情をうかがい知る材料にすることができます。子どもの身に起こるさまざまな事件は目を覆いたくなるものもありますが，事象そのものだけでなく，そのときに子どもが，家族が，何を感じ考えたか，何が形作られ，何が壊されたのか，そういった観点で「問題歴」をとらえ直す作業が重要です。

【心理判定】

筆者の属する施設のある地方自治体の児童相談所は，基本的に施設入所前に一時保護を行い，そのなかで心理判定を行います。われわれ施設心理士にとって，この情報は非常に有益なものです。判定所見は，文章としては客観性を重視して簡潔に書かれているため，無味乾燥なものにとらえられがちです。しかし，児相の判定員とはふだんから連携をとってよく知った関係になっていれば，組織として判定所見を出す際の癖や，判定員の人となりなども加味し，判定員自身から判定時の様子などを聞き取ることで，その子ども

の状態をより広く知ることができます。

**【入所理由，支援計画，退所のめど】**

　前提として，児童相談所は，児童心理治療施設の目的と機能を明確に理解したうえで，その支援の効果を期待して子どもたちを措置してきます。そのため，きちんと明文化されたかたちで，措置機関として入所させたい理由（どのような効果をねらっての措置か）が，示される必要があると感じます。そこに説得力がないと，施設の支援のバックボーンが形成されず，入所中に起こるさまざまな事態に適切に対応できず，措置機関と施設の関係性にも不都合が生じます。

　特に児童心理施設への入所は，ある意味「退所を目指した入所」であるため，そのターゲットに向けて措置機関と施設が共同でどのような支援計画を立てるのか，ということが重要です。措置機関の支援計画は，その青写真ともなるものです。施設はそれを無批判に受け取るだけでなく，施設の意見を伝え討議するなかで，入所前の段階で入所後のイメージ，そして退所のめどを考えることができるようになります。

## ② 入所前の面接・施設見学

　筆者の属する施設では，特に不都合がない限り，入所前に主任が一時保護所に子どもに会いに行って面接をし，子どもにも施設見学をしてもらいます。その日までに上記のような情報を得ていますから，実際に出会ったときの印象との間にギャップがあった場合，それは何に起因するのかということをよく考える必要があります。子ども側の警戒や，よく見せようという心理，新規場面や新しい対象と出会ったときのテンションコントロールの難しさ，そういったことすべてが，その子が新しい場面でどういった心持ちでどういった行動を見せるのか，ということを予測させる材料となります。

## ③「入所日」の観察

　施設入所という事実は，子どもたちにとってとてもつらいことです。特に虐待によって入所に至った子どもについては，周囲の理解として「虐待環境から離れることができて良かった」と考えがちですが，実際は，虐待する親であっても子どもたちにとっては特別な存在であり，離れ難いつながりを

持っています。それを周囲が引き離すかたちで入所に至るので，子どもたちは虐待の傷つきに加えて「入所の傷つき」も得ることになります。ここで施設側の姿勢として大切なのは，「よく来たね，待ってたよ」という，シンプルでわかりやすい歓迎の気持ちの表明です。当たり前のことと思われるかもしれませんが，ここでそれをあえて強調せねばならないくらい，子どもの心は警戒と不安でいっぱいです。しかし，それが表面に出てこない子どもがほとんどです。

　「入所日にしか見られないことがある」「すべての子どもたちに『入所日』は１日しかない」と，常々スタッフには伝えています。そういった意味では，心理療法の「初回」と同じくらいのインパクトと情報量を持つ，「出会い」の瞬間になります。

　特に，入所に保護者が付き添っている場合は，入所場面での子どもと保護者の相互関係の観察は非常に重要です。互いの目線や仕草，距離感，やり取りのテンポ，圧力，言葉など，あらゆることがこれまでの両者の関わりの質を推測させ，今後の関係をどう持っていくべきかを考える材料となっていきます。

### ④ 入所後の生活のなかでの関与と観察

　実際に施設での生活が始まると，子どもたちは生活職員や他児との関係のなかで，さまざまな姿を見せます。筆者の属する施設では，セラピストは「生活に入らない」ので，生活での姿，変化は，ほぼすべて生活職員からの言語報告による情報です。

　筆者の属する施設では，生活職員による生活記録を重視します。そこには，事象を正確に記録するだけでなく，どのような「様子」であったのか，どのような「経緯」でそうなったのか，話した「内容」などが記載されます。セラピストはそれを読み，事実のなかに起こっている「行間」，すなわち子どもたちのなかでどのような気持ちが動いているのか，なぜそうなったのか，などに思いを馳せます。そして，実際に子どもたちに対応し，記録した生活職員と言葉でやり取りすることで理解を深めます。

　生活の場はさまざまな感情が渦巻く場であり，そこに生活職員は否応なく巻き込まれます。さまざまな感情を投げ込まれ，自分でもわからない気持ち

に支配されることもあります。まさに「関与しながらの観察」となり得ますが，一方でそれに振り回される毎日でもあります。しかし，セラピストとその事象と感情を共有することで，その子がなぜ今の状態になったのか，それを変化させていくためにはどうすればいいのか，そういったアセスメント的視点を持ちながら，子どもたちと生活をすることが可能になっていきます。

## (2)　多角的な視点

### ① 発達障がいか虐待の影響か

　児童心理治療施設には，重篤な被虐待の子どもたちが入所する傾向にあります。そして同時に，発達障がいが疑われるケースも少なくありません。しかし，一見発達障がい様の行動様式を示しても，たとえば「多動」であれば，トラウマからくる過覚醒の可能性がありますし，「共感性の欠如」は，今まで共感される環境になかったことに起因すると考えることもできます。「知的障がい」とも目されうる数値を心理判定で出している子も，自信の喪失と自暴自棄によるパフォーマンスの低下によるものと考えることもできます。

　以上のように，これらの識別は非常に難しく，入所前の短期間の面接や診断で結論を出すことは困難であり，先に述べた入所前の情報だけで発達障がいか虐待の影響かを断定すべきではないと考えます。基本的な考え方として，常に「個性としての発達障がい」という視点をまずは押さえつつ，発達歴を見るなかで，その子がどのような虐待を受けてきて，その結果どういう心の成長をし，行動を示すようになったのか，という視点で考えを進めていく必要があります。

　生活職員との間でアタッチメントを基本とする生活を重ねていき，週１回の心理治療を進めることで，これらの問題の比率や強度は，子どもそれぞれについてさまざまに変化します。共感不全と思われていた子が，感情的なやり取りを他児とできるようになり，その不全が発達由来のものではなく，虐待環境による感情のブロックであったことがわかることもあります。逆に，虐待環境を離れても多動が治まらず，同時に他の問題が整理されることで，その多動が発達障がいに由来するものと診断されて，投薬によって落ち着きを見せ，生活しやすくなることもあります。

　以上のように，生活と心理療法という層の違う視点を交差させ，発達と虐待という多角的な見方を持ち続けることで，子どもの理解は深みを得ることができると考えます。

## ② 集団生活における対人関係

　筆者の属する施設は，いわゆる「大舎制」と言われる施設形態をとっています。それを男女，学年で，全体を五つのグループに分けて生活をしています。問題の悪循環にはまっていた家庭・学校・地域を離れて，職員とともに集団生活を送るなかで，子どもたちは徐々に変化していきます。このときに子どもたちの示す「他者との関わり方」「集団との関わり方」は，非常に大切な情報です。

　入所当初は，対人面の問題が生活のなかで華々しく繰り広げられます。それは，家庭で積み重ねてきた大人との関わりや子ども同士の関わりがひな形となっており，これを観察し，その特徴を知ることで，その子が受けてきた経験や事象をうかがい知ることができ，有効な支援へとつなげることができます。

　そういった対人関係上の特徴を持つ子どもたちを集団化することは難しく，リスクもありますが，逆に，さまざまな来歴を持った子どもたちがお互いを知り，思いもしなかった新しい体験を積み重ね，今まで経験したこともない健全で常識的な大人と暮らすことで，セルフヘルプグループ的な効果も期待できます。

## ③ ケース会議におけるディスカッション

　筆者の属する施設では，入所して１カ月後をめどに，できるだけ多くの職員が参加する個別のケース会議を実施します。ここでは，新しく入所した子について改めて情報を整理して共有し，そのうえでこの１カ月で見られたり，感じられたりしたことを共有します。

　子どもの３人の担当者（生活担当，心理療法担当，保護者担当）が以下の事項についてまとめて発表し，全体でディスカッションをします。

【生育史からわかること】

　これは児童相談所からの情報を整理して，子どもの生い立ちと，それに関

わる人間関係，発達的な特徴などを説明し，その子が現在施設で見せている
状況に対する裏づけを与えるものです。特に，子ども自身の言動のなかに隠
された心情を理解しようという，努力の過程を形作るための材料となります。

　【生活のなかで起こりうること】
　前項の内容を踏まえて，今後施設でその子に起こりうる事象，対人関係，
トラブルなどを想定します。事前に封じ込めるのではなく，想定されたなか
でまず大人が対応し，それを解決する道筋を一緒に探すための，「読み」の
形成のトレーニングになります。

　【現在の生活で見えていること】
　上記二つの事項を確認したうえで，現在のその子が示している状況を各職
員から提示してもらい，その言動の意味や解決，今後の対応についてディス
カッションします。

　【その子の「良いところ」】
　ここまでの話で，その子に課題が起こる理由はわかったものの，入ってき
たばかりの子どもは施設の中でどうしても，問題行動を連発します。生活職
員は，そうと頭でわかっていても対応に追われてしまい，ネガティブになり
がちです。そのようななかで，職員に，その子の「ホッとできる」「ほほえ
ましい」「良いところ」を出してもらいます。多くの人からの多角的な視点
を得ることができるというメリットがあります。

　【その子の課題と現時点での取り組み，今後について】
　最終的にまとめとして，もう一度冷静に，課題と現時点の取り組みについ
てディスカッションし，全体で合意を形成します。職員の特性を活かして役
割分担をしたり，視点や対応の統一を決定することもあります。

## 5. アセスメントのポイント

### (1)　理解しよう/理解したい——理解される側の安心へ
　児童心理治療施設に措置されてくる子どもは，おおよそ「理解される」と
いう体験や，「素朴に関心を向けられ続ける」体験が少ないと考えられます。
特に虐待を受けてきた子どもたちにとって，自分に向けられる「もの」は，
一方的な圧迫や押しつけ，無関心または攻撃であることが多く，危険で，避

けたり無視したり抵抗したりすべきものです。そのような子どもたちの表面化した行動は，虐待者のさらなるネガティブな反応を生んでしまい，両者は悪循環に陥ります。

　施設で職員は，これまでの大人と違い，「理解しよう／理解したい」というオリエンテーションを持って，持続的な関心を子どもに向け続けることが肝要です。そして同時に，この「理解したい」という気持ちが，これまでに述べてきた「アセスメント」へとつながる原動力となります。

　子どもたちはこの職員の素朴な関心に，当初戸惑います。しかし，変わらぬ姿勢で関心を示し続けられることで，徐々に自発的に自分らしい表現をするようになり，職員との間で安心を体験するようになります。

## (2) 「予測どおりになる」ことに抗うこと

　心理判定やアセスメントは，クライエントの過去や現状を分析して，「今後」について予測するために行うものです。しかし，たとえばその予測が，順当に考えた結論としてクライエントの難点や限界を示唆するものであれば，「その予測どおりになること」に抗う，すなわち治療的働きかけによって難点を緩和し，限界点を先に延ばしていくことが，私たち児童福祉に携わる人間の使命なのではないかと考えます。

## (3) 生活場面と心理療法場面 ——アセスメントの共有

　先に「理解する」姿勢について述べました。児童心理治療施設では，生活場面における子ども理解と，心理治療場面における子ども理解があり，これは同じ子どもの違う層をそれぞれが理解している，と考えることができます。この二つの「理解」は，時にまったく異なることがあります。それゆえに，生活と心理は，日々この層の違う理解を共有し，互いに理解し合う作業を必要とします。このアセスメントの共有により，職員自身の子どもの理解の視野が広がり，職員一人ひとりのアセスメントに幅と深みが加わる，という相乗効果が期待できます。

**【文献】**

全国情緒障害児短期治療施設協議会・杉山信作編（1990）子供の心を育てる生活——チームワークによる治療の実際．星和書店

安田勉（1996）治療的環境の形成と生活場面面接．心理治療と治療教育，**7**，22-26.

大阪府社会福祉協議会児童施設部会援助指針策定委員会（2012）児童福祉施設援助指針——「育て」と「育ち」を支えるために．

滝川一廣・髙田治・谷村雅子・全国情緒障害児短期治療施設協議会編（2016）子どもの心をはぐくむ生活——児童心理治療施設の総合環境療法．東京大学出版会

永井享・山野泰弘（2018）希望の杜における「支援の構造化」について．心理治療と治療教育，**29**，45-53.

第**4**章

# 心理療法のためのアセスメント

【鵜飼奈津子】

　ここまでの各章では，「虐待を受けた子ども」をキーワードに，その包括的アセスメント，および心理的アセスメントについて概観してきました。そして，そうした子どもが施設に入所した際に，そこでの生活に活きるアセスメントについて，それぞれ児童養護施設と児童心理治療施設で心理専門職として仕事をする著者らが論じてきました。

　虐待を受けた子どものケアには，日常生活において，子どものこころへの関心（Meins, et al., 2003）を寄せるケアが大切であることは言うまでもありませんが，さらに適切だと判断された場合には，「心理療法」という，臨床心理士や公認心理師などの心理専門職が行うケアも含まれます。

　第Ⅱ部「ケア編」で，心理療法の実際の事例について詳述するに先立ち，本章では，どういった子どもにとって，どういった時期に，どういった方法で心理療法を行うのが適切であると考えられるのか，そのアセスメントについて述べたいと思います。

## ■ 第**1**節　そもそも心理療法とは

　心理療法とひとことで言っても，さまざまな理論や考え方，そしてその方法があります。その多くは，もともとは成人のための心理療法であったものを，成人と同じように言葉を用いて，あるいは言葉のみで自身の思いを伝えたり表現したりすることに限界のある子どものために，おもちゃを使った遊びや描画などの手段を用いて，成人のそれと同等の効果を目指そうとするものです。たとえば，「子ども中心遊戯療法」と呼ばれるような，成人の来談者中心療法にその起源を持つものがあります。また，認知行動療法や，最近

話題になることの多いメンタライゼーションに基づく治療（Mentalisation-Based Treatment：MBT）も，子ども向けに応用されたものが開発されるようになっています。

　そして，筆者が専門とする子どもの精神分析的心理療法も，その起源は成人の精神分析治療にあります。成人の精神分析治療においては，そこで語られる事柄や夢（自由連想）を通して，その人のこころについて分析家と被分析者が共に探求します。しかし，子どもの場合には，おもちゃを使った遊びや，子どもの描く絵などを，成人の自由連想で語られることや夢と同等のものとして扱い，考えていくことになります。

　このようにさまざまな心理療法がありますが，すべての心理療法は，それぞれがある特定の理論的背景に拠って立っています。これらは，それぞれの理論が拠って立つ人間観や，心の成長・発達に関する基本的な考え方が基礎になっています。そのなかでも，特にあるひとつの心理療法の考え方やその方法について学び，それを実践していくためには，たとえば大学院を修了して臨床心理士や公認心理師の資格を取ったからといって，すぐにできるようになるものではありません。むしろ，理論的理解を支えにしつつ，しっかりとしたスーパーヴィジョンを受け，実践のなかでの試行錯誤を繰り返しながら自分自身のスタイルを身に着けていくという，果てしなく地道な作業の積み重ねが求められる，高度に専門的なものだと言えます。まずは，心理療法とは，それを行う側に，それだけの準備とコミットメントが求められるものであるという認識を，心理職である私たち自身が自覚しておくのはもちろんのこと，それを子どもと家族に関わる他職種の専門家たちとも共有しておくことが必要だと思われます。

　以下に記述する心理療法のアセスメントについての論点は，筆者が専門とする子どもの精神分析的心理療法を基礎にするものです。しかし，本書の目的を鑑みて，他の療法を専門とするセラピストとも，そして，特に他職種の専門家とも共有されると良いのではないかと思われる，非常に基本的な事柄にしぼって述べていきます。

## ■ 第2節　心理療法のためのアセスメント

### 1. 今，心理療法を始めることが適切なのか

　心理療法のためのアセスメントにおいて最初に検討されるべきことは，「なぜ，今，心理療法なのか」ということです。「この子どもは虐待を受けて，大変なトラウマを負っているので，こころのケアが必要である」。それはなるほど，そのとおりでしょう。しかし，そうだからといって，今すぐに心理療法による心のケアを行うことが適切か否かは，その子どもの置かれた状況や，現在のこころの状態により，左右されるものです。「早ければ早いほど良い」ということではない，これが最初のポイントです。

### (1)　在宅の場合

　親からの虐待や不適切な養育が認められた場合であっても，すべての子どもがすぐに社会的養護に入るとは限りません。その子どもと親の状態を丁寧にアセスメントしながら，在宅のままで援助をするという方針がとられることもあります。それでは，子どもがそうした家族のもとで暮らしている場合に，心理療法を行うという現実的な可能性はあるのでしょうか。そして，そのような心理療法の場合，その目的はどういったものになるのでしょうか。

　まずは，心理療法のために，誰が，その子どもを，定期的に，心理療法を行う機関まで連れてくることができるのか，ということを見極める必要があります。しっかりと責任をもって子どもの心理療法の送り迎えをする準備のある大人が，その子どもの周りにいるのかどうかということが，大切なポイントになります。そして，子どもは心理療法を受けることにより，時には悲しい気持ちになったり，苛立ったりするなど，さまざまな感情が喚起されることになりますが，現在，その子どもとともに暮らす家族には，そうした子どものこころの揺れを受け止めるだけのこころのスペース，つまりはゆとりがあるでしょうか。こういった事柄を見極める必要もあります。

　不適切な環境下で暮らす子どもですが，そもそも在宅でのケアが選択されているということは，おそらくは親の側に，現在の養育環境を改善し，自らの養育のあり方について見直そうという強い動機とポテンシャルがある，と

判断されたのであろうと仮定できるでしょう（親に対するアセスメント）。そして，その親に対する心理療法的な関わりや，具体的な援助も行われているのだろうとも考えられます。そうした状況において，子どもにも心理療法を行うことが適切かどうか。だとすれば，その目的はいったい何なのでしょうか。

　その子どものことを適切に養育できてこなかった親が，今，そのことについて改善をしようと自身の課題に取り組んでいる，一方で，その子どもは適切に養育されてこなかったことに対する怒りや悲しみを，心理療法のなかで表現するかもしれません。あるいは，そうした親に対するネガティブな感情を表現することで，自分は親と離れて暮らすことになるかもしれないという不安や恐怖に苛（さいな）まれている場合には，その子どもは心理療法では当たり障りのないことしか話さず，自由に「遊ぶ」ことなどできないかもしれません。それでは，心理療法はその子どもにとってはとても“しんどい”時間になるでしょう。なんと言っても，子どもはやはり，心理療法の時間が終われば親のもとに帰っていくのですから。

　そうしたさまざまに複雑な思いを抱えた子どもを，その親には受け止めるだけのこころのゆとりが残されているでしょうか。あるいは，「不適切な養育をする親 vs. 自分のことをよく理解してくれるセラピスト」という，非常にわかりやすい白黒の構図のなかに，セラピストともども，子どもも親も一緒に陥ってしまうというリスクはないでしょうか。

　つまり，在宅での養育を続けている傍らで子どもに対する心理療法を行うということには，かなりの困難があり，またリスクがあるということなのです。在宅での養育の場合には，まずは親が安定した適切な養育を行うことができるという基盤が整えられた後にこそ，子どもに対する心理療法も，より安定的，かつ有効に提供することができるのではないかと思われます[*1]。

## (2)　施設や里親などの養育に入った場合

　それでは，子どもが親元を離れて施設に入所したり，里親などのもとで暮らすことになったりした場合はどうでしょう。

---

[*1]　在宅での心理療法の事例（第8章第2節）に対して，冨成が祖母の存在を指摘しているのがその一例です。

　これまでさまざまに大変な思いをして，ようやく安全に暮らせる場所に移ってきた子どもです。その間の体験も含めて，子どもにはいろいろと整理をしておきたいこころの傷や葛藤があることに疑いの余地はありません。ただ，そうしたことについて考えるという作業（心理療法）に，生活の場を移した直後からとりかかるのは，必ずしも最善のことではないと思われます。やはり，早ければ良いというものではないと考えます。

　たとえば，新しい生活の場で新しい生活をスタートする際に，それまでの大変な体験をすべてこの新しい場に持ち込み，それを施設あるいは里親家庭全体を巻き込んで「再演」するような子どもがいるかもしれません。そうなると，日常生活の場面で養育に当たる職員は，驚き，戸惑い，日々の対応に追われて疲弊していくことになるでしょう。覚悟はしていたが，とんでもなく大変な子どもをあずかってしまった，と。そして，子どもに心理療法を受けさせることで，そうした状況を改善したいと考えるかもしれません。あるいは，心理療法を受けさせることで，そうした混乱をすべてセラピストに引き受けてもらいたいと願うかもしれません。まるで，心理療法が魔法のように，すべてを解決する手段であるととらえられているといった状況は，決してめずらしくはないでしょう。

　あるいは，こうした子どもとは正反対に，新しい生活の場に対して，ある種の「過剰適応」のような状態を呈する子どももいるかもしれません。こうしたあり方もまた，ひとつの再演ではあるのですが。つまり，この子どもは，これまでも過剰適応気味に振る舞うことで，さまざまな難局を乗り越えてきたということなのでしょう。こうした子どもの場合には，生活のケアに関わる職員の手をかけませんし，一見，「うまくやっている」ようにとらえられて，すぐには心理療法の必要性が訴えられないかもしれません。ただし，こうした子どもの場合には，ある程度新しい生活に慣れてきたところで，それまでは見せることのなかったさまざまな「問題行動」を呈して，逆に職員を戸惑わせることも少なくないように思われます。

　いずれにせよ，子どもたちは新しい生活環境のなかでの新しい生活に，自分たちなりの方法で適応しようと懸命なのです。ここでいう「自分たちなりの方法」というのは，それまでの生活史において比較的うまくいっていた方法であろう，ということです。ただし，それらは，施設や里親家庭での生活

においては功を奏さないことが大半でしょうし，学校などの生活においても，決して適応的とは言えない方法であることが多いように思われます。

　これは，アタッチメントのパターンという文脈で理解することもできるでしょうし，より精神分析理論に近い考え方をするならば，その子どもの内的世界，あるいは内的対象が，新しい生活の場やそこで出会う人々に投げ入れられ（投影），それが再演されているという表現になるかもしれません。また，新しい環境と，新しく出会う人々であるにもかかわらず，子どもはそれまでの生活のなかで出会ってきた人々との間で培ってきた関係性の枠組みで，新しい人々との関わりを持つ（転移）という言い方もできるでしょう。

　しかし同時に，子どもたちは新しい生活環境のなかで，新しい人間関係のあり方をも経験しはじめます。それまでのやり方を維持しつつも，徐々に新しいやり方を獲得していくプロセスが始まるのです。もしかすると，時間はかかるかもしれませんが，それまでのやり方を放棄し，新しいやり方で人と関わるようになっていくこともありうるでしょう。こうしたプロセスの一端に，心理療法がその役割を担うことはできますが，それはあくまでも日常生活の場で，子どもたちが新しい人間関係のあり方を体験し，日々，それを蓄積しているということが基本にあってこそ，です。

　このように，新しい生活環境に身を置くことになった子どもは，その子どもなりのやり方で，その新しい環境での生活を始めます。しかし，それまでの生活史から，「ここが当分の間，自分が安全に暮らすことになる場所だ」ということを受け止めるのに時間のかかる子どももいるかもしれません。そこで大切になってくるのが，第Ⅱ部「ケア編」で取り上げるライフストーリーワークです。施設に入所したり，里親家庭に措置されたりした子どもとの心理療法を始める際に，まず求められるのは，その子どもが「ここが自分の生活する場所である」ということをある程度は受容していることだということができるかもしれません。

　ここに至るまでに，子どもたちは多くの専門職の人々に出会い，「面接」や「検査」など，さまざまな体験をしてきていることでしょう。そうしたさまざまな大人たちが，最終的に自分が生活する場所はここだと決めたのですが，施設や里親宅に移動してすぐの時点では，その子どもには，そこで自分の養育に関わってくれるという大人たちもまた，これまで出会ってきた多く

の大人たちと同様に，1回きりの出会いであったり，途切れ途切れに出会ったりする大人の一人としてしか，体験されていないかもしれません。本当にここが当分の間，自分が暮らしていく「家」になるのだろうか。またすぐに，どこか他の施設や家に移動することになる，一過性の場所にすぎないのではないか，と。

　しかし，実際はそうではなく，ここで新たに出会った大人たちは，これから自分のことをずっと養育してくれる人たちであり，この生活の場も一時的な居場所ではなく，これからしばらくの間，生活をする場所なのだ。ある子どもたちにとっては，ここは大人になっていく場所なのです。そうした自分の新たな居場所といった感覚を持つことができはじめたあとにこそ，「新たな大人」としてのセラピストとの出会いがあるとよいのではないかと思います。

## 2. この子どもは，心理療法という時間を自分のために使うことができるのか

　さて，子どもが施設や里親宅での生活に一定程度なじみはじめ，ここが自分の居場所だという感覚をつかみはじめたところで，その子どものそれまでの体験を整理するという目的で，心理療法を開始するという流れができてくると言えるでしょう。つまり，これが，心理療法の導入を検討するひとつの好機だということです。

　あるいは，いつまでたっても，子どもにこの新しい生活環境が自分の新しい居場所だという感覚が芽生える様子がないか，たとえその感覚は芽生えたようであっても，相変わらず先に述べたような，適応的とは言えないそれまでの人間関係のあり方を繰り返すばかりで，むしろ，せっかくのこの新しい場での生活の継続すらも危ぶまれるような状況が起きることも，充分に想定されます。その場合に，こうした状況の突破口として，心理療法を導入することが検討されることがあるかもしれません。

　いずれの場合にせよ，心理療法を始めるというプロセスは，性急に進められるべきではありません。これはもったいぶって出し惜しみをするということではなく，心理療法を導入するということが，その子どもにとっての新たな混乱の源にならないように，周到に準備をする必要があるということには

かなりません。

　そこで，心理療法の導入を考えはじめる際に，生活のケアにおいてその子どもと最もよく関わり，その子どものことをよく知っている大人，多くは子どもの「担当者」や，「キーワーカー」と呼ばれる人たち（本章ではこの人物を，キーワーカーと呼ぶことにします）が，その子どもに心理療法が有効であるかもしれないと考える背景について，まずはセラピストとじっくりと話し合ってほしいと思います。

　そのうえで，子どもに対しては，キーワーカーとして，たとえば「このようなことが心配になっているのでセラピストに相談したところ，セラピストがあなたに会ってみたいと言っている」，あるいは特に心配していることがない場合であっても，「新しい環境で生活を始めて落ち着いてきたところで，これまでの暮らしについて振り返って考えるために，セラピストに会う時間を持つことが大切だと思う」など，子どもにも了解可能で，かつしっかりとした理由をもってセラピストを紹介するというプロセスを踏むことが，大変重要なポイントだと言えます。心理療法は，けっして子どもがセラピストと1対1で楽しく遊ぶばかりの時間ではないからです。

　極端に言えば，心理療法が役に立たない子どもなどいないと言えるかもしれません。どのような子どもであっても，心理療法という時間と場が与えられるならば，必ずや得るものはあると断言してもよいとすら思います。ただしそれは，本章で述べてきたようなさまざまな条件が整っていれば，という前提があってのことです。

　では，心理療法の時間と場を用いることができるというのは，具体的にはどのようなことを指すのでしょうか。

⑴　心理療法は通常，50分間，毎回，同じ部屋で，子どもとセラピストが1対1で行います。その子どもは，セラピストと2人だけで，50分間という時間を過ごすことに耐えられるでしょうか。もし耐えられないとすれば，キーワーカー/里親と一緒であれば，セラピストと一緒に時間を過ごすことができるでしょうか。もし50分間が無理ならば，どれくらいの長さなら一緒に時間を過ごすことができるのでしょうか。

⑵　心理療法では，子どもの遊びや描画，あるいは子どもが話すことに対

して，セラピストはそれについて描写するように語りかけたり，そこで
いったい何が行われているのか，セラピストが連想することを子どもに
語りかけたりします。その子どもは，そうしたセラピストの言葉かけに，
どのような反応を示すでしょうか。セラピストの言葉を関心を持って聞
こうとしたり，セラピストの言葉に応えてさらに遊びや描画を展開させ
たり，あるいは話を膨らませたりすることができるでしょうか。あるい
は，セラピストのそうした言葉かけを，完全に聞こえないかのように無
視をするのでしょうか。少しでも聞いている様子はありそうでしょうか。
そうでなければ，セラピストの言葉をまるで攻撃されているかのように
受け止めて，怖がったり，あるいは「黙れ！」と迫ってきたりするので
しょうか。

(3) 　心理療法には，いくつかの約束事があります。心理療法を行う曜日や
時間，場所が決まっていることはもとより，心理療法のなかで作ったり
描いたりしたものは部屋から持ち出さないこと，また自分自身やセラピ
ストを傷つけるような危険な行動はしないといったことなどです。その
子どもは，こうした約束事を守ることができそうでしょうか。もし守れ
ないとすれば，そのことについて，セラピストと共に考えることができ
そうでしょうか。

　こうしたことを見極めるために，心理療法のためのアセスメントは通常，
心理療法と同様のセッティング（決まった曜日と時間と場所）で，3〜4セッ
ションを持ちます。たとえ，1回目はセラピストと2人で過ごすことができ
なかった子どもであっても，2回，3回と回数を重ねるごとに，セラピスト
と2人で過ごすことができるようになるかもしれません。あるいは，はじめ
はセラピストの言葉かけにまったく反応しなかった子どもが，回数を重ねる
うちに，少しずつ反応してくるようになるかもしれません。いずれにせよ，
3〜4回のセッションを持ってみることで，その子どものあり方とともに，
変化を見ることができます。

　先に，心理療法が役に立たない子どもなどいないと言ってもよいのではな
いかと述べましたが，これは心理療法の時間を有効に用いることのできない
子どももいないと言い変えることができるかもしれません。私たちセラピス

トは，たとえまったく遊ばない，遊べない，話さない，話せない，そしてセラピストの言動に対してまったく反応をしないという子どもを前にしても（反応をしないということも一種の反応ではあるのですが），少しでもその子どもと関係が取れそうな何かを見つけよう，そしてそことつながっていこうと懸命になるものでしょう。このようにして，その子どもに対して，その子どもとの関係性に対して希望を持ち続けることそのものが，セラピストの仕事の一端でもあると思います。

　また，たとえば，3〜4回のセッションでは，子どもはセラピストと1対1で50分間を過ごすことができるようにはならなかった。それならば，あと数回，アセスメントの期間を延長してみよう。あるいは，この子どもができる範囲で，当分の間は子どもとキーワーカー/里親，セラピストの3人でセラピーの時間をもってみよう。さらには，1回30分だけの心理療法をしてみようといったように，子どもが受け止められる範囲に心理療法の形態を改編して行うことも可能でしょう。四角四面に，ある一つの設定にこだわる必要はありません（ただし，部屋という場については一つの同じところにこだわったほうが良いでしょうが）。これはけっして，何でもありだというわけではなく，一つの指標として，ここに述べた諸点を基本的な参照軸とした上でのことであることは，強調しておきたいと思います。こうした「枠」をもち，それを提供することこそが子どもを抱える器になるからです。

## 3. 子どもが心理療法を行うことになった場合，その子どもを取り巻く環境はその心理療法を支えることができるのか

　これは，子どもが在宅の場合の心理療法について述べたことと，基本的には同じ考えに基づくものです。たとえば，その子どもが里親家庭で養育されているのであれば，その里親は子どもを心理療法に定期的に連れてくることができるのか。そして，その子どもを養育する里親として，その子どもについて，子どものセラピストとは別の担当者と考える時間を持つこと（親面接）を厭わないか。また，心理療法を通してさまざまな感情が喚起されることで，子どもが不安定になったり，時には子どもの状態が心理療法を始める前よりも「悪くなった」と思えたりするような事態に陥るかもしれないことについて理解し，それを受け止めることができるのかどうか。むろん，そうした里

親を支えるだけのネットワークの力があるのかどうかということが，ここでは大変重要なポイントになることはいうまでもありません。心理療法とは，ただ単に子どもが発散をして，楽しく遊ぶだけの場ではないのです。それが目的ならば心理療法である必要はなく，何らかのお稽古事などで事足りるということになります。周囲の大人は，こうしたことを理解して，心理療法を受ける子どもを支える必要があるのです。

　それでは，子どもが施設で暮らしている場合はどうでしょうか。セラピストは，子どもが生活しているのと同じ場所で心理療法を行うのですから，時間が来れば子どもが自分で心理療法の部屋にやって来て，心理療法が終わればまた居室に戻っていけばよいのでしょうか。あるいは，セラピストが子どもを居室に迎えに行き，終わりの時間になればまた，居室に送り届ければよいのでしょうか。そうであれば，キーワーカーは，ずいぶんと助かるでしょうし，子どもが心理療法を受けているということが，さほどの負担にはならないかもしれません。あるいは，子どもが心理療法を受けているということそのものが，忘れられてしまうということすらも起こりうるでしょう。

　しかし，それでは心理療法という時間も，子どもとセラピストも，完全に生活の流れから遮断されてしまいます。これは，「忘れられた子ども」あるいは「適切に養育されない子ども」の状態を，施設が再演してしまっている状態だと言えるでしょう。それでは，生活の場面と心理療法の場面が一体となって子どもを抱えるという機能が，作用しなくなってしまいます。

　先に，キーワーカーが子どもに心理療法やセラピストについて紹介することの重要性について触れたことからも明らかなように，生活場面で子どものケアをする職員と，心理療法の場面で関わるセラピストとの協働によって，より重層的にその子どもを抱える器を作っていく。そのことによって子どもの養育は，より良いものになっていくのです。車の両輪のように，どちらか一方が欠けていたのでは，車はスムーズに走ることはできません。

　子どもにとっては，生活場面で自分のケアに責任を持つ大人と，こころに焦点化したケアを特定の場所と時間に提供するセラピストという「対」が，それまでにはおそらくほとんど経験のなかった「親というカップル」として体験されることになるでしょう。それは，時には意見や考え方が異なるかもしれない2人の大人が，それでも破綻することなく，共に自分のことを考え

てくれるという体験であり，そこで子どもははじめて，自分が「抱えられる」
という体験をすることができるのだと思われます。

　ですから，具体的には，心理療法のためのアセスメントの開始時点のみなら
ず，アセスメントの経過中も，そして継続的に心理療法を行うことになっ
た際にはその間もずっと，キーワーカー（勤務の都合上，必ずしもキーワー
カーが行うことができない場合には，誰か他の職員）が，心理療法の部屋と
居室の間の送迎をするということ。１人の大人の手から，もう１人の大人の
手へとしっかりと渡されること。そうすることで子どもは，抱えられ，心理
療法の時間のなかで自分自身と向き合い，また，日常生活場面に戻っていく
ということの繰り返しを体験することができます。そして，その経験そのも
のによっても支えられることになるのです。

　これは，具体的な送迎に限らず，心理療法の経過中にも，その経過につい
て子ども本人も含めて皆で振り返り，考える機会を持ったりするなど，キー
ワーカーが，心理療法のプロセスに積極的に関与することができるかどうか。
これは，子どもの心理療法をより効果的に進めることができるかどうかの大
切なポイントになります。

　こうしたことが可能なのかどうか。心理療法のアセスメントでは，里親，
あるいは施設の職員とセラピストとの間で，しっかりと話し合われるべきな
のです。


　以上の諸点を踏まえたうえで，やはり最も大切なポイントは，セラピスト
にこの子どもの心理療法を引き受けたいと思える気持ちがあるのかどうかと
いうことであると，最後に付け加えておきたいと思います。

　先に述べたようにセラピストは，どのような小さなことでもよいから，そ
の子どもとつながっていくことのできる何かを探し出そうとします。また，
自身の人生に対して希望を失ってしまっているかもしれない子どもの希望を
担うという役割を持ち続けることが，その仕事の一端でもあります。

　しかし，セラピストもひとりの，時には脆弱にもなりうる人間です。どう
しても，ある子どものことをフェアな視点で考えることができないと感じた
り，この子どもとは心理療法を行うことが難しいと感じたりすることも起こ
りうるでしょう。セラピストだからといって，すべての子どもに対してまっ

たく同じような気持ちをもって心理療法を引き受けることは不可能なことであり，また不自然なことであるとも言えます。

　では，そうした場合には，いったい何が起きているのでしょうか。

　一般に，セラピスト，あるいは対人援助職と呼ばれる仕事をする人たちは，自分自身のなかにある個人的な葛藤や偏見，好悪の感情などに開かれていることが非常に重要です。そのうえで，ある子どもの心理療法を引き受けることができないと感じるのは，そうした自身のなかにあるどのような感情に端を発しているのかということを，考える必要があるでしょう。セラピスト自身が心理療法を受けるという体験や，スーパーヴィジョンを受けること，あるいはセラピストの同僚がいる場合には，彼らはもとより，他職種の同僚らともこうした感情についてオープンに話し合えることなどが，その支えになるでしょう。

　こうした個人的なことを充分に吟味したうえで，その子どもに対する自身の現在の感情が，もしかするとその子どもから「投げ入れられたもの」である可能性について，考えることが役に立つでしょう。たとえば，その子どもが，「自分は誰からも好かれない」という自己イメージを持っているとするならば，その子どものそうした自分自身に対する思いをセラピストが実際に体験することで，セラピストもまた，その子どもの自己イメージに追随し，現実のものとしてしまうといったことが起こっているのかもしれません。あるいは，セラピストは，自分の力量ではこの子どもの役には立てない，自分はセラピストとして無能だと，その子どもと会うとそうした思いに苛まれる（さいな）ということがあるかもしれません。この場合は，その子ども自身が持つ無力感や無能力感がセラピストに「投げ入れられた」結果，そうした感情をセラピスト自身が体験させられるということになっているのかもしれません。

　こうしたことが起こっている場合にも，その感情についてスーパーヴィジョンで検討したり，オープンに同僚と話し合ったりすることのできる環境にあることが，やはり大きな支えになるでしょう。同僚と話し合うことが，その子どもの理解につながることも大いにありうるのです。他の同僚らもその子どもに対して同じような感情を経験しているかもしれません。そうすると，その子どもの持つ自己イメージや感情を，その子どもと関わる大人たちがまさに骨の髄で体験しているのだという現状について共有することができ

ますし，たとえ心理療法というかたちはとらないにしても，こうしたディス
カッションがその子どもの養育に際しての，ひとつのヒントになる可能性に
つながるかもしれません。

　いずれにせよ，こうした考えるプロセスを経てもなお，自分にはこの子ど
もの心理療法を引き受けることができないと感じられるのなら，やはりその
時点で，その心理療法は引き受けないという選択肢はあってしかるべきだと
思います。先に心理療法は魔法ではないと述べましたが，セラピストもまた
ひとりの人間であり，決して魔法使いではありません。「できないというこ
とを引き受ける」こともまた，セラピストとしての大切な力であり決断だと
思います。


　以上，心理療法のためのアセスメントについて，そのポイントとなる諸点
について概説してきました。どちらかというと，心理療法を行うための「外
枠」について見極め，それをできる限り心理療法の実践が可能となるように
整えていくことに，重点を置いて述べてきました。それだけ，心理療法とい
うものは，その部屋の中で起こっていることと同様に，もしかするとそれ以
上に，外の器がしっかりとしていることが求められるということでもありま
す。

　施設で心理療法を行うセラピストは，こうした外の器に守られていてこそ，
心理療法のなかで子どもと安心して向き合うことができ，子どもの抱える生
活史やそれを巡るさまざまな思いを抱えていくことができるのだといえるで
しょう。もしかすると，施設で仕事をするセラピストにとっては，まずはこ
うした外の器をしっかりと作っていくことこそが，最初の仕事になるのかも
しれません。

【文献】

Meins, E., Fernyhough, C., Wainwright, R., Clark-Carter, D., Das Gupta, M., Fradley, E., &
　Tuckey, M. (2003) Pathways to Understanding Mind : Construct Validity and
　Predictive Validity of Maternal Mind-Mindness. *Child Development*, **74**(4), 1194-1211.

第**5**章

# 親子関係再構築のためのアセスメント

【唐津亜矢子・宮口智恵】

## 第 **1** 節　親子関係再構築支援とは

　親子関係再構築支援とは，何を意味するのでしょうか。その内容の検討にあたり，まずは親子関係再構築の意味について確認したいと思います。

　「社会的養護関係施設における親子関係再構築支援ガイドライン」（以下，ガイドライン）によると，親子関係再構築とは，「子どもと親がその相互の肯定的なつながりを主体的に回復すること」と定義されています。

　親子関係再構築支援（以下，支援）の分類については表 5-1 を，支援の流れについては図 5-1 を参照してください。支援の対象は，「養育の問題を抱えている，共に暮らす家族，分離中の家族」の，「親，子ども，親子関係，

表5-1　親子関係再構築支援の種類（ガイドラインより）

---

■**分離となった家族に対して**
①　親の養育行動と親子関係の改善を図り，子どもが家庭に復帰するための支援。
②　家庭復帰が困難な場合は，親子が一定の距離をとった交流を続けながら，納得してお互いを受け入れ認めあう親子の関係を構築するための支援。
③　現実の親子の交流が望ましくない場合，あるいは親子の交流がない場合は，子どもが生い立ちや親との関係についての心の整理をしつつ，永続的な養育を受けることができる場の提供。

■**共に暮らす親子に対して**
④　虐待リスクを軽減し，虐待を予防するための支援。
⑤　不適切な養育を改善し，親子関係を再構築し維持するための支援。
⑥　家庭復帰後等における虐待の再発を防止し，良好な親子関係を維持するための支援（アフターケア）。

家族・親族」とされています。そして，支援の最終的な目的は，「子どもが
自尊感情をもって生きていけるようになること，生まれてきてよかったと自
分が生きていることを肯定できるようになること」とあります。それは必ず
しも家庭復帰のみを目指したものではなく，子どもの回復と成長発達を支え
るという視点から，親子関係再構築支援をとらえています。

　親子の状態は1組ごとに異なり，それぞれの親子について個別にアセスメ
ントが行われなければなりません。しかし，近年，アセスメントが充分にさ
れぬままの家庭引き取りによって，子どもにとって最悪の結果を招いた事例
が後を絶ちません。虐待発覚時のリスクアセスメントと同様に，親子関係再
構築においても的確なアセスメントが求められるようになり，その重要性が
いっそう増しています。

　虐待のあった家族を支援していくためには，その不適切な養育について指
導を行うだけでは不充分であり，再発の防止の手立てとはなり得ません。ま
た，澁谷（2017）は，保護者（親）が子どもの最善の利益を主眼に置いた養
育責任を果たせない状況にある場合，親に養育をさせるということがかえっ
て虐待リスクを高めかねないこと，支援者が関わるなかで（意図せずして）
保護者に「がんばらせてしまう」方向での支援をしてしまい，保護者が追い
込まれている場合があることを示唆しています。

　支援を開始する前に，親子を理解することができているでしょうか。支援
対象となる親子は，そもそもどのような家族で，どのような日々を過ごして
きたのでしょうか。彼らの関係性を推測し，仮説を立てて，家族を理解する

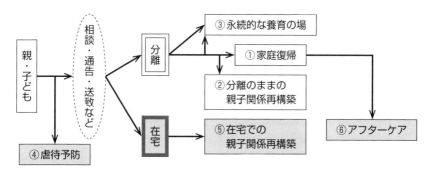

図5-1　親子関係再構築支援の種類（ガイドラインより）

というアセスメント過程を経ずして，親子関係再構築支援を行うことはできません。

　本章では，親子関係再構築プログラム「CRC 親子プログラムふぁり」の実践内容を通して，「支援のためのアセスメント」について検討します。

## ■ 第 2 節　「CRC 親子プログラムふぁり」の目指す親子関係再構築支援

　(特) チャイルド・リソース・センター（以下，CRC）は，児童相談所の委託を受け，2007 年度より「CRC 親子プログラムふぁり」(以下，プログラム) を提供しています。プログラムの対象者は虐待をした親とその子どもであり，約 8 割の子どもが施設入所中，もしくは里親委託中です（対象となる子どもは，乳児から小学低学年までとしています）。

　図 5-1 で言えば，以下の四つの分野の支援を行っています（カッコ内の数字は図の中の番号です）。

　　家庭復帰（①)——親の養育行動と親子関係の改善を図り，子どもが家庭に復帰するための支援。
　　分離のままの親子関係再構築（②)——家庭復帰が困難な場合は，親子が一定の距離を取った交流を続けながら，納得してお互いを受け入れ認めあう親子の関係を構築するための支援。
　　在宅での親子関係再構築（⑤)——不適切な養育を改善し，親子関係を再構築し維持するための支援。
　　アフターケア（⑥)——家庭復帰後等における虐待の再発を防止し，良好な親子関係を維持するための支援。

　プログラムでは，上記のなかでも，特に①②の支援を中心に行っています。プログラムは，1 組の親子ごとに，2 週間に 1 回の頻度で，約 9 カ月にわたり実施します。本プログラムの特徴は，アタッチメントとバイオグラフィの視点に基づき，ソーシャルワークのアプローチを活用して支援を行うことです。

　ファシリテーター（以下，Fa）は，親子と過ごす親子交流時間の「共有体験」と，テーマについて親とともに考える親時間での「対話」を通して，親が子どもを支えられるように伴走します。CRC が行う支援は，子どもにとってより良い親子関係について親とともに考えていくプロセスであり，「子どもの安心の基地を保障する」という共通のゴール（視点）を，親と共有するための道程と言えます。つまり，それぞれの親子に対して，適切な距離での関わりを継続していくためにはどうすればよいのか，という視点を持って支援を行っています（詳細は第 12 章を参考）。

 ## 第 3 節　「CRC 親子プログラムふぁり」のなかで行われている親子のアセスメント

### 1. 困難を抱える親

　はじめに，虐待をした親，つまり子育てにおいて困難を抱える親に多く見られる特徴を見ていきます。

　「健やか親子 21 検討会報告書」（平成 12 年 11 月）では，子どもの虐待が起こる原因として，以下の四つの要素が挙げられています。

　　⑴ 多くの親は子ども時代に大人から愛情を受けていなかったこと。
　　⑵ 生活にストレス（経済不安や夫婦不和，育児不安など）が積み重なって危機的な状況にあること。
　　⑶ 社会的に孤立化し，援助者がいないこと。
　　⑷ 親にとって意に沿わない子（望まぬ妊娠，アタッチメント形成阻害，育てにくい子など）であること。

　CRC では子どもへの虐待リスクとして，上記の四つの要素に「自信のなさ」を加えた図 5-2 のような観点から，虐待行為に至った親の困難さを想像します。この「自信のなさ」とは，親自身が自分のことを認められず自分に自信がない，子どもを認めてあげられない，褒められた経験がなく子どもを褒められない，などの親の状態を指したものです。

| a　孤立<br>（社会的・心理的孤立）<br>そのせいで…<br>・子育てやその他の情報の不足<br>・疎外感や被害的な感情　など<br>→更に問題が積み重なることも。 | b　日々のストレス<br>その背景には…<br>・経済的な問題<br>　（失業，借金，金銭管理）<br>・課題を持った家族関係<br>　（DV，夫婦関係，親・きょうだいとの関係）<br>・親自身の障がいや病気<br>・近隣や知人とのもめごとや軋轢　など<br>→深刻な問題が隠れていることも多い。 | c　親にとって育てにくいと感じる子ども<br>その要因はさまざま…<br>・性別（男女どちらかがよかったなど）<br>・体格，顔立ち（誰々に似ているなど）<br>・性格，性質<br>・発達的な課題や病気<br>→特別な支援が必要とされる要因のほか，客観的に見て問題とならないようなことでも「親にとって」受け入れがたい要因となり得る点に留意したい。 |

| d　親の生育歴や自信のなさ |
| --- |
| 親の深刻な成育歴から…<br>・他者（社会）へのマイナスイメージを持っている。そのため，適切な関係が結びにくい。<br>・養育モデルがない。あるいは不適切な養育モデルしか知らず，適切な養育を行うことが難しい。<br>・自分の親を否定し，避けている。虐待や不適切な養育を受けてきたため，自分の親に子育て等について相談できず，孤立につながる。<br>・自分の幼い時の怒りに翻弄される。子どもと関わることで過去の自分のトラウマを再現してしまうため，適切な養育を行えない。<br><br>親に自信がないと…<br>・自分のことを認められない。そのため，子どもを認めることも難しい。 |

図5-2　困難を抱える親の状況（宮口・河合，2015）

　プログラムで出会う多くの親は，上記のような困難さを持ちながらも，それを「困っている」と表出できないでいます。そして，支援者からは「困った人」「支援が難しい人」としての評価を受けた状態で，Faの前に現れます。

## 2. 親の行動の理解から始める――「親理解」のためのステップ

　電話では次回の来所の約束に応じるのに，当日になると現れない親。支援者からの「気をつけて」の言葉に，「あなたにそんなことを言われる筋合いはない！」と急に怒り出した親。支援者に見せる姿はまるで支援を求めず，遠ざけるかのようです。この場合，「なぜ，そんな行動をするんだろう」「何が起こっているんだろう」という問いかけが，支援の出発となります。

　親の行動をアセスメントするとき，基本として押さえておきたいのは，BPS（生物・心理・社会）モデルの視点です（図5-3）。これによって，支援者自身の偏った見立てに気づくことが可能となります。たとえば，「来所

の約束をしても現れない親」に
ついては，最初に想定する要素
が支援者によって異なります。
たとえば以下のようにです。

クライエントの不適応の問題を
三つの視点から評価する

**図5-3　BPS（生物・心理・社会）モデル**

　　A さん――愛想がよく，理
　　　解していると思っていた
　　　が，本当は知的な課題が
　　　あるかもしれない。スケ
　　　ジュールの把握も不充分
　　　だったのでは？　そもそ
　　も1人で来所できるのだろうか？
　　B さん――いざ子どもと会うとなると不安になり，心理的な防衛が働い
　　　たのでは？
　　C さん――電車の費用がなくて，来られなかったのでは？

　もちろん，どれも可能性があり，大切な視点です。しかし，多くの支援者
は，自身の経験に従って，自分になじみのある眼鏡（視点）で親や子どもを
見立て，理解しようとします。そして，その最初の見立てに基づいて助言を
行ったり，サービスを提供することもありますが，その見立てに偏りがある
と，本人の状態やニーズとは遠い支援を行ってしまう可能性もあります。こ
の BPS モデルの視点を基本として持っておくと，支援者は自分の見落とし
に気づくことができます。
　このモデルを活用するときのポイントは，どれかに分類しようとするので
はなく，複数の課題が重なる可能性が高いことを意識し，全体像を見ること
です。実際に，プログラムを通して出会った親の半数以上が何らかのハンディ
キャップを抱えており，支援者と約束した日程に来所すること，都合が悪く
なったときに電話連絡をすること，交通機関を乗り継いで児童相談所に来所
することなど，一般的には何でもない日常的な行為に困難さを抱えていた人
も少なくありません。
　しかし，ハンディキャップのために予定変更が難しく，融通の利かない親

を「わがままな人」と見立てたり，交通機関の利用が困難なのでお金がない
のにタクシーで来所している親を，「経済観念がないルーズな人」というよ
うな一面的な評価をしてしまうと，本来着目すべき親の困難さに対応した適
切な支援が難しくなります。「実は電車やバスの利用の仕方がわからず，人
に道を聞くこともできない」と，プログラムの回を重ねるなかで，長い間誰
にも言えなかった自身の困難さを語った親もいました。また，児童相談所や
学校からの文書の内容が理解できずにいたり，説明されたことがほとんど記
憶に残らないなど，日常生活の状況を丁寧に聞いていくと，親の困難さが見
えてくることも多いものです。しかし，支援者にハンディキャップに対する
視点がなければ，支援されないまま見過ごされてしまうことになるのです。
　支援の難しい親の行動としては，以下のようなものが挙げられます。

　　　・理不尽な言いがかりをつける。
　　　・子どもを責めたり，子どものせいにしたりする。
　　　・すぐ感情的になり，クレーマーのような態度を取る。
　　　・子どもへの一方的な関わり方をする。
　　　・何度約束しても，決めた日時に来られない。
　　　・関わりを避ける，話しかけても目を合わさない。
　　　・連絡しても反応がない，もしくは些細なことで頻繁に連絡がある。
　　　・子どものことでなく，自分のことばかり話す。

　上記のような行動の裏にどのような困難が隠れているのか，BPS モデル
を用いて推測してみると，以下のようになります。

　　　生物――持病，精神疾患，知的な課題や障害などはないか。
　　　心理――心理状態（内的ワーキングモデルやトラウマの影響）や価値観
　　　　はどうか。
　　　社会――金銭的なしんどさや基本的な衣食住に困りごとはないか。その
　　　　他，生活に悪影響を及ぼすような人間関係などはないか。

　プログラムでは，Fa が図 5-4 のような三つの視点で親自身の困難さを推

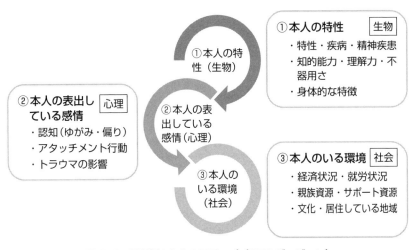

図 5-4　親理解のためのステップ（CRC バージョン）

測しながら，親との対話 → 観察 → 情報収集，というサイクルを繰り返して
いきます。そのなかで，親自身は現在の状態をどう認識しているのか，そも
そも自分の現状の困難さに認識があるのかといった点を意識して，親から話
を聞いていきます。そうすることで，なぜそのような行動をするのか，何が
起こっているのかという，「本人から見える世界」に近づいていくことが可
能になります。

## 3. 親子関係再構築支援の三つの柱──チャイルド・リソース・センターが大切にしている三つのこと

　親子関係再構築におけるアセスメントの最も大きな目的は，「親が子ども
から見て安心・安全か。すなわち，親が子どもの安心の基地になれる状態か」
を見極めることです。そのため，CRC ではこの目的を達成する親子関係再
構築支援を行う際に，「三つの柱」を大切にしています。「三つの柱」とは，
アタッチメントとバイオグラフィーという二つの視点，そしてソーシャル
ワークに基づくアプローチです（図 5-5）。

図5-5　「CRC親子プログラムふぁり」を支える三つの柱

## (1)　アタッチメントの視点

### ① 親子の不安や恐れを理解し支える

　ここで「アタッチメント」が指しているのは，ボウルビィ（Bowlby, J.）によって提唱されたアタッチメント理論に基づくアタッチメントシステムのことで，以下のように定義されています。

　　　危機的な状況に際して，あるいは潜在的な危機に備えて，特定の対象との近接を求め，またこれを維持しようとする個体（人間やその他の動物）の傾性であるとし，この近接関係の確立・維持を通して，自らが"安全であるという感覚"を確保しようとするところに多くの生物個体の本性があるのだと考えている。　　　　　　　　　　　　　　（Bowlby 1969/1982）

　つまり，生物が不安や恐れなどの危機的な状況に際して，あるいはそういった状況に備えて，特定の対象者（養育者）に近接を求め，それを維持することで不安や恐れを調整し，安心感を得ようとすることです。
　Faがプログラムで親子と出会うのは，親子にとっては不安や恐れが高まっているときです。いわば，親子のアタッチメントは活性化している状態です。プログラムは，親子にとって未知の人や場所であり，親にとっては自身の不

適切な養育に向き合わされるという状況でもあります。プログラム開始当初，横柄で支援者を威嚇するような親，まったく感情を見せないで淡々と見える親。一見不安とは無縁に見える親であっても，アタッチメントの視点で見ると，じつは出会いの場面では，それぞれの表出の仕方で不安や恐れを表現しています。

　ある母親は，久しぶりの面会で会った子どもが親からの声かけに反応が乏しい様子を見て，子どもが緊張しているとは理解できず「無視された」と激高し，子どもに恐怖も与えてしまいました。これは，親こそが子どもを恐れていることを示しています。「無視」は母親にとって，子ども時代のネグレクト体験を想起させるトリガーとなったのかもしれません。母親はそのことに気づいていませんが，自分の存在そのものを見捨てられるような恐怖の感情が急に襲ってきて，激高したとも考えられます。

　このように，プログラムのなかで最初に意識を向けるのは，親の不安や恐れの状態です。そして，たとえば無視されたと感じて怒っている親に対して，Faが「無視をされてつらかった」親の気持ちに寄り添うことで，親は「苦痛」の感情を認め，その感情に圧倒されずに持ちこたえていくことができるようになります。

　子どもが特定の大人を安全な避難所（アタッチメントの対象）として活用し，落ち着かせてもらうのが重要であるのと同様に，アタッチメントが活性化しているときは，親にとっても安全な避難所となる存在が必要です。しかし，私たちが出会う親は，安心の基地[*2]や安全な避難所[*3]を持てないまま大人になった場合が多く，不安や恐れを感じていても，それを他者と共有したり，SOSを出すこと自体が難しいのです。アタッチメントが活性化するサバイバルの状態になると，「闘争的」になったり，その場から存在を消すかのように「逃走的」になる，もしくは「フリーズ」します。この状態のサインを読み取り，親の本当のニーズに近づくことが，アタッチメントの視点での親理解です（図5-6）。

---

　*2　安心の基地とは，子どもの探索行動の基地となる養育者の機能を言います。
　*3　安全な避難所とは，子どもが恐れを感じたときに逃げ込む，養育者の果たす機能を言います。

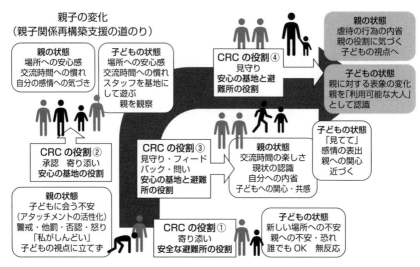

**図5-6　アタッチメントの視点で見た再構築のプロセス**

### ② 子どものアタッチメントが理解できるように親に働きかける

　一方，子どもにとっても，最初は見知らぬ大人と場所からのスタートであり，子どものアタッチメントもまた，活性化しています。そのような場面において，子どもと実親，現在の養育者（施設職員や里親）の関係性を見ていきます。現在，親がどのような存在であるのか，たとえば，虐待のことを思い出す恐怖の対象なのか，久しぶりに会いはじめたばかりでどうしていいかわからないような不安・戸惑いの対象なのか，親が好きという良い心象なのか，不安なときは一緒にいてほしいというアタッチメント対象なのか，といったことを見つつ，現在の養育者（施設職員，里親）との関係をも確認します。

　アタッチメントが活性化する「危険」のサインを見るときに，工藤（2020）は，その危険の内容を次の三つに分類し，このときに出すシグナルに気づくことが，支援者の仕事であると言います。

　　⑴ 生体の弱っている状態
　　⑵ 周囲が安全でない状態（危険を示す環境の条件）
　　⑶ くっつく相手（アタッチメント対象）が利用不可能な状態

　このアタッチメントのシグナルの観点は，親子を観察するうえでも欠かせません。プログラムでは，親子交流時間，親時間，子ども時間，毎回の出会いと別れの場面で，そのシグナルを見つけて応答していくことが，Fa と親や子どもの関係を作るのに不可欠です。つまり，応答することで，Fa が親子にとって情緒的に利用可能な存在になっていくと考えられます。

　上記の三つの「危険」の分類で，プログラム開始時の親子の状況を考えてみると，① 親子にとってのプレッシャーの場面（個体の弱っている状態），② 見知らぬ場所で新奇な人との出会い（周囲が安全でない状態），③ 頼りになる人もいない（アタッチメント対象が利用不可能な状態），というすべての要因に親子ともに当てはまることがわかります。このように，親子ともにアタッチメントが活性化した状態で，プログラムは開始されるのです。

　Fa が，まずは親の安全な避難所，そして安心の基地となっていくなかで，「親としての役割」を伝え，子どもの観察をともに行い，アタッチメント欲求や探索欲求を見つけていきます。そして，子どもの感情に触れることで，親自身の不安や苦痛が喚起される体験が起こってきます。この親の苦痛に Fa が寄り添います。親がこの不安や苦痛の感情を認めて向き合っていけるか否かが，子どもへの寄り添いにも影響します。後半には不適切な養育に対する内省を促していきます。子どももまた，Fa の支えを得て，親に対してさまざまな感情の表出をしている様子が見えます。

## (2)　バイオグラフィーの視点

### ① 親のこれまでの人生，子どもの育ちを理解し，親子のリソースを発掘する

　「○○ちゃんの親」として出会っても，一人の人として出会うという視点を持つようにしています。「親として○○ちゃんに何ができるか，あるいはできないか」だけを評価しても，そこから見えた人物像は一部分にすぎません。

　バイオグラフィーとは「人生の軌跡」を意味し，支援者として子どもと親の人生の一部に関わるということを，CRC 親子プログラムの Fa は常に意識しています。支援のなかで親子の人生をともに振り返り，ここまで生き抜いてきたそれぞれの生を尊重します。

　過去のリソース（力・可能性）を探し，今後（未来）に対してどのような希望を持っているのか，これらの内容を毎回のテーマをもとに親との対話を行います。それは，過去をただ想起させることが目的ではありません。現在の子どもとの関わりに困難を抱えているのは，自分がどう養育されてきたかと関係しているということが，過去に遡って子どもの立場になると見えてきます。しかし，つらい過去がある親にとっては，それと一人で向き合うこと自体が容易ではなく，大いなる探索（チャレンジ）です。この探索によって，「親（大人）から引き継いで良かったもの，良くなかったもの，自身が子どものときに親にしてもらいたかったこと」という，自身の子どもの時代のニーズを確認します。

　このように，親が幼少期にどのように育てられたのか，その後誰と出会い，どのように生きてきたのかを知ることは，親の他者との関係性の原型を知ることにつながり，内的ワーキングモデルを探ることにもなります。そして，親自身もこれまでの人生を振り返り，自分なりに受け止め，自身のなかにある貴重な出会いや大切にしてきたものにも気づきます。それは，誰かの伴走があって，はじめて可能となる作業なのです。

　ある母親は，初対面の支援者に向かって，CRC のプログラムに参加することがいかに不本意で，仕方なく来ているのかということを滔々と語りました。子どもの話題においても非常に頑なで，警戒心の強い様子でした。中盤，母自身の育ちを聴いていくにつれ，母親の表情が少しずつ変わっていく様子が見られました。「こんな話を誰かにしたことはなかった」と言いながら，実親との軋轢やきょうだい間差別，子ども時代の大事にしている思い出，しんどかった新人時代に助けてくれた職場の先輩のこと，大好きだったミュージシャンがいたことなど，彼女がここまで歩んできた人生を少しずつ語りました。自分の人生を Fa に語るなかで，彼女が確かな生命の軌跡として，自身の人生を実感している様子が見えました。

　2歳の子ども（はるちゃん）のバイオグラフィーについても，また同様です。この子が生まれたとき，どのように誕生を祝ってもらったのでしょうか。父親が仕事で忙しく不在が続き，母親の心身の状態が悪くなり，1歳のはるちゃんを見ることさえつらくなり，その存在を母親は避けていました。はるちゃんと母親はどんな1日を過ごしていたのでしょうか。保護されたとき，見知

らぬ大人に抱かれて連れて行かれたはるちゃんは，どんな様子だったので
しょうか。はるちゃんにとって，安心して過ごせる時間はあったのでしょう
か。母親自身の人生を聴いた後，はるちゃんの生きてきた2年間の人生を，
母親とともに振り返ります。母親がはるちゃんの姿を視野に入れなくなって
から，泣くことさえ諦めてしまったはるちゃん。当時のはるちゃんの状態に
初めて向き合い，そのつらさに母親は気づきはじめていくことになるのです。

## (3)　ソーシャルワーク

### ① 本人のいるところに近づき，本人と関わる環境に働きかける

　本プログラムは，ソーシャルワークのアプローチを用いた親子への支援で
もあります。プログラムという枠組みを活用し，本人のニーズを引き出し，
問題解決に向けて，個（親子）と環境（施設・児童相談所・その他の社会資
源）に働きかけることで，支援を行っています。Faは自己を活用し，本人
のいるところに近づき，本人が問題解決の主体者となれるような支援を目指
します。つまり，ニーズも支援のゴールも，支援の過程で本人から導き出さ
れるものと言えます。

　そのなかで行われるアセスメントは，その取り組み自体が親子との協働的
な支援関係を形成するプロセスですが，支援関係の主体はクライエント本人
（親子自身）であり，支援者はあくまで伴走者として問題を解決するパート
ナーにすぎない（大谷・田中，2018）ととらえます。このスタンスは，たと
え虐待や不適切な養育を行った親であったとしても変わりません。

　バイステック（Biestek, 1957）が，「援助関係はケースワークという臨床
過程そのものに流れを作る水路である」と表現したように，支援者と本人と
の援助関係こそが支援の中核と言えます。支援者が本人との信頼関係（つな
がる回路，水路）を作ることは，親子を理解するためのステップであると同
時に，それ自体が親子への支援でもあります（図5-7）。この回路があるか
らこそ，Faは子どもの安心な状況について親にフィードバックを行い，厳
しいと思われる事実もときには率直に伝えるのです。

　アセスメントは，このソーシャルワークのプロセスを通して，継続して行
われるものであり，Faは得られた情報を更新し続けていき，親子の代弁者（ア

ドボケーター）であることを意識します。そのなかで，本人の環境に働きかけるソーシャルワークの一環として機関との協働をとらえ，どのように協働すれば「子どもにとっての安心の基地を保障する」というゴールを共有し，より良い支援が行えるかを検討します。それぞれの機関に見せる親子の様子は異なり，支援の難しい親子ほど，その連携も難しくなります。だからこそ，親子理解と同様に，それぞれ異なる機関の役割や担当者の立場を理解しあいたいものです。親と子を支える支援者のつながりが，子どもと親それぞれの安心につながり，支援の連続性を生み出していくのです（図5-8）。

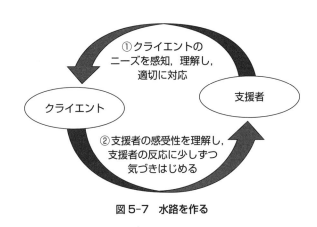

図5-7　水路を作る

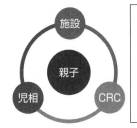

図5-8　プログラムで行っていること

## **4.「支援のためのアセスメント」の方法**

　「支援のためのアセスメント」とは，実際には何を行うのでしょうか。プログラムのなかでは，アセスメントとして事前のインタビューや質問紙，親子交流場面観察などが組み込まれていますが，言うなればプログラム全体が支援のためのアセスメントです。そこで行われているのは，① 本人との対話，② 親子の観察，③ 情報の共有と整理の三つのサイクルです。Fa は毎回のプログラムを通して ① と ② を並行して行い，「親子」への理解を深めながらプログラムを実施し，定点で ③ を行うことでさらに「親子」に近づくことを目指します。

## (1)　本人との対話──「親」「子」に近づくために

### ① 親に対して

　親本人から見える世界に近づくため，たとえば以下のようなことを尋ねます。これは，Fa が親本人のことを分かったつもりになったり，すぐ助言をして，親の行動を変えようとすることを避けます。

　　　○ Fa の役割を伝え，「何が一緒にできるか」
　　　○ 親の発言に対して「なぜ，そう思うのか」
　　　○ Fa が話した後で，「親がどう感じたか」「どう理解したか」

　　　〈例〉
　　　親：この子こんな感じだし，しばらく面会に来ません。
　　　【A パターンの場合】
　　　　　いえいえ，子どもって皆，本当は来てほしいと思ってるんです。
　　　【B パターンの場合】
　　　　　しばらく来ませんって，それは……？

　　A パターンの説得は，本人の声（ニーズ）が隠れている可能性のある「来ないと決めた本当の理由」を聴くチャンスを逃してしまいます。B パターン

の問いでは，本人の声（ニーズ）を聴くことができる可能性が広がります。Fa は，「本人の行動や言動に意図がある」ということを知り，それを教えてもらうことで，本人がなぜその行動（言動）を取ったかが見えます。

## ② 子どもに対して

　子ども本人から見える世界に近づくため，以下のようなことを行います。

　　　○ 年齢に合わせて，プログラムの枠組みや次の見通しを伝える。
　　　○ 子どものペースに合わせる。
　　　○ 子どもの感情の代弁をする。
　　　○ 子どもが自由に表現することを支える。

　97 ページ（アタッチメントの視点）でも述べたように，プログラム（新奇場面）も Fa（未知の大人）の存在も，子どものアタッチメントを活性化させます。Fa はプログラムが安全な場であり自分たちが子どもにとって利用可能な大人であることを感じられるように関わります。

　その上で，言語が話せない乳幼児のニーズを推測し，また，話せる子どもたちの言動に心を傾け，本人の行動の意味を考えていくのです。

## (2)　親子の観察──「親子」に近づくために

## ① 親と子どもの観察を行う

　親と子の不安に寄り添い，近づき，喜びを共有する中で，以下のようなことを観察します。

　　　○ 子どものアタッチメント欲求，探索行動の観察をする。
　　　○ 親のアタッチメント欲求，探索行動の観察をする。
　　　○ 子どものアタッチメント欲求・探索行動に対しての親の行動を観察する。

〈例〉

　その日，施設の担当のふゆ子先生に連れられ，しゅんやくんはふゆ子先生の手をしっかり握り，児童相談所の待合室に訪れました。あおいさん（しゅんやくんの母親）はしゅんやくんの姿を見ると，手を広げて「しゅんや！」と呼び，自分からは近づかず，再び手を大きく広げてしゅんやくんが自分のほうに走り込んでくるのを待っています。しゅんやくんはふゆ子先生の顔をちらりと見ます。そして，促されると，あおいさんの元へおずおずと近寄ってきて，表情はあまり変えずにあおいさんに抱き寄せられ，身を委ねていました。そのしゅんやくんをぎゅっと抱きしめながらあおいさんは Fa に視線を向け，Fa が自分たち親子の様子をしっかり見ているか，確認しているかのようでした。

（第 12 章第 2 節の事例を抜粋）

　ここでは，しゅんやくんの安心の基地として，ふゆ子先生の存在が観察されます。また，あおいさんのしゅんやくんに対する不安な様子も見えます。

## (3)　情報の共有と整理を行う──さらに「親子」に近づくために

　一定の時間を取って，表 5-2「CRC・支援のためのアセスメントシート」を活用して，プログラムを通して得られた親子についての情報を整理することで，支援者自身が気になっていたこと，見えていなかったことを確認します。

表5-2　CRC・支援のためのアセスメントシート項目

・入所（問題発生）の経緯
・ジェノグラム，過去の親子の育ちのエピソード
・親/子　BPS の状態とストレングス
・親/子　アタッチメントの視点（対象は？　不安や恐れは？）
・担当者の気になっているところ/確認したいこと
・観察，事実からの推測→「この親子の困難さについて」の仮説
・親/子のニーズ　　　　　　　　他

　これまでの支援のプロセスをあらためて振り返り，この親子が困難を抱えるようになった経緯や要因にはどのようなことが推測されるのか，今，親や子どもが抱えているニーズは何なのかについて，上記のシートを作成しながら再確認していきます。その際に大切なことが「情報の共有」です。親担当，子ども担当がそれぞれの立場で見えたことを共有します。また，児童相談所，施設職員それぞれから見える親子像を聞き取ります。また，同時にスーパービジョンを受け，親子に関わる支援者自身の状態を確認しつつ，子どもや親が求めている「本当のニーズ」について探索します。たとえば，親の『子どもを早く返して』という言動の裏にある，『子どもの言動に戸惑い，それを自分ひとりでは扱えない』という「本当のニーズ」も見えてきます。

　定期的に親子について，他者と情報を整理することで，支援者自身が気になっていたことや，気づかなかったことを確認することもできます。支援のためのアセスメントは親だけでなく，支援者の状況の理解をも助け，それが親子理解やその後の協働作業につながります。

## 第4節　おわりに──子ども，親，支援者に共通する「安心感」のプロセス

「今日は誰が頼りになるか？」
「この先消えないでずっといてくれるのは誰か？」

　これらは，社会的養護にある子どもに共通する問いではないでしょうか。彼らに必要なのは，「頼りになる」利用可能な大人の存在です。親子関係再構築の支援の中心に置くのは，この子どもの「安心感」のニーズです。それは，「おうちに帰りたい」と訴える子どもの家庭復帰を叶えることとは，決してイコールではありません。その子どもに必要なのは，たとえ帰れない状況であったにしろ，子どものその苦痛に寄り添う支援です。そして，これからの「子どもの人生」を見据えて，子どもにとって親とどのような関係でいることが安心であるかを推測し，可能なことを一緒に考え，子どもに見通しを説明する支援です。また，もし家に帰ることになるのであれば，現在の養育者との別れ，「親との新しい生活」という大きな不安に，大人がいかに寄

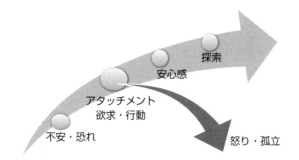

**図5-9　誰にも共通する安心感のプロセス**

り添ってくれるか，この先の見通しを伝えてくれるか，ということを望んで
いるのではないかと推測します。

　「子どもの安心の基地を保障していく」ということを支援の軸にして，親
子関係再構築のアセスメントのプロセスは続けられます。しかし，時にこの
軸がぶれて，適切な支援ができない状況に陥ることがあります。軸がぶれる
のは，どのようなときでしょうか。困難事例には，親子の問題以上に支援者
側の課題があると言われています。支援者自身もそれぞれ不安を抱えてお
り，親や子の強い感情にさらされると，それが喚起されます。また，支援を
するなかで手応えのなさを感じ，無力感に陥ることも少なくありません。こ
のような中，支援者もまた自信をなくし，自らが困難さを抱えることになり
ます。「自分が役に立っていないようで焦る」「怒りを感じる」「不安になる」
などの感情を，これまで持たなかった支援者はいないでしょう。また，担当
者間の協働の難しさ，組織体制など，支援する環境も支援者をより孤立させ
ます。

　軸がぶれるのは，このような支援者の安心感の欠如が起こるときです。支
援者が安心感を持てないと，子どもと親の本当のニーズへの探索が難しくな
ります。そのために，今，自分が「安心でない」ということへの気づきこそ
が重要なのです。自分や他の支援者や組織の「安心感」がいかなる状態であ
るかというリサーチは，支援には欠かせません（図5-9）。

　親が子どもを支えられるように，支援者が親を支える。そして，支援者が
親子を支えられるようにするためには，支援者にもまた支えが必要なのです。

アリス・ミラー（Miller, A.）は「恐れが伝染しやすいように，勇気もまた伝染する」と述べましたが，「恐れが伝染しやすいように，安心感もまた伝染する」のです。それを最も教えてくれるのは，子どもの行動だと言えるでしょう。

## 【文献】

Biestek, F. P.（1957）*The Casework Relationship*. Loyola University Press.（尾崎新・福田俊子・原田和幸訳〈1996〉ケースワークの原則：援助関係を形成する技法．誠信書房）

Bowlby, J.（1969/1982）*Attachment and Loss. Vol.1 Attachment*. London: Hogarth Press.

菅野恵（2017）児童養護施設の子どもたちの家族再統合プロセス――子どもの行動の理解と心理支援．明石書店

川畑隆編（2015）子ども・家族支援に役立つアセスメントの技とコツ――よりよい臨床のための4つの視点，8つの流儀．明石書店

数井みゆき（2007）子ども虐待とアタッチメント．数井みゆき・遠藤利彦編著 アタッチメントと臨床領域．ミネルヴァ書房，pp.79-101.

厚生労働省雇用均等・児童家庭局総務課（2013）子ども虐待対応の手引き（平成25年8月改正版）

久保田まり（2010）児童虐待における世代間連鎖の問題と援助的介入の方略――発達臨床心理学的視点から．季刊・社会保障研究，**45**(4)，pp.373-384.

工藤晋平（2020）支援のための臨床的アタッチメント論――「安心感のケア」に向けて．ミネルヴァ書房

増沢高（2018）ワークで学ぶ子ども家庭支援の包括的アセスメント――要保護・要支援・社会的養護児童の適切な支援のために．明石書店

宮口智恵・唐津亜矢子・岡本正子（2018）子どもを虐待した親への支援――「CRC親子プログラムふぁり」の実践をもとに．トラウマティックストレス，**16**(2)，142-154.

宮口智恵・河合克子（2015）虐待する親への支援と家族再統合――親と子の成長発達を促す「CRC親子プログラムふぁり」の実践．明石書店

宮口智恵・河合克子（2017）家族再統合支援におけるアタッチメントの視点の有効性．北川恵・工藤晋平編著 アタッチメントに基づく評価と支援．誠信書房，pp.176-180.

大谷京子・田中和彦（2018）失敗ポイントから学ぶPSWのソーシャルワークアセスメントスキル．中央法規出版

親子関係再構築支援ワーキンググループ（2014）社会的養護関係施設における親子関係再構築支援ガイドライン．

澁谷昌史（2017）社会的養育で守る子どもと家族の権利――社会政策動向から次なる到達点を考える．世界の児童と母性，**82**，6-9.

# 第Ⅱ部

## ケア 編

第**6**章

施設や里親のもとで暮らす子どもの
アタッチメント

【服部隆志】

## 第**1**節　はじめに

　虐待を受けた子どものケアにはさまざまな方法があります。本章では，ケアの土台となる日常的な関わり，なかでもアタッチメントを育てることについて触れます。

　虐待を受けた子ども，あるいは非行を含めた要保護児童が家庭から離れ，児童福祉施設や里親などで生活をする際には，さまざまなケアが求められます。以下に，生活面のケアの例を挙げます。

　　○ 暴力や暴言のない，安全で安心な生活
　　○ 衣食住の保障など，基本的な欲求の充足
　　○ 規則正しい生活リズムと適度な秩序がある生活
　　○ 生活習慣の確立と発達段階に応じた関わり
　　○ 心身の健康のケア
　　○ 社会的なスキルや社会規範の学習
　　○ 大人との信頼関係の育成
　　○ 自分の気持ちを大切にされ，認められる経験

　しかし，言うのは簡単で実際に行うことは難しいものです。虐待を受けた子どもは，アタッチメントやトラウマ，生来的な発達特性の課題を持っていることがほとんどなので，一筋縄ではいきません。アタッチメントに焦点を当てた関わりによるケアは，このなかでも「大人との信頼関係を育成」や「自分の気持ちを大切にされ，認められる経験」に関連が深いです。

　なお，以下に施設や里親という表現を使いますが，施設は児童養護施設や児童心理治療施設，児童自立支援施設，福祉型障がい児入所施設などを含みますし，里親は養育里親，親族里親，養子縁組里親，ファミリーホームなどを含みます。また，養育者という言葉も使いますが，親に限らず施設で働く職員や里親を表しています。

## ■ 第 2 節　アタッチメントに基づく関わり

　第1章でも触れましたが，「愛着」には「情緒的な絆」といった広い意味があります。また，誰かとなるべく一緒にいたい気持ちといったポジティブな気持ちを連想します。一方，愛着の同義語として「アタッチメント」という用語があり，こちらは「恐怖や不安などネガティブな気持ちのときに，特定の対象と近接する（近づく，くっつく）ことで，ほっとしたり安心すること」を意味します。つまり，愛着とは異なりネガティブな気持ちに着目をします。本章は後者の狭い意味を念頭に置いて，以下の記述をします。
　アタッチメントを理解するうえでのポイントは，以下の3点になります。

　　⑴特定の人に
　　⑵くっつくことで
　　⑶マイナスの気持ちをゼロに戻す

　⑴の「特定の人に」というのは，親や施設職員や里親をはじめとする同じ時間と空間を一定共有している養育者のことで，誰でもよいわけではありません。また，アタッチメントのアタッチとは「くっつく」という意味がありますが，⑵の「くっつことで」とは，物理的，身体的な面に限らない，気持ちの面で応答してもらうことも含まれます。そして⑶の「マイナスの気持ちをゼロに戻す」で示している気持ちとは，ほめる，楽しませるといったプラスのポジティブな気持ちにすることではありません。あくまで恐怖や不安をはじめとする，マイナスのネガティブな気持ちを，普段の安心した心理状態に戻すことに焦点を当てます。

## 1. なぜアタッチメントなのか

　近年，アタッチメントは非認知的能力のひとつとして着目されています。非認知的能力とは，知能指数（IQ）をはじめとする認知能力とは異なる，社会情緒的能力（スキル）と呼ばれるものです。このなかには，アタッチメント以外にも，自尊心，社会的スキル，感情のコントロールなどが含まれます。そして，これら社会情緒的能力が，社会的適応や心身の健康に重要な役割を果たすことが指摘されています。

　これらの能力（スキル）は，それぞれ変わりやすさが異なります。たとえば，IQ などの認知能力は生まれ持った部分が大きく，大きな変化は難しいかもしれません。一方，アタッチメント，社会的スキル，感情のコントロールといった社会情緒的能力は，比較的短期間で改善することが期待されます（とはいえ，数カ月〜年単位かかります）。そして，同じ能力であっても幼少期（就学前）と思春期では，変わりやすさがまったく異なってきます。アタッチメントの場合，子どもが年少であるほど変わりやすいと言われています。加えて，アタッチメントは幼児や小学生といった小さい子どもに限った話ではありません。思春期青年期の荒波をどのように乗り越えるかは，それまでのアタッチメント関係の質にかかっています。

　上記を考えると，施設や里親で暮らす子どものアタッチメントを育てることが，将来の子どもの幸せに結びつく可能性を持っています。

## 2. アタッチメントに焦点を当てた関わりとは

　ここからは実際に子どもとどのように関わっていくかについて考えたいと思います。アタッチメントに焦点を当てて考えた場合，「子どもがサインを出し，養育者がそれに応答する」という経験を積み重ねることが大切になります。図 6-1 はそれを示したものです。

　もう少し詳しく説明すると，以下の(1)〜(5)という一連の相互作用を経ることになります。

　　(1) 子どもがサインを出す
　　(2) 養育者がサインに気づく

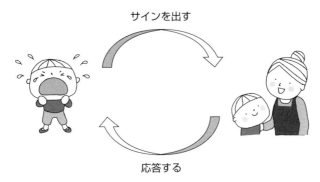

サインを出す

応答する

**図6-1　アタッチメントに基づく関わり**

(3) 養育者がサインの意味と関わり方を考える
(4) 養育者が応答する
(5) 子どもがいつもの安心した心の状態に戻る

　この(1)〜(5)のコミュニケーションを積み重ねることが，アタッチメント
を育てることにつながります。なお，子どもがサインを出していないときは，
自由に遊ばせたり，見守る関わりで充分です。
　アタッチメントを育むことは，子どもが安心感を持つこと，そして他者へ
の信頼感を育てることです。親密な大人から虐待を受けてきた子どもたちに
とって，それは大きな助けとなります。虐待を受けた子どもは，この経験の
積み重ねによってさまざまな変化が起こります。たとえば，養育者へのイメー
ジ（内的作業モデル）が悪いことが多いですが，そのイメージが修正され，
大人は困ったときに自分のことを助けてくれるという期待感につながりま
す。また，後に触れますが，虐待を受けた子どもは適切な方法でサインを出
せないことがあるので，素直なわかりやすいサインを出せるようになります。
このような修正体験を施設や里親のもとでできることが，生活でのケアにな
ります。
　併せて，アタッチメントを育てるということは，感情を育てることでもあ
ります。(1)〜(5)の積み重ねは，社会適応に必要な，気持ちのコントロール
を学ぶことに大きく寄与します。小さい子どもは，不安や怖いなどの不快で

ネガティブな気持ちを，自分でなだめることができません。乳幼児期は泣いて訴えることくらいになります。しかし，養育者がそのサインに応答し，子どものネガティブな気持ちを小さくしてあげることで，それが子どもにとって気持ちのコントロールをする練習になるのです。子どもは養育者と一緒にネガティブな気持ちを小さくする経験を重ね，次第に自分でネガティブな気持ちを小さくすることができるようになります。

## 3. 子どものサインに気づく

　養育者側からすれば，まずは子どものサインに気づく必要があります。サインは，メッセージや信号とも言い換えられますが，特に，「ネガティブな気持ちになったときに発信するSOS信号」と言うことができます。ここでは，気持ちの面，情緒的なサインに力点が置かれます。

　サインは具体的には，泣く，養育者に近づいてくる，言葉で何かを訴える，などが例として挙げられます。子どもの年齢によっても，サインの出し方は変化していきます。赤ちゃんであれば泣くことが中心になりますし，ハイハイや独り歩きができるようになれば，養育者のもとに近づいてきます。言葉が発達してくれば，泣くだけではなくて言葉でのサインを出すこともあります。これらは養育者としてもわかりやすいサインです。一方で，虐待を受けた子どもは，素直でわかりやすいサインを出してくれない場合があります。

　子どもがどのようなサインを出しやすいかは，それまでの家庭環境で応答される経験がどのくらいあったのか，または子どもの特性，アタッチメントのタイプなどによって異なります。たとえば，家庭でネグレクト状況があり，家でサインを出しても応答されなかった経験が多い子どもは，次の二つのタイプになることがあります。一つは，「過小化」と呼ばれる状態です。これはSOSのサインを出しても応えてくれないので，だんだんと諦めていき，その声が少しずつ小さくなっていく状態です。最後には，ネガティブな気持ちになっても，黙ったままになってしまうかもしれません。一方で，「過大化」と呼ばれる状態の子どももいます。この場合は，大人が応じてくれないので，どんどん声が大きくなり，執拗にサインを出す場合です。そして，暴れるなどの行動上の問題で，激しく表現することもあります。

　あるいは，身体的虐待の場合，子どもがネガティブな気持ちになり親のも

とに走り寄っても，逆に親から暴力を受けることになります。こうなると，子どもは近づいてくっつきたいけど，怖くて近づけない状態になります。つまり近づくことも遠ざかることもできずに固まってしまうことにつながります。

　これらの状態であっても，養育者がきちんと応答する経験を積み重ねることで，サインを出したら応じてくれるという期待感が育つことにつながります。そして，大きい声や行動で表現しなくても適度なサインでよい，という学習をしてくれるようになります。

　養育者側に目を向けてみると，子どものサインに気づくためには，「敏感性」と呼ばれるものが必要です。敏感性とは，子どもの状態を正確，迅速にキャッチすることです。または，内省機能や洞察力と言いますが，自分や他者の心の状態（考え，感情，欲求など）に思いを巡らし，考えることも大切です。アタッチメントに焦点を当てた関わりでは，サインの理由や意味について，子どもの本当の気持ちや欲求を汲み取ることが大事だからです。

　虐待を受けた子どものサインは多様でわかりづらい場合があり，または時として不合理なこともあります。そのために，子どものサインの背景を理解することは，実際には大変難しいです。コツとしては，サインの理由についてひとつの答えに決めつけずに多面的な理解を心掛けること，サインの理由が違うかもしれないと思ったら柔軟に変更することが，大切なように思われます。併せて，サインと子どもの生育歴の関連について考えることが，理解の助けとなります。

## 4．サインに応答する

　それでは，サインを受け取ったときに，どのように応答していくかについて考えたいと思います。まず考える必要がある点は，いくら養育者が敏感にサインをキャッチし，内省と洞察力でサインの意味を推測し，必要と思う行動をとったとしても，それが子どもの求めている関わりではない場合もあることです。

　たとえば，赤ちゃんが泣いているとします。ある養育者は，ウンチをして気持ち悪いのかもしれないと考え，オムツの中を見ますが，それが理由ではありませんでした。次に，そろそろお腹が空いてきたのかもしれないと考え

ミルクをあげますが，あまり飲みません。そして，ひょっとしたら眠たいのかもしれないと思い，抱っこをしてあやすとスヤスヤと寝はじめました。つまり，3回目の応答で，やっと子どもが求めている関わりができたことになります。これは赤ちゃんの例ですが，幼児や小学生，中高生の子どもでも，望ましい関わりにたどり着くまでに時間がかかることが多々あります。大切なのは，たとえ正解ではなかったとしても，とにかく何らかの応答はするという点です。

　また，子どもが上手に絵を描けて，「見て！」と持ってくるような，ほめてもらいたいサインのときもあります。ほめることで，子どもはやればできるという自己効力感や，自分は大切な存在であるという自尊心を育てることになります。一方で，アタッチメントが着目するのは，ほめるといったポジティブな気持ちの関わりではなく，あくまでネガティブな気持ちの関わりです。子どもの気持ちをなだめて安心させるといった，気持ちを調整する力がつくように応答することが重要です。

　具体的なサインへの応答の例を，以下に示します。


　　　○ 近づいて，声をかける
　　　○ 抱っこしてあやす，よしよしする
　　　○ 子どもの気持ちに共感して言葉で伝える
　　　○ 言葉にして代弁する


## (1)　近づいて，声をかける

　応答についてまず大切なことは，「近づいて，声をかける」ことです。これは一見，当たり前のことですが，私たちはつい生返事になってしまったり，たいしたことではないだろうと無視してしまうことがあります。何らかのサインが出れば，近づき，「どうしたの？」といったように声をかけることが不可欠です。

　なかには，子どもがいつの間にかしくしく泣いているが，養育者に訴えてこない，といったサインの過小化を示す子どもがいます。その場合は，大人から積極的に子どもに近づいて関わる姿勢が求められます。

## (2)　抱っこしてあやす，よしよしする

　次に「抱っこしてあやす，よしよしする」ということですが，これには，頭をなでたり，抱きしめるといった身体の面でくっつく（アタッチする）ことが含まれます。その結果として，マイナスになった気持ちを，いつもの安心した落ち着いた気持ちの状態に戻すことになります。年齢的には，乳児や幼児が想定されます。こういった関わりにより，ネガティブな気持ちをなだめる練習を一緒にすること，子どもが養育者に安心感を持つことが期待されます。繰り返しになりますが，この積み重ねが，気持ちのコントロール，安心できる利用可能な養育者イメージを作ることにつながります。

　子どものなかで，ある程度安心した養育者イメージができると，その後，養育者がいない状況であっても，気持ちの面でくっつくこと（養育者イメージや記憶に触れること）で，自分で自分を落ち着かせることが可能になります。

## (3)　子どもの気持ちに共感して言葉で伝える

　三つ目は「子どもの気持ちに共感して言葉で伝える」ということです。子どものネガティブなマイナスの気持ちに共感して，言葉にして伝える行動になります。これは，「気持ちの鏡」の役割といえ，どのように子どもと言葉でのコミュニケーションをとるかが，中心的な関わりになります。

　ここで参考になるのは，精神分析家のビオン（Bion, W. R.）の考え方である「コンテインメント」です。コンテインメントとは，直訳すると「包み込むこと」という意味になります。イメージとしては，① 子どもが自分では抱えきれないネガティブな気持ちを養育者に伝え，② 養育者がそれを受け取って保持し，③ 子どもが受け取れるかたちにして返す，というプロセスです。養育者が子どもの気持ちの器となり，言葉に置き換えて返すのですが，子ども側からすると，ネガティブな気持ちは，養育者の力で自分の心に耐えられるものになって戻ってくるという体験になります。しかし，虐待家庭のようにサインを出しても「うるさい！」と怒られ，養育者がネガティブな気持ちを与えたとしたら，子どもは言いようのない恐怖を感じることになります。

　具体的な関わりとしては，たとえば子どもが近くにいたイヌに吠えられて

泣いてしまった場合,「ビックリして怖かったね」と伝えることができます。あるいは,子どもが転んで泣いてしまった場合に,養育者が近づき「いたいいたい」と応答する方法があります。幼児であれば,言葉とともに,よしよししたり,抱っこと合わせる応答も有効だと思います。この場合,気持ちを静めることと,気持ちを言葉にすることの両方の手伝いを,養育者がすることになります。

　小学生など年齢が大きくなってきても,共感して言葉にする関わりの重要さは変わりません。子どもたちは私たちが思っている以上に,自分で自分の気持ちに気づいていないことがあります。たとえば,子どもが泣きながら暴言を言っている場合,第三者から見たら明らかに怒っているように見えても,自分が怒っている状態だと自覚していないことがあります。「感情のラベリング」という言い方もしますが,そういった場合に,子どもの状態に気持ちの名前をつけてあげることで,コントロールできるようになることにつながります。また,子どもから言葉でのサインが出ていない場合でも,表情や行動から子どもの気持ちについて察し,それを言葉にして伝える関わり方もあります。たとえば,表情を見て,「ちょっとドキドキしているかな」「悲しそうな顔をしているよ」などの声かけをするチャンスがあるかもしれません。

　また,少し応用編になりますが,言葉にして伝えることで,子どもが本当の気持ちに気づく手伝いをすることも可能です。たとえば,施設に入所している子どもが親との外出の当日に,親の都合でキャンセルになったとします。それに対して,子どもがイライラしているときに,感情のラベリングとして「外出がなくなったから怒っているのかな」と伝える方法もありますが,他にも怒りの背景について伝えるために「イライラしているけど,お母さんに会えなくてさびしい気持ちがあるのかも」,または「このままずっと会えないんじゃないかと思って,不安な気持ちになっている」と,伝える選択肢もあります。もっとシンプルに「今,○○な気持ちなんだね」とコミュニケーションをすることもありうるでしょうが,いずれにせよ,子どもが感じているネガティブな気持ちをすくい上げ,言語化することが大切なケアとなります。

## (4)　言葉にして代弁する

　「言葉にして代弁する」は,気持ちに共感することと似ていますが,こち

らは「言葉の鏡の役」とも言えます。虐待を受けた子どもによく見られるように，子どもはどのように言葉で表現したらよいのかがわからず，言葉の代わりに行動で示すことがあります。気持ちのコントロールのためには言葉にして伝えることが大切であり，暴言や暴力といった「行動による表現」から，気持ちや欲求を「言葉による表現」にシフトすることが求められます。

　加えて，私たちは日々の関わりのなかで，「ちゃんと言葉にして説明しなさい」とつい言ってしまうときがあります。しかし，子どもが自分の言葉で伝えられるようになる前段階として，養育者が言葉の例を伝える方法があります。たとえば，子どもが泣いているときに，「○○くんに△△してほしかったんだね」と伝える方法があります。子どもが言いにくそうにしているときは，「そういうときは□□って言ったら良いよ」と言葉の例を伝えることで，子どもの言語化のカードが増えていきます。それを積み重ねることで，子ども自身が，気持ちや欲求，状況を言葉にして伝えられるようになる成長が見込まれます。言葉による表現がネガティブな気持ちをなだめる方法につながるのです。なお，自分の気持ちを言葉にすることが苦手な子どもがいますが，その場合は，まずはより言いやすいポジティブな気持ち（うれしい，楽しいなど）について言語化する練習をすると，うまくいく場合があります。

## 第3節　アタッチメントにまつわるQ&A

　次にアタッチメントに関係する事柄で，現場でよく話題にあがる疑問点について取り上げます。なお，下記はあくまで筆者の見解ですし，ケースバイケースも多い点はご理解ください。

### Q1：子どもがイライラして泣き叫んでいるときにどう関わったらよいのか？

A：　このような場合，施設では次の二つの方法をとることが多いように思います。一つ目は，子どもの近くに寄っていって関わる，「タイムイン」と呼ばれる方法です。もう一つは，子どもに刺激のない部屋で独りで落ち着いてもらう，「タイムアウト」と呼ばれる方法です。

　どちらが良いかは子どもの年齢や特徴によりますが，何よりも，その子ど

もが自分で自分の気持ちをなだめる力がどのくらいあるかが重要ではないでしょうか。また，その点は，その子どもがどのようなアタッチメント関係を経験してきたかということと，イコールの関係にあります。自分で落ち着くことができない子どもにとって，「タイムアウト」により独りで閉じ込められることは，恐怖でしかありません。

　施設や里親のもとで過ごす子どもは被虐待経験が多いため，自分で気持ちを落ち着かせられる子どもは少ないように思います。そう考えると，基本的には「サインに応答する」で触れたように，「タイムイン」で関わるほうが望ましいと思われます。

## Q2：子どもの出すサインはアタッチメントに限らずたくさんあるが，どのように，子どもと関わったらよいのか？

**A：**　子どもからのアタッチメントのサインは，近づいてくる，言葉で何かを訴えてくる，泣いているなど，ネガティブな気持ちを表現するものです。また，それ以外のサインもあり，以下の図 6-2 のように，信号に例えて整理することができます。

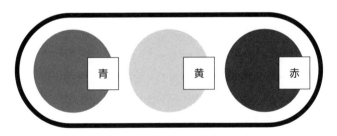

青信号サイン：ほめてほしい，見てほしいときのサイン
黄信号サイン：ネガティブな気持ちの SOS サイン
赤信号サイン：養育者がとてもイライラするサイン

**図 6-2　子どもの出すサインの種類**

　それぞれの信号の時の関わりについては，以下にようにまとめることができます。

　青信号サイン：ほめるなどの声かけをする応答
　黄信号サイン：子どもの気持ちをなだめ，気持ちを言葉にする応答
　赤信号サイン：養育者がその場から離れて落ち着く

　青信号はほめてほしい，見てほしいときのサインです。これはポジティブな気持ちのサインのため，養育者は余裕をもって関わることができます。また，子どもとの関係が悪循環にならないように，子どものポジティブなサインに目を向けることは大切だと思われます。ほめることで良い行動が増えることが期待されます。黄色信号は，これまで考えてきたようなアタッチメントのサインと応答の仕方です。一方で，赤信号のときは，子どもが泣いて暴れるなど，養育者のネガティブな気持ちがかき立てられる場面です。こういった場合は，時として積極的に無視をしたり，距離を置いて落ち着くほうがよい場合があります。たとえば，養育者のイライラがピークの際に子どもと関わろうとしても，うまく気持ちのコントロールができずに，感情的に関わってしまう可能性があります。子どもが危険な状況ではないという条件つきですが，悪循環にならないためには，いったん距離を置いて，養育者が自身のマイナスの気持ちをゼロに戻すことが先決となる場面があります。落ち着くための方法としては，深呼吸をする，誰かに話す，飲み物を飲む，顔を洗う，外の空気を吸うなどがあります。
　また，上記と同じくらい大切なのは，サインが出ていないときは見守るだけでよいということです。常に子どもに何らかの関わりをすることは不可能ですし，過剰な関わりが時として逆効果になることもあります。あくまで，サインが出たときにしっかり関わることが大切だと思われます。

## Q3：子どもが施設の担当職員（もしくは里親）に対して暴言を吐くことが多い。この関係はずっと続いて変わることはないのか？

**A：**　二つの考え方が役に立つかもしれません。一つは「転移関係」です。これは心理療法のなかで発見された現象ですが，日常生活でも役立ちます。シンプルに言えば，子どもが目の前にいる重要な大人と，これまで重要だった他者を重ね合わせて見ることです。つまり，子どもが担当職員や里親に，虐待した親を重ねることです。こうなると，子どもは担当職員や里親が自分

のことを虐待するのではないかと，怖れてしまいます。そのために「攻撃される前に攻撃しろ」と心の奥底で考えてしまい，攻撃的に振る舞っている可能性があります。もしくは，虐待した親への怒りが，代わりに職員や里親に向けられることも多いです。

　もう一つは，精神分析家のメルツァー（Meltzer, D.）が述べていることです。メルツァーは，子どもは自分の心の中に置いておけないネガティブな気持ちを，重要な大人に吐き出す（排出する）ときがあると述べています。つまり，大人をまるでトイレのように扱い，自分の嫌な気持ちを流そうとします。こうなると，子どもはこちらの声かけに耳を傾けることはなく，一方的に自分の気持ちを吐き出す行動をとり続けます。もちろん，養育者にとっては負担の大きい状況ですが，大切なのは，子どもがいろいろなことを吸収する（摂取する）ためには，その前段階としてネガティブな気持ちを吐き出す（排出する）ことが必要ということです。特に虐待を受けた子どもの場合，養育者へのネガティブな気持ちが心の奥底にかなり溜まっているので，まず吐き出さないと，良いものを吸収する余地ができません。一定，吐き出した後，改めて養育者との安心した良い関係を結べるようになる子どももいます。

　これらは，虐待の悪影響から回復するためには必要なプロセスと考えられます。これらを通して，実体験のなかで養育者イメージ（内的作業モデル）の修正がされていくことが，子どもの本当に大切なケアになります。日々，攻撃を向けられる当の養育者は相当の負担感があるので，周囲のサポートが不可欠ですし，巻き込まれずに一歩立ち止まって，サインの背景について考えることが助けとなることがあります。

## Q4：思春期になって子どもが暴れてしまうことがあるが，アタッチメントと関係があるのか？

**A：**　子どもは小学校高学年以降，第二次性徴や性的成熟に伴い，さまざまな心身の変化が起こります。大人との関係でも反抗期に入ります。反発のエネルギーを使うことで分離（自立）ができるようになるので，反抗することが発達のプロセスには必要です。ただし，アタッチメントに課題がある子どもの場合，このプロセスがスムーズにいかないことがあります。健全な反抗は，健全なアタッチメント関係が前提です。小さいときにしっかりとアタッ

チメント関係が育まれていないと，分離不安が出てきて，養育者から巣立てないことがあります。あるいは，大人と混乱したアタッチメント関係にあると，暴力関係になること（子どもの家庭内暴力など）があります。そして，良い養育者イメージ，助けてくれる信頼感がないと，SOS を出せなかったり，養育者の助けを素直に受け取れないことにつながります。

　思春期は乳幼児期に感じた子どもの気持ちが復活し，そのときのアタッチメント関係が試される時期と考えることができます。子どもが突然暴れはじめたように見えたとしても，それ以前から少しずつ作られてきた可能性があります。思春期でアタッチメントを育て直すことは多大なエネルギーが必要になりますし，変化しやすい乳幼児期からのケアが望まれます。

## Q5：措置変更になって施設が変わったり，施設内で担当者が替わることがあるが，子どものアタッチメントにとって悪影響ではないか？　また，どのようなお別れが望ましいのか？

A：　子どもにとってアタッチメント対象は誰でもよいわけではなく，「特定の」という点がポイントになります。そのために担当者や生活する施設は変わらないほうが望ましいですが，さまざまな理由で現実的には難しいものです。

　しかし，アタッチメントはつながっていくという視点を持つことが重要です。養育者は自分が困ったときに助けてくれる，自分のネガティブな気持ちについて一緒に考えてくれるという養育者イメージ（内的作業モデル）を子どもが持つことができれば，たとえ住む場所や養育者が変わっても，悪影響は最小限になります。

　たとえば，施設内で担当者が替わることがあっても，引き継ぎを丁寧にしたり，アルバムを作って，これまでの担当者との良い記憶を思い出せるきっかけを作ってくれる施設があります。物理的に離れたとしても，子どもが良い養育者イメージや記憶を思い出すことがとても大切です。また，近年，特に乳児院では，子どもが児童養護施設に措置変更になる場合，つなぎを大切にする考えが浸透してきています。一例としては，乳児院の担当職員が，次の施設に子どもと一緒に複数回訪れることが挙げられます。施設や担当者が替わるとしても，情緒的なつなぎや引き継ぎをしっかりすることが，子ども

の助けになります。

　施設や担当者が変更になる場合，子どもにとって別れが裏切られた経験になり，もう誰にも甘えなくなるのではないか，という疑問が出てきます。別れはセンシティブなものですし，関係が深まれば深まるほど，子どもにとっても養育者にとっても別れが悲しくつらいものになります。しかし，養育者が子どもとの別れを恐れないことが重要ですし，なるべく子どもとしっかりとお別れをする機会を作ることが望ましいと思います。

　別れがより悲しくなるとはいえ，養育者が子どもに養育責任（自分が責任を持ってその子どもを育てていくという気持ち）を持つことは，子どもにとっても大切なことです。先ほど述べたように，養育者とのお別れが来たとしても，アタッチメントのサインに応答する関わりが蓄積されていたら，子どもは，「大人は自分としっかり関わってくれるから，次の場所でも大丈夫」と思えるようになります。アタッチメントはつながっていくのです。

## ■ 第4節　おわりに

　これまでに検討した関わりを実行するためには，そもそも養育者側の安心感や心のゆとりが必要です。ときに虐待を受けた子どもは，行動上の問題と呼ばれるような大きいサインを出します。また，そこまでいかなくても，さまざまなネガティブな気持ちを抱えていることが多く，関わっている養育者の心が乱され，負担感も強いものになります。結果として情緒的に消耗したり，悪循環に陥ってしまう場合があります。

　虐待を受けた子どもに一人だけでケアをすることは困難であり，養育者自身が周囲のサポートを得る体制が求められます。養育者が誰か，できればチームで支えられることが不可欠ですし，横のつながりやリフレッシュする機会を確保することが助けとなるかもしれません。また，子どものサインの背景について誰かと一緒に考え，子どもをより深く理解することが大切なときもあります。養育者が支えられるなかで，虐待を受けた子どものアタッチメントを育み，感情を育てることが，生活面におけるケアの重要な柱になると考えられます。

**【文献】**

Bion, W. R.（1962）*Learning from Experience*. Heinemann.（福本修訳〈1999〉経験から学ぶこと．精神分析の方法Ⅰ——セブン・サーヴァンツ．法政大学出版局）

遠藤利彦研究代表（2017）非認知的（社会情緒的）能力の発達と科学的検討手法についての研究に関する報告書．国立教育政策研究所

数井みゆき・遠藤利彦編著（2007）アタッチメントと臨床領域．ミネルヴァ書房

厚生労働省通知（雇児発 0329 第 1 号平成 24 年 3 月 29 日）（2012）児童養護施設運営指針及びファミリーホーム養育指針について．[https://www.mhlw.go.jp/bunya/kodomo/pdf/tuuchi-50.pdf]

Meltzer, D.（1967）*The Psychoanalytical Process*. Clunie Press.（松木邦裕監訳，飛谷渉訳〈2010〉精神分析過程．金剛出版）

Oppenheim, D & Goldsmith, D. F.（2008）*Attachment Theory in Clinical Work with Children*. Division of Guilford Publications, Inc.（数井みゆき・北川恵・工藤晋平・青木豊訳〈2011〉アタッチメントを応用した養育者と子どもの臨床．ミネルヴァ書房）

藥師寺順子・東谷仁志・服部隆志・良原果林ほか（2020）アタッチメントをはぐくむ．大阪府子ども家庭センター

# 第7章

## 施設での心理療法概説

### 第1節 はじめに

【鵜飼奈津子】

　本章では，児童養護施設や児童心理治療施設で行われる心理療法について，続く第8章にて具体的な事例を提示する前に，その概略について述べます。

　児童養護施設や児童心理治療施設で行われる心理療法は，必然的にその子どもの日常生活の場で行われます。そのため，まず前提として，心理療法を行う部屋はできる限り日常空間とは物理的に距離のある場所で，日常生活では関わることのないセラピストと行われるという設定がなされることが肝要です*4。

　特に，生活における養育的なケアはもちろんのこと，生活場面における心理的なケアと心理療法におけるケアというものは，同じ「心理」という言葉が用いられていても，質的にまったく異なるものであるということを，心理職を含む施設の多職種一同が了解していることが大切です。つまり，生活場面で養育的なケアとともに心理的なケアを行う大人は，心理療法を行う大人とは明確に別の人物であるべきだということです。このように，施設のなかでの大人の役割が明確に区別されていることもまた，施設の生活における大切なケアの一側面だと言えます。子どもは，心理療法の場面で出会う大人とは，基本的に生活の場面で時間や体験を共有することがないという安心感があるからこそ，心理療法という機会を自分のために有効に用いることができ

---

*4　具体的な設定や方法論，および英国の児童心理治療施設におけるこうした実践例については，『子どもの精神分析的心理療法の応用』（鵜飼，2012）を参照。

るのです。このことはまた，心理職にとっては，心理療法の実践という専門
性を確かなものにし，その研鑽を積むことにも深く関わることだと言えるで
しょう。

　多くのこどもが共に生活をするという日常生活の場と物理的に密接した場
で心理療法が行われるという設定には，さまざまな困難がつきものです。ま
ず，一人のセラピストが複数の子どもの心理療法を担当するという現実をめ
ぐる諸問題が考えられます。たとえば，セラピストは他の子どもとはもっと
違うことをして遊んでいるのかもしれない，他の子どもにはもっと違うおも
ちゃが与えられているのかもしれないなどといった，セラピストを「共有」
せざるを得ないことと，それを常に現実のこととして目の当たりにせざるを
得ない状況があります。次に，いくらセラピストが日常生活場面におけるケ
アには関わらないとはいえ，やはりセラピストの施設内での動きがまったく
目に入らないということはないという問題です。たとえば，セラピストがど
こか施設の外からやってきて，また帰っていくということを目にしないわけ
にはいかないでしょう。ここではないどこかとても良い場所。あるいは，こ
こではないどこかとても悲惨な場所。より具体的には，セラピストには，今
の自分にはすぐには手に入らない「家庭」での生活があり，セラピストはそ
こからやってきて，そこに戻っていくのでしょうか。あるいは，セラピスト
もまた，自分と同じように，どこか他の施設で暮らしているのかもしれませ
ん。自分が暮らす場にやってくるセラピストの暮らしの場とは，いったいど
のようなところなのでしょうか。セラピストが暮らす場をめぐるファンタ
ジーは，いわゆる外来型の心理療法であってもひんぱんに見られるものでは
ありますが，子どもが生活を営む場にセラピストがやってきて行う心理療法
の場合には，それがとりわけ顕著に見られるものと思われます。

　つまり，子どもが生活をしている場における心理療法は，いわゆる外来型
の心理療法の場よりも，より具体的かつ鮮明なセラピストにまつわるファン
タジーが醸成されやすい設定であるといえ，それが心理療法のプロセスにも
少なからぬ影響を及ぼすことは避けられないということです。

　これらの諸問題を踏まえ，続く第2節と第3節では，そうした実践が行わ
れることにより，生活場面での養育的なケアと心理的なケアが，心理療法と
有機的なつながりを持ちながら，双方の専門性がより良く生かされている児

童養護施設と児童心理治療施設における実践について概説します。そして，第8章では，具体的な心理療法の事例を通して，生活の場と物理的に近接する場における心理療法について提示し，検討します。

　本書は，心理療法を専門とする読者ばかりではなく，子どもの虐待をめぐるあらゆる場面で活躍する援助職の方々を想定していますが，この第7章と第8章は，心理療法に特化したやや専門的な内容になっているかもしれません。しかし，心理療法を専門としない読者にとっても，心理療法の営みの一端が垣間見られるものであれば，本章と次章の目的は達せられるものと思っています。そしてそれが，心理療法を行う心理職と，その他のさまざまな場面で子どものケアを行う専門職との，より良い協働へとひらかれていくきっかけになることを望んでいます。

**【文献】**
鵜飼奈津子（2012）子どもの精神分析的心理療法の応用．誠信書房

## ■ 第 **2** 節　児童養護施設における心理療法

【坂元　文】

## **1.** はじめに

　児童養護施設に心理職が配置されてから，20 年が経とうとしています。施設という「生活の場」において展開する「施設臨床」は，その独自性からこれまで充分に土台を耕されてこなかった領域と言えますが，現在多くの実践家によって着実に知見が深められつつあるように思われます。筆者の勤める施設でも，1999 年から心理療法事業を導入し，当初は非常勤心理職が複数配置されていましたが，2007 年からは筆者が常勤心理職として配置され，虐待で傷ついた子どもの心理的ケアにあたることになりました。

　本節では，児童養護施設における心理療法について取り上げ，事例を交えながらその意義と課題について考えていきます。なお，本文中に提示する事例は，筆者の経験をもとに創作した架空の事例で構成しています。

## **2.** 児童養護施設で暮らす子どもたちと職員

　子どもたちの多くは，虐待により，心身ともにさまざまなダメージを負って入所してきます。「自分を取り巻く世界は安全である」という基本的な安心感がなく，親から気持ちを受け止めてもらう体験が乏しかった子どもたちは，「自分は愛されない存在だ」「大人には求めても得られない」ということを確かめるかのように，職員との間でもさまざまに揺れ動きます。

　職員の役割は，子どもたちに欠けてきたものを補い埋めていくこと，そして不必要に身につけてきたものを手放す手伝いをすることです。リズムがあり，見通しの持てる生活のなかで，さまざまな活動を通して楽しさを共有し，自尊心を育んでいくこと，時にはぶつかり合いながら忍耐強く健全な大人（親）のあり方を示していくことが求められます。

## **3.** 心理職の役割

　国が示す児童養護施設の心理職の業務としては，① 子どもの心理療法，② アセスメント，③ 職員へのコンサルテーション，④ 生活場面面接，と大きく四つに分かれています。

## (1)　子どもの心理療法

　心理療法については後に詳しく述べますが，生活施設における心理臨床という点では，枠が曖昧になりやすく非日常性の維持が難しいといった課題があります。心理療法の位置づけや実施方法については，施設側のニーズや心理職のオリエンテーション，あるいは心理職の勤務形態によっても施設ごとに異なる現状があります。

## (2)　アセスメント

　アセスメントとは，心理検査や行動観察によってさまざまな角度から子どもの特性を把握し，それぞれに合った支援を見つけていくことを指します。当施設では児童相談所と役割分担しながら，心理検査などの各種アセスメントは主に児童相談所の児童心理司が行い，施設心理士は集団生活における行動観察や心理療法から得られる情報をもとに子どもの特性や状態像を把握し，両者をすり合わせながら子どもの見立てを行っています。

　ここで筆者が大切にしているのは，子どものストレングス（強み）に注目することです。それは，その子を取り巻く周囲の環境，わずかではあるけれど乳幼児期の良好な母子関係の記憶，あるいはその子が持つ個性や愛嬌といった感覚的な印象を含むかもしれません。生活場面で目立ちがちな行動面の課題について，「なぜそうなるのか」という背景に目を向けることと同時に，「そのような困難さを抱えつつ，これまでやってこられたのはなぜか」といった側面に着目することで，介入のヒントを得られることが多いように思います。

　また，子ども個人だけでなく，子ども集団のアセスメントも重要です。個人心理療法の場において表れてくるテーマや素材は，トラウマや家族イメージだけではありません。いかに心理療法が非日常性を担保された空間であったとしても，子どもにとっては生活とひと続きであり，子ども集団や職員との関係性がさまざまに流れ込んできます。心理職が子ども集団の力動関係を把握することは，子どもが発するメッセージを見誤らないためにも不可欠であり，常にアンテナを立てておくことが求められます。そして，心理療法において表れてくる子どもの内的世界を，「過去の生育歴」と「現在の生活環境」

の視点から見ること，それら両者がどう関連しているかを考えることが大切です。

　さらに，子どもの生活を支える重要な要素のひとつが，職員集団です。職員集団もまた，子どもの抱えるトラウマの影響を受けるため，職員集団が分裂したり，互いに無関心に陥ってしまったりと，知らず知らずのうちに虐待的な家族関係の構図にはまってしまうことがあります。組織の一員である心理職も，時にこれらの力動に巻き込まれてしまうことがありますが，自身に向けられている投影も含め，職員の置かれている労働環境や人間関係を考慮したアセスメントが必要と言えます。

## (3)　職員へのコンサルテーション

　子どもの生活に携わる職員と心理職が，異なる専門性から意見交換を行う作業がコンサルテーションです。それは，ケース会議やカンファレンスといった，構造化された場で行われることもあれば，廊下での立ち話や事務所内の他愛もない雑談など，日常の何気ないやり取りのなかから発展していくこともあります。そこでは，子どもの困った行動について「いったいどうしたらいいか」と聞かれることがありますが，「どうしたらいいか」よりも「なぜそうなってしまうのか」を一緒に考えるようにしています。何か問題が生じたときにすぐ対応することが求められる職員にとって，そこで何が起こっているのかいったん立ち止まって考えるということは，意識しにくいことかもしれません。しかし，子どもたちが自分の行動の背景や気持ちを「考えてもらえる」という体験は，それまでの大人との関係で圧倒的に欠けてきたものを補う貴重な体験となるはずです。

　なかには，「担当の子をどうしても好きになれない」「関わっていると無性に腹が立つ」といった，職員側の強い感情を伴った悩みが現れてくる場合もあります。虐待を受けた子どもたちは，それまで身につけてきた対人スタイルで職員と関わるので，時に職員を挑発したり，遠ざけたりして関係をとろうとしてきます。職員のほうも子どもをコントロールしたくなる，あるいは子どもの言いなりになってしまうなど，虐待的な人間関係の再演が起こることもあり，施設内虐待を防止するうえでも注意が必要になります。そのようなときには，渦中にいる職員に子どもとの間で陥っている関係性に客観的に

気づいてもらうこと，そして子どもが職員に投げ込んでいる強い感情は，その子ども自身が親との関係で充分に扱ってもらえなかった感情であるという逆転移的な理解を示すことが，混乱から抜け出す手掛かりになります。

### (4)　生活場面面接

　生活場面面接は，日常生活で起こる子どものトラブルや心理的な混乱に対処するために行われる，即時的な面接のことです。自立支援施設における治療教育や，ソーシャルワーク領域への適応で取り上げられてきた方法ですが，体系化された理論や確立された技法があるわけではなく，施設臨床においても具体的な発展にはまだ至っていません。

　当施設では心理職が筆者一人ということもあり，心理療法の治療構造を守り，子どもの混乱を防ぐ意味合いから，入所児童に対し生活場面面接を行うことは最小限に留めています。一方で，一時保護専用ユニットで生活する一時保護児童に対しては，悪夢やフラッシュバックといったトラウマ関連の症状を呈する子どもへの心理教育や，保護者面会前後のフォローを目的として，積極的に生活場面面接を行うようにしています。

　その他にも，児童相談所や学校とのカンファレンスに出席するなどの機関連携もまた，重要な役割のひとつと言えます。また，職員研修や里親支援など，常勤心理職が担う役割は年数を経るごとに多岐にわたっていくと感じています。

## 4.　児童養護施設における心理療法

### (1)　心理療法の導入

　当施設では，心理療法が必要と判断された子どもに対し，施設内のプレイセラピー室あるいはカウンセリング室にて，毎週1回（あるいは隔週1回）45分間の心理療法（以下，セラピー）を行っています。セラピーは基本的に，子どもが「何を話しても，何をして過ごしてもよい場所」です。子どもは「決まった人と時間と場所，そして少しの約束」という枠組みに守られながら，生活から離れた空間で自由に自己表現するなかで，自分の心について心理職

と一緒に考えていきます。安定した「人と時間と場所」が，子どもの心の中に「対象恒常性」と呼ばれる安心感の土台となるものを形作り，バラバラで混沌とした心の世界の探索を可能にします。

　対象となる子どもは，虐待による心身の影響が著しい子どもや，発達の偏りがあり集団生活が難しい子どもなどさまざまですが，職員の困り感や，児童相談所および児童精神科医の意見に基づいて必要性を判断します。セラピーを導入する際は，子どもの成育史や心理所見，施設や学校での人間関係，子どもの好きな遊びや得意なことなどを参照しながら，子どもの状態像を見立てていき，職員がセラピーに何を望んでいるのかを明確にしていきます。

　セラピーの必要性の有無やタイミングが決まれば，職員と子どもに一緒にセラピー室に見学に来てもらい，心理職と顔合わせを行います。その後，子どもには「○○ちゃんのことを知りたいから，お試しで4回くらい来てみない？」と伝えて，アセスメントセッションを実施します。アセスメントセッションとは，子どもとセラピストの間で生じる転移関係や，言語化・象徴化の力，枠組みに対する態度，セラピーによる変化の可能性などを見立てるために，セラピー開始前に行う3〜4回のセッションのことです。セラピーが必要と判断すれば，アセスメントセッションを通してセラピストが感じたことや，職員が心配に思っていること，子ども自身の困りごとを三者で話し合うフィードバック面接を行い，子どもにセラピーの説明と来室の意思確認をしてから，セラピーが開始されます。

## (2)　被虐待児の心理療法の難しさ

　虐待を受けた子どものセラピーでは，関係構築や治療構造（枠）の維持など，心理職が困難を感じることが多くあります。たとえば，暴力を受けた子どものセラピーでは，支配的な関係に陥りやすく，遊びの内容も残酷で破壊的です。また，一対一のセラピー空間を迫害的に感じて一緒に過ごすこと自体が難しかったり，反対に退室渋りを繰り返したりする子どももいます。ネグレクトを受けた子どものセラピーでは，連続性やつながりへの期待の無さと，心の痛みに対する万能感での防衛が特徴だと思います。親を頼らずにたくましく生きていく子どもが登場する遊びや，小さく弱い対象を攻撃する遊びが見られ，自分のなかにある甘えや依存を否認し，強がって生きていくし

かないというあり方を示す子どもも多くいます。また，心理職が遊びの途中
で放ったらかしにされたり，セラピーのキャンセルが頻発し，待ちぼうけを
食わされたりして無力感を味わうこともしばしばあります。必ずしもすべて
の子どもたちがこのような特徴を示すわけではありませんが，その他にも，
物の持ち出しなどの制限破りや，遊びの断片化などは，多くの子どもに共通
しているように感じます。

　また，分離のテーマもよく表れます。施設入所した子どもにとっては，親
やそれまでの人間関係からの分離自体がトラウマティックな体験であり，「自
分が悪いから施設に入れられた」という空想を抱いていたり，「どうせまた
すぐお別れになるのだから，誰とも親密にはならない」と思っていたりする
子どもも少なくありません。そして，この分離のテーマは，職員の退職やセ
ラピーの休みなど，さまざまなタイミングで表れます。それは，遊びの素材
として排除や切断というかたちで表れることもあれば，心理職側に生じる寂
しさや怒りといった感情としても表れるかもしれません。分離にまつわる子
どもの体験を扱うということは，それまで大切にされてこなかった子どもの
感情について心理職が味わい，考えるということであり，心理職という他者
の心を通して，子どもは自分の心について考えることが可能になっていきま
す。

### 【事例１――タケシ】

　タケシの発言を「　」，セラピスト（以下，Th）の発言を＜　＞で示しま
す。

　　精神疾患の母によるネグレクトと身体的虐待を主訴に入所してきた７
　歳のタケシは，学校での暴力を心配した職員によって，Th のもとへ連
　れてこられた。セラピー開始当初は Th に可愛らしく甘えていたが，半
　年ほど経つと徐々に支配的に振る舞い，Th の演じる母親が目を離して
　いるすきに，悪者が赤ん坊を連れ去り攻撃するという遊びを繰り返すよ
　うになった。
　　セラピーがタケシにとって安心できるものになっていくにつれ，タケ
　シは母親役の Th に攻撃を向けるようになった。赤ん坊を守れなかった

　母親が断罪され，殺されてしまうという展開に Th は圧倒されたが，タ
ケシが抱えている激しい怒りや恐ろしさを，遊びを通して伝えるように
していった。＜赤ちゃんをちゃんと守れないお母さんは，やっつけられ
ちゃうんだね＞と伝えると，タケシは嬉々として「そうだ！　何をして
も許されない！」と叫んだ。そのセッションの翌週は Th が休みを取っ
ており，＜タケシもこの赤ちゃんのように，私に放っておかれるような
感じがしたのではないか＞と伝えると，タケシは「そんなわけない」と
笑って否定したが，その後少しずつ，母と離れて暮らす寂しさを素直に
口に出せるようになっていった。
　セラピー開始から2年経っても同様の遊びは続いていたが，子育て
が下手な母親に，ミルクの飲ませ方や抱っこの仕方を練習させ，「悪い
とこもあるけど合格な」と言うなど，少しずつ母親イメージが変化して
きたようだった。タケシは「おれも初めから赤ちゃんしたいな」と言っ
て，ほ乳瓶で水を飲んだ。

## （3）　枠の問題

　児童養護施設における被虐待児のセラピーを行ううえで，多くの心理職が
まず直面する課題が，枠の問題です。「枠」とは一般的に時間，場所，頻度，
守秘義務といった治療構造を指し，この治療構造を安定させ，一貫性のある
ものとして提供していくことが対象恒常性の獲得につながり，子どもたちは
安全なかたちで傷ついた心の世界を表現していくことができるようになって
いきます。
　施設で行われるセラピーは，生活空間のなかに治療の枠組みが存在すると
いう点で治療構造が揺らぎやすく，セラピー内外でさまざまな困難が生じま
す。たとえば，現実場面で起こった子どものトピック（万引きや性問題，家
族の死など）を，セラピーの流れでリアルタイムのものとしてどこまで扱う
か，セラピー内での子どもの発言を誰にどこまで共有するかといった守秘義
務の問題，セラピーをしている子ども間で起こる同胞葛藤，またセラピーの
余韻がそのまま生活場面に持ち込まれ行動化する危険性などです。
　また，筆者のように常勤心理職の場合，セラピーの時間以外に子どもに出
会うことは不可避であり，時には担当の子を含む子ども同士の喧嘩に遭遇し，

制止が必要になるなど，心理職としての役割に迷いが生じることもあります。いずれも，心理職が施設の中に存在する以上は避けられない問題ですが，子どもの年齢や病態水準によって，問題の表れ方やセラピーへの影響は異なってくるため，それだけに生活への介入度が高い心理職は，行動化の責任を引き受ける覚悟が必要です。

## 【事例２──メグ】

メグの発言を「　」，セラピスト（以下，Th）の発言を＜　＞で示します。

幼児期から約５年間セラピーを続けてきたメグは，母親からの心理的虐待と，継父からの性的虐待の疑いにより入所した。母親が目の前でリストカットする場面を幾度も目撃していたメグは，動物のフィギュアに包帯を巻いたり絆創膏を貼ったりして手当てする遊びを執拗に繰り返した。セラピー中期では，メグが医者役で Th が助手役となり，赤ん坊人形のお腹から毒を取り出す手術を行い，「週１回手術しないといけないよ」と言った。Th が＜週１回の手術はセラピーみたい＞と言うと，メグは「セラピーってそういうもの」とさらりと答えたが，同時にメグにとっては「手術」という痛みを伴う心の作業でもあったため，Th はメグが生活場面へ気持ちを切り替えて戻れるのかということが，常に懸念材料となっていた。そのような Th の不安がメグにも伝わっていたのか，退室を巡るメグとの攻防は，反復強迫のように繰り返された。退室渋りは激しく，Th にしがみつくメグを引き剥がして追い出すかたちとなり，最後はメグが「一生来ないから！」と憤慨して帰るパターンがお決まりだった。Th はメグが抱えている怒りや寂しさを，自分自身が味わっているものとして引き受け，少しずつ言葉にして返していった。

セラピー開始から約５年。思春期にさしかかったメグは，それまでのように遊ばなくなっていた。またメグは，幼児グループとのつながりを濃くしていた Th が，園庭で幼児と楽しそうに触れ合っている様子をじっと見ていることがあった。あるセッションで，メグは Th に「先生はいつも楽しそうね」と言った。そして，「幼児の先生になっちゃえば？」と言って些細なことで怒り出し，ついには部屋の玩具を投げつけて暴れ

るという行動化に出た。Th は，幼児たちと「楽しそう」な世界にいる
Th がもはや自分のしんどい世界まで一緒に降りていってはくれない人
と感じたメグの失望について取り上げ，一緒に考えようとしたが，その
後メグはセラピーに現れなくなった。

　二つの事例では，分離や母親の機能不全など，共通したテーマが表れてい
ました。タケシの場合，脆弱な母イメージに対する激しい怒りを筆者に投影
し，それが受け止められることで，少しずつ自分の感情として触れられるよ
うになっていきました。思春期の入り口にいたメグは，それまで遊びで表現
できていた心の世界を，言語で表現するということをとても恐れており，自
らの心の変化に戸惑っているようでした。幼少期からセラピーを続けていた
子どもが思春期を迎えたとき，キャンセルが増えたり，次第に来なくなった
りするということは，よくあることです。プレイセラピーからカウンセリン
グへの移行は課題のひとつと言えますが，そこで生じている関係性の変化を
観察し，自立と依存で揺れ動く子どもの気持ちを尊重しながらセラピー継続
の必要性を判断すること，プレイセラピーはいったん終了したとしても，必
要であれば，その後カウンセリングとして再開できる余地を残しておくこと
などが大切と考えています。
　そして，枠が揺らいでしまうとき，セラピーのなかで扱っていくことでプ
ロセスが深まる場合もあれば，メグのように破壊的な行動化を起こす場合も
あるということを，充分留意しておく必要があります。低年齢児や二者関係
でつまずきのある重篤な子どもほど，セラピーと生活の切り替えは難しく，
物の持ち帰りや時間制限のほか，心理職との多重関係を避けるなど，しっか
りとした枠組みが必要となります。心理職はセラピーを行うなかで子どもの
自我強度を見極め，どこまでの課題を扱うかということを充分に吟味しなく
てはなりません。枠の曖昧さゆえの難しさもありますが，たとえ中断した事
例であっても，心理職が施設に存在し続けたことで，数年後にセラピーを再
開できた事例もあります。このように，「施設によるコンテインメント」が
可能にする再開や，開かれた終結があるということも，施設臨床ならではの
特徴かもしれません。
　児童養護施設では，心理治療を目的とした児童心理治療施設とは異なり，

子どもを養育すること，そして安定した生活を営むということが，まず重要
視されます。そのなかで，セラピーの位置づけや心理職としての守備範囲を
構築していくことは，簡単ではありません。筆者自身，施設のニーズと心理
職としてのアイデンティティの狭間で多くの葛藤を経験してきましたが，年
数を重ねるにつれ，職員集団を含めた生活の土台を支えることが，ひいては
個人セラピーの質を高めることにつながると実感するようになりました。

　過酷な労働環境やトラウマの二次受傷が引き起こす職員の燃え尽きや早期
離職は深刻で，子ども集団や生活環境にも深く影響を及ぼします。生活（ケ
ア）とセラピー（治療）は連動しており，しっかりとしたケアがなされてい
るからこそ，治療が可能になります。心理職が子ども一人ひとりとの関係性
や自らの力量を見立て，内的な枠組みを築いていくことが求められているの
ではないでしょうか。

## 5. おわりに

　児童養護施設における心理療法について，経験を踏まえながら筆者なりの
考えを述べてきました。日々の臨床は，自身が「臨床家としてどうあるか」
という問いに直面させられ，悩むことの連続ですが，近いところで子どもの
心の成長に立ち合える魅力的な領域です。枠に依存するのではなく，子ども
の行動の意味や，枠の持つ本来の意味をその都度考え続けていくことが，子
ども理解につながり，臨床家としての強みになると信じています。

## ■ 第 3 節　児童心理治療施設における心理療法

【永井　享】

### 1. はじめに

　児童心理治療施設の概要は先にも述べましたが，施設名にも含まれる「心理治療」については，施設ごとの支援観の違いによって「総合環境療法」への位置づけが変わってきます。そして，それは「セラピストとして生活とどう関わるか」というところに差異として現れがちです。

　筆者の勤める施設では，「セラピストが生活に入らずに『セラピー』を行う」という方法を採用し，25 年が経過しました。全員に対して週 1 回 50 分間の「心理療法」の時間を確保することを基本とし，その効果を最大限にするためにさまざまな工夫を行っています。

　なお，筆者の勤める施設では，セラピストの行う個別の心理療法のことを，子どもも職員も「セラピー」と呼んでいるため，以下の文章でも特にことわりのない場合「セラピー」という用語で統一しています。

### 2. 子ども一人ひとりに対する定期的な個別の心理療法の必要性

　児童心理治療施設に入所する子どもは，社会的養護の必要性だけでなく，重度の虐待を受けていたり，それに加えて発達障がいや軽度の知的障がい，神経症的症状などを併せ持っています。そもそも虐待が起こる経緯に，子どもたち自身の育てにくさが含まれることもあります。そういった子どもたちが示す問題行動は，不登校，暴言暴力，盗み，家出，自傷，性問題などさまざまです。単純な因果関係では説明できないような要素の複雑な絡み合いが，現在の問題を形作っている場合がほとんどであるため，第 3 章第 3 節でも述べたような詳細なアセスメントと，それに基づく計画的な支援が不可欠です。

　治療という言葉には，「悪化した状況を元の状態に戻す」という意味が含まれると思いますが，こういった子どもたちに必要なのは「心の成長の基盤そのものを作る作業」であり，そこからの「育てなおし」「成長の促進」だと言えます。短い入所期間にそれを行うには，「治療的な生活」を用意してそこで毎日を過ごすだけではなく，積極的な治療的働きかけが必要であると感じます。それが，入所児全員に対する定期的で継続的なセラピーです*5。

## 3．治療的配慮のある生活

　セラピーは，生活担当職員による「治療的配慮のある生活」がまず前提としてあって，はじめてその効果を発揮すると言えます。この「治療的配慮」には二つの意味があると思われます。一つは「生活担当職員集団によって，子どもの心理面に対するきめ細やかなアプローチを行う努力が日々行われていること」，もう一つは，「セラピーという文化が，施設全体で日々大切にされていること」です。

### (1)　生活担当職員からの心理的接近

　入所している子どもたちは，被害感が強かったり，暴言や暴力が止められなかったり，人のものを盗ってしまったり，自分を適切に表現できずに自分を傷つけてしまったりするなどの問題行動を起こします。「なぜそれがそうなる？」といった，一見常識外れの行動が日々生活担当職員を驚かせ，ときに傷つけもします。

　しかし，子どもの行動には必ずと言っていいほど，背景と理由があります。そこに思いを馳せ，理解しようと努力する姿を子どもに見せ続け，どこかに着地点を見出していく，そういう共同作業ができるような関係性を維持することが重要になります。それゆえに，その養育には単に「生活の面倒を見る」だけではなく，きめ細やかな心理的配慮が必要となりますし，生活担当職員には，タフネス，レジリエンス，敏感性，抱える力，曖昧さに耐える力など，高度な能力が求められます。

　生活担当職員（保育士，児童指導員）は「子どもの養育の専門家」であり，安全で安心できる生活環境を「生活担当職員集団」として維持できることは，社会的養護の前提です。虐待環境を生き抜いた子どもたちが「質の良い親（代わり）」と出会い，共に暮らすことのできる環境を用意するということです。そのなかで生活担当職員が，子どもたちのアタッチメント対象として機能し，

---

　＊5　児童心理治療施設における心理治療実践の方法論は多岐にわたりますが，個別の心理治療を重視し，かつ生活と連携する実践に興味のある専門家は，児童心理治療施設研究紀要『心理治療と治療教育』第 30 号（2019）に掲載された当施設のセラピストの実践例をご参照ください。

その時々の子どもの状況に応じて心理的に触れあい，健康かつ繊細に向き合っていく，そんな構造を作ることが必要と考えます。そしてそういった基盤のうえで子どもたちは，施設のなかだからこそできるいろいろな試行錯誤に，安心して取り組むことができます。

## (2)　生活職員集団とセラピスト集団の力動的関係と連携

　そのために必要なのは，職員間の密な連携です。虐待を受けた子どもは生活担当職員と接するなかで，それまでの生活で得た「支配−被支配関係」や「操作的人間関係」を持ち込みがちです。そのため，職員側に自分の意図しない感情が子どもに対して芽生えて翻弄されたり，知らぬ間に職員同士の関係が分断されて，お互いに不信を生じる，といったことも起こり得ます。そのため，職員同士が意思や情報を共有し，信頼によって有機的につながっていることが必要です。職員一人ひとりが自分の置かれている状況を知るだけでなく，他の職員からのその状況の見え方も知っておくという相互チェックが欠かせません。

　しかし，生活職員集団が知らず知らずの間に「その集団特有の無意識的見方」に陥ると，集団内での相互チェックが機能しにくくなります。そういった際に，セラピスト集団という，同じ施設にいながら子ども集団とそれに対する生活職員集団を角度の異なる視点から，かつ心理的に見ることができる集団がいるということは，「セラピストが生活に入っていない」ことの大きな利点です。生活職員集団は，背後からセラピスト集団の支えを受けることで，安心して子どもたちとの生活に没頭していくことができます。

　セラピスト集団も職能集団として，「心理的に」なりすぎる懸念があります。しかし，生活職員とバックヤードで常に触れあうことで，子どもの現実的側面について知り，アセスメントを更新してセラピーに役立てたり，思い込みを修正したりすることができます。

　こういった連携のためには，生活職員集団とセラピスト集団が，互いの専門性と仕事を尊敬しあって互いの話に耳を傾け，子どもについて真剣に議論できる環境が構築されていることが非常に重要であり，生活・心理という集団同士が力動的に補完しあう関係性を作れることが，児童心理治療施設の強みと言えます。

## (3) 「セラピー」という文化

　「施設入所」を自ら望んで来る子どもはほぼ皆無と言えます。他者に対する不信も根強く，自身の傷つきや問題に対しての「治療動機」についても，ほぼないと言えるでしょう。そんな子どもたちにセラピーを導入することには困難が伴います。そこで，子どもたちが自然と安心してセラピーになじめるための仕組みが，「文化としてのセラピー」です。

　施設内での「セラピー」という取り組み自体を，施設職員全体が「大切である」と認識して行動をする，それが子ども集団に伝わることで，「セラピーに行く」という文化が形成，維持されます。セラピーを受ける理由や受け方は，その後個別性を高めていくことになります。そのなかで，改めて子どもとセラピストとの間でセラピーをする理由が構築され，共有されていく必要があります。

　この文化を維持するには，職員全体が「なぜセラピーが大切なのか」ということを理解し，実感することが重要です。そのためにセラピストは日々，セラピーの治療機序や，子どもそれぞれのセラピーの見立てと進捗を，秘密が守られる範囲で生活職員集団と共有する努力をします。

　また，こういった文化のなかで行われるセラピーだからこそ，子どもたちの「セラピーに行かない・行きたくない」という抵抗は，その意味を深く考える必要があります。生活職員とセラピストが，子どものセラピーへの気持ちを共有しているからこそ，子どもが生活のなかで「セラピーに行かない」と言ったとき，生活職員に「どうして？」「行ってそのことをセラピストと話し合ってみたら？」と，関係の後押しをしてもらえます。

## 4. 心理治療の見立て

### (1) 心理治療の見立てと目標・目的

　セラピーを行うにあたり，「見立て」の策定は非常に重要です。まず，いわゆる外来に比べて子ども自身の来室動機が不明確であること，重篤な問題を抱えて子ども自身が混乱していることなどのため，不用意にセラピーを開始すると，セラピストと子どもの間で起こっていることの意味がわかりにくくなり，セラピー自体が混乱すると考えられるためです。しかし，セラピス

ト自身がセラピー開始にあたって，これまでの情報や観察に基づいて「見立て」を立て，それに基づく治療目標を立てたうえでセラピーに臨めば，子どもの混乱に巻き込まれることを抑制することができます。

　また，他機関・他職種と連携を取るなかでの子どもへの支援活動の一部が，この「セラピー」であると考えると，セラピスト自身が子どものことをどうとらえ，どこに課題を見出し，何をどうするためにセラピーに取り組むのかということを，わかりやすいかたちで他の職種や機関に示すことは，スムーズな連携に欠かすことができない要素です。その意味でも，問われればいつでも答えられるかたちで見立てを念頭に置いておくことが必要と考えます。

## (2)　見立ての更新・共有と相互スーパービジョン

　この見立ては，一度立てたら終わり，というわけではありません。子どもはセラピーのなかでどんどん変化し，成長します。見立てと治療目標は，その変化成長に合わせて適切に更新されるべきであり，また，その更新内容を関係スタッフに変更理由とともに伝えることで，スタッフの子ども理解が深まります。

　また，筆者の属する施設では，セラピスト同士で「見立て会議」を開き，互いに作成した見立てを議論しあいます。担当外の子どもでも同じ施設で生活しているため，情報は共有されています。会議で提示された見立てを読み，質問や意見を交換しあうことで，作成者は他者の視点からの指摘を受けることができ，会議の参加者は自分以外の見立てを読んで意見を述べることで，新たな考え方を手に入れたり，見立ての技術を磨くことにもなります。

## 5. セラピーの留意点

　施設のなかで行う心理療法には，いくつかの留意点があると考えられます。

## (1)　セラピーの約束

　筆者の属する施設では，初回のセラピーで，子どもと「セラピーの約束」を交わします。それは，「故意の暴力・破壊の禁止」「ものの持ち出し・持ち込みの禁止」「時間・場所・セラピー担当は，合理的な理由がない限りは変えない」「セラピー内でのことは二人の秘密にするが，秘密にできないこと

もある（生活で自他に危険が及ぶような表明は，秘密とはしない）」という
ものです。

　これらの約束は外来モデルにも見られるものですが，「生活と同じ場所に
セラピーの場がある」という施設特有の条件だからこそ，より繊細に扱うべ
きであると考えられます。特に，セラピー場面での非日常的な事象・感情が
不用意に生活の場に漏れ出てしまうと，子どもの生活にさまざまな支障をき
たします。同じ場所にありながら，セラピーと生活がしっかりと分かれてい
るという環境が，二つの領域の安全感と，治療的相乗効果を高めると考えら
れます。

　また，約束のなかにある，「時間・場所・セラピー担当は，合理的な理由
がない限りは変えない」ということについては，対象恒常性の維持の表明と
いう意味が込められています。虐待を受けた子どもたちは，この対象恒常性
自体に不安を持つため，セラピー中にこの構造に対してさまざまな揺さぶり
をかけてきます。しかし，それでも安定して動じないことを「約束」として
示し続けることが，不安定のなかに安定を形作る営みになるのではないかと
考えます。

　なお，筆者の勤める施設では，セラピーは「週1回」と定めています。こ
のセラピーの間隔に関しては議論のあるところだと思われますが，治療効果
と子どもの成長と変化のバランスを見ながら継続していくには，経験上この
間隔が最も適切であると考えます。ただ，子どもとセラピスト両者の合意の
もと終結などを意図して間隔を広げることは必要だと考えますが，その際も
慎重な検討を経たうえでの判断となります。

## (2)　アセスメントと目標設定，変化による再設定

　前述のとおり，入所前後のアセスメントによってセラピーの前に見立てを
立て，それに基づいて子どもが入所期間の間にセラピーを通じて何をなすべ
きか，退所後の自立も視野に入れながら治療目標を設定します。子どもたち
はセラピーを継続するなかで変化・成長していきますので，それに合わせて
の再アセスメントと，見立てと目標の再設定が必要です。これは，セラピス
トがセラピーのプロセスを振り返り，子どもにとって有益なセラピーが行え
ているかどうかを深く考え直す営みであるとも言えます。先にも挙げた「セ

ラピーの拒否」についても，子ども側の治療的抵抗と呼ぶべきものなのか，セラピスト側が子どもをうまく理解し寄り添えていないことに起因するものなのか，その都度考え，自らのセラピーを振り返らねばなりません。

　そのためにも，自己チェックだけでなく，定期的なスーパービジョンを受ける必要があります。また，日常の業務のなかでセラピスト集団内で各自が行っているセラピーの内容を，さまざまな形で発表，討論する機会を持つことで，互いの臨床力を上げる努力が効果的と言えます。

### (3)　子どもとセラピストの関係性——変化と生き残り

　セラピー場面における子どもとの関わり方にはさまざまな理論，技法がありますが，中心になるのはプレイセラピーだと思われます。そのプレイセラピーにもいろいろな流派がありますが，重要なのは子どもがセラピーの枠のなかで，苦しみや悲しみ，怒り，喜びなど，さまざまな感情を自由に表現することができ，それを受け止め理解しようとする大人がいて，その関係性のなかで今まで知ることができなかった自分に出会えたり，過去の自分や未来の自分を知る勇気を得ることができたり，自分を制御できる力を身につけられるような場を設えることなのであって，理論や技法はそのための方法論であるということです。

　また，低学年でプレイセラピーを始めた子でも，年齢を重ねることで，遊びから言語へとその関係性を自然と変えていきます。思春期に入りセラピストに反発することも出てくるでしょう。子どもとセラピストが積み重ねた関係性のなかで，セラピストが安定した大人として「生き残っていく」こともまた大切なことです。両者の間でセラピーの必然性がなくなり，入所期間中にセラピーが終結することもあります。外来ですとここで関係そのものも終結するわけですが，施設では退所までは同じ場所にいることになります。筆者の勤める施設では，両者の合意で入所中にセラピーが終結しても，子どもの心理担当者として成長を見守る存在であることは変わらず，何かあったときは相談に乗れる available な存在として機能しています。

## 6. 児童心理治療施設における家族再統合の成果と限界

　筆者の勤める施設では，子ども 1 名に対して，生活担当・セラピー担当・

保護者担当の３名の担当がつきます。このうち，保護者担当は，セラピー担当以外のセラピストがその任にあたります。

　先にも述べましたが，児童心理治療施設の支援の最終目標は家族再統合です。子どもは家族のなかで得たさまざまな問題を施設入所中にワークスルーしていきますが，同時に，子どもと離れて暮らす保護者に対しても，保護者担当が再統合の方向をめぐって，児童相談所と連携を取りながらアプローチしていきます。

　しかし，虐待事例の場合，家庭のなかに子どもの安全と安心を確保するためには，保護者が自身の行為とその影響を理解し，そのうえで子どもとの関わりを慎重に進めていくという，時間のかかるプロセスが必要です。

　子どもが呈する問題は，結局，親子間の関係の歪みが表れたものであり，その原因の一端は保護者の側にあると言えます。生きづらさを抱えた保護者のとる人間関係のあり方に対しては，時に毅然と対応せざるを得ないこともあります。しかし，保護者側の子ども理解の進展と行動の変容のため，心理職としての職能をもって保護者との面接を重ね，児童相談所と日々連携をしながらできる限りの支援を行っています。

　復旧する力のある保護者は，子どもと離れている間に自分自身に余裕が生まれ，子どもとの関係について考えることができるようになります。そして，そういった保護者の変化に呼応するように，保護者と子どもの関係性が柔軟性と疎通性を持つように変化していきます。しかし，保護者自身の育ちに課題があり，それが保護者の育児観や家族関係のあり方に強い影響を持っている場合，常識的な支援では，保護者の生き方を変えたり自らの育児への内省を深めるという作業は非常に困難となります。

　こういった場合，本来は「保護者自身」の問題に対して，「心理治療的」に関わることが必要になると思われます。しかし，子どもを預かる児童福祉施設としては，あくまで子どもの側の安全と利益を守るというスタンスで対応するしかなく，保護者自身の問題に手を付けることは困難です。そういった意味では，保護者の支援を専門にする機関の充実が，今後望まれます。

　最終的に家庭復帰する場合が多いですが，施設や児童相談所，地域のアフターフォローや見守りが必須と言えます。また，手を尽くしても折り合いがつかない場合もあります。そういった場合は，自立や児童養護施設等への措

置変更なども視野に入れ，現時点で物理的な家庭復帰はしませんが，離れて
生活をしながらも「家族の一員として絆」を保ち，いずれ時が来れば双方の
年齢に応じた関係性を持てる下地を作っておく，という作業になります。

**【文献】**

平井正三・西村理晃編，認定NPO法人子どもの心理療法支援会（サポチル）（2018）児童
　養護施設の子どもへの精神分析的心理療法．誠信書房

平嶋優（2019）児童心理治療施設における心理職の専門性としての個別セラピーに関する
　考察──見捨てられる不安を抱えた女児の心理的変容と成長の過程をめぐって──．心
　理治療と治療教育，**30**，79-90.

ハフシ・メッド（2000）組織ノイローゼとストレスの関係に関する実証的研究．奈良大学
　大学院研究年報，**5**，42-66.

ハフシ・メッド（2004）「愚かさ」の精神分析──ビオン的観点からグループの無意識を
　見つめて．ナカニシヤ出版

川畑直人（2019）総合環境治療法について（平成29年度全国児童心理治療施設職員研修
　会基調講演）．心理治療と治療教育，**30**，2-15.

永井享・山野泰弘（2018）希望の杜における「支援の構造化」について．心理治療と治療
　教育，**29**，45-53.

大阪府社会福祉協議会児童施設部会援助指針策定委員会（2012）児童福祉施設援助指針
　──「育て」と「育ち」を支えるために．

尾谷健（2013）安心感を醸成し信頼関係を構築する生活を営むために──「問題」に対す
　るとらえ方についての情短と養護施設との比較から．心理治療と治療教育，**24**，40-47.

Rustin, M.（2008）*Work Discussion : Learning from Reflective Practice in Work with
　Children and Families.* Karnac Books.（鈴木誠・鵜飼奈津子監訳〈2015〉ワーク・ディ
　スカッション──心理療法の届かぬ過酷な現場で生き残る方法とその実践．岩崎学術
　出版社）

下木猛史（2016）援助者チームが抱える意思決定の「弱さ」について──グループシン
　ク（集団浅慮）の視点から．心理治療と治療教育，**27**，29-35.

髙田治（2008）現場で感じてきたこと，現場を離れて考えたこと──子どもへの援助，職
　員のサポートについて．心理治療と治療教育，**19**，160-169.

鵜飼奈津子（2019）児童心理治療施設における心理職の専門性についてあらためて考える
　（平嶋論文へのコメント）．心理治療と治療教育，**30**，90-92.

# 第8章

# 心理療法の事例

### 第**1**節 児童養護施設における心理療法──心理療法の休暇は永遠の別れ：分離の痛みを恐れる男児とのプレイセラピー

【内野利一】

## 1. はじめに

　乳児期に特定の養育者と情緒的に結びつくことは，子どもの心の形成にとって非常に重要であることは言うまでもありません。しかしながら，児童虐待をはじめ，さまざまな事情を抱えて児童養護施設に入所する子どもは，乳幼児期に情緒的に抱えられた経験が乏しく，欲求不満や痛みを伴う経験に対しては脆弱です。今回は，分離の痛みを迫害的に経験するサトルの事例を検討し，このような子どもに対してどのような心理的援助が可能か考察したいと思います。なお，守秘義務の観点から，本事例は複数の事例をもとに構成されています。

## 2. 事例の概要

　心理療法開始時，幼稚園児だったサトルは，経済的な理由で母親が養育困難を訴え，1歳を待たずに乳児院に入所となった子どもでした。乳児院でのサトルは，人と体が触れ合うことを嫌い一人で過ごすことが多かったようですが，担当ケアワーカーの丁寧な関わりを通じてサトルのほうから抱っこを求めるようになるなど，母親代わりと言えるそのケアワーカーとの間で徐々にアタッチメント関係が築かれたようでした。両親は引き取りの意思がある

と言いつつも，ほとんど面会に来ることはなく，サトルは2歳半のときに筆者（以下，私）が勤務する児童養護施設に入所となりました。

　入所直後は泣いていることが多いサトルでしたが，施設での生活に慣れてくると，誰に対しても無邪気で人懐っこい反面，そのコミュニケーションは一方的で，ケアワーカーらは関わりにくさを感じていました。また，同世代の子どもともうまく関われないため一人遊びが多く，それに加え徐々に多動も目立ってきたことから，私に心理療法の依頼がありました。なお，サトルの4歳時の発達水準は境界線域であり，言語理解に軽度の遅れが認められました。

## 3．アセスメント（第1回〜4回）

　初めて面接室に入室したサトルは少し戸惑いながらも，棚に並んだ玩具を見つけるとすぐに飛びつき，遊び始めました。私に「一緒に遊ぼう」とは言うものの視線は交わらず，徐々に一人遊びに移行して，私の問いかけに対する反応はなくなっていきました。一つひとつの遊びは長続きせず，ソファーに殴り書きをしたり，玩具やカードゲームを部屋にばらまいたりするなど早速サトルの勢いに圧倒され，私はどう接してよいか戸惑いました。

　2回目のセッション以降，サトルは「先生，これなに？　これなに？」と興味津々で玩具を探索しましたが，どれを手にするか定まらず，一つの玩具で私と遊び始めても，すぐに予告なく立ち歩きました。私はサトルのそのような衝動的で落ち着かない気持ちについて，「玩具がいっぱいあって，どこを見ていいかわからないし，落ち着かないのかな」などと解釈していきましたが，叱られたと思って萎縮するような反応が一度あっただけで，解釈への反応はないに等しいものでした。動きも速いので，私は一人で話しているような感覚にも陥りましたが，乳児期より複数の大人に養育をされてきたサトルにとっては，そのように次から次へと玩具に飛びついていくというやり方が，対象とのつながり方かもしれないとも思いました。そのようなサトルに私は途方に暮れましたが，刹那的とはいえ接触を持てた感覚もあったため，私と継続した関係を築きつつ，そのなかで感情や傷つき体験を扱うことがサトルの情緒発達に必要と考え，心理療法を開始しました。構造は，週1回，面接室での精神分析的な理解に基づくプレイセラピーを実施しました。

## 4. 心理療法プロセス

　心理療法を開始しても，サトルは相変わらず次々と遊びを変えていき，落ち着く様子はありませんでした。私は，サトルの独語をリフレクションしたり，遊びの内容を描写的に伝え返すなど，なんとか関わりを持とうとしましたが，放置され戸惑いました。

　あるとき，サトルは自分で塗った塗り絵を持って帰りたいと申し出ましたが，私がそれはできないことを伝えると，「帰ったら先生が絵を塗るもん」と号泣しました。次のセッションで，自分の作品箱の中に塗り絵がそのままあったことはサトルを安心させましたが，サトルは自分のものが容易に他者に侵されたり，自分から離れたものが，いとも簡単に消失してしまう恐怖を体験しているようでした。

　心理療法を開始して半年が経過した頃，サトルは安心して過ごすための「自分の部屋」を面接室の一画に用意し，その中でヒーロー人形と怪獣を戦わせました。そして，部屋から押し出された怪獣は，何度も何度も床に落とされました。実際の生活場面では，一番年下のサトルが年上の児童に泣かされることが多い時期でもあったため，私は「サトルは，悪物といつも戦っている。周りにはサトルにとって悪いものだらけと感じているかもしれない。やっつけてもやっつけても，悪いものがサトルの前に出てくるし，きりがない」と解釈しますが，特に反応はなく，黙々と戦い続けました。

　心理療法を開始して初めての冬期休暇前のセッションで，私が「休み前の1回だ」と話すと，サトルは「もう終わり……」と呟きました。私はサトルが誤解していると思い，「違うよ。1回休みが入るってことだよ」と伝えましたが，「それはもう終わりってことだよ」と答え，サトルには休暇が私との永遠の別れとして経験されており，再び私がサトルの前に現れるという確信は持てないでいるようでした。しかし，休暇明けのセッションでは，少し恥ずかしそうに入室したかと思うとすぐに私に抱きついてきて，「おんぶして」と身体接触を求めてきました。私がおんぶはできないことを伝えても，座っている私の肩に無理矢理よじ登り，しばらく肩車のような状態で過ごすなど，身体接触を求めました。

　心理療法開始1年が過ぎても，私の解釈は相変わらず無いもののように扱

われることが多く，また，サトルの遊びの指示にすぐに従わない私は，「役
立たず」でした。ただ，2年目に入ったあるとき，私がサトルの来室に気づ
かず出迎えが遅れ，サトルがセッションを休みと勘違いして意気消沈すると
いう場面がありました。出迎え後に入室したサトルは「寒い」と言うと，ぬ
くもりを感じるため背中をぴったりと私に付けてきました。また，その後も
心理療法の休みをめぐり，私がサトルを放置して自宅でパーティーを開き，
楽しい休暇を過ごしているのだろうという迫害不安を見せるようになり，そ
の不安で自己がバラバラになってしまうことを象徴するかのように，部屋の
中に玩具をばらまきました。そして私に攻撃的になる一方で，母親や父親役
をさせるなど，関係を求めるような遊びが徐々に見られるようになりました。

　心理療法が4年目に入った頃，サトルはテーブルの上で動物のフィギュア
を指ではじき，床に落としていくという遊びを続けました。そこでは，不細
工なカエルが他のカエルを蹴落としてガールフレンドを手に入れるという話
や，かわいいカエルは両親の上に乗れて不細工なカエルはのけ者にされると
いう話が展開されました。この当時，サトルには両親のもとで生活する妹が
おり，サトルだけが施設で生活している状況でしたが，カエルの描写はその
ようなサトルの迫害感をそのまま表しているように感じられ，私は胸が締め
付けられました。

　その年の冬期休暇もサトルは施設で過ごしていましたが，あるセッション
で他の児童と喧嘩をして「心が"真っ赤"になった」と自分の怒りを表現し
ました。そのように怒りを言語化することは初めてのことでしたが，その後
も「なぜ先生は施設のお別れ会に参加しないのか。家でなにか楽しいことを
しているのではないか」ということや，「学校で消しゴムが落ちていたので，
こっそり自分の筆箱に隠した」という話をしました。私は，「先生は家で良
い思いをしているのではないかと思っている。自分は良い思いはしていない
し，お父さんもお母さんも来てくれなかった。先生ばかりずるいし，もしか
したら先生から良いものを奪い取りたいと思っているかもしれない」と解釈
しました。サトルはその解釈を聞きながら血だらけの怒った人の絵を描いた
ため，私は「この冬休みは，サトルの心が"赤"になることがいくつもあっ
たのかもしれないし，ずっと心を"赤"にして過ごしてきたのかもしれない。
それだけ，サトルの中には怒りもあったし，血が出るほど傷ついたのだと思

う。休みの間つらいのを我慢していたのだと思う」と解釈すると，サトルは
どこかすっきりした表情で私の似顔絵を描いてくれました。

　心理療法を開始し5年目の春，約2年ぶりに両親のもとに帰省できたこと
はサトルにとっては非常にうれしいものでしたが，家族と別れて施設に戻っ
てくることで，サトルの迫害感は増したようでした。面接室でサトルは抑う
つ的な様子を見せることもあれば，人形にボールを投げつけて破壊するなど，
攻撃的に振る舞うこともありました。私もボールをぶつけられ，人としてで
はなく，痛みを感じない人形のように扱われているような感覚に陥ることが
ありました。

　また，この時期，サトルはよくセッション中にトイレに行きました。私も
トイレについてくるように言われましたが，あるときサトルは，「トイレっ
て流れたらどこに行くん？」と私に尋ねた後，大便をゴミ袋の中にしてゴミ
箱に捨てると話しました。それまで私は，面接室内では抱えることができな
い感情を，具象的にトイレで排泄していると考えていましたが，このときは
排泄物と一緒にサトルにとって価値あるものまでが排泄されており，自分に
は価値あるものが残っていないと考えているように見えました。そこで私
は，「もしかしたらサトルの体の中からウンチと一緒に良いものが出ている
と思っているかもしれない」という解釈をしました。しかしながら一方で，
ボールをぶつけられる私の気持ちがまったく扱われなかったように，サトル
の情緒的な部分が私に扱われずに大便と一緒にトイレに流されていたため，
袋やごみ箱といったように，彼の気持ちを受け止める存在の必要性を感じは
じめているとも理解できることでした。スーパーヴァイザーにそのことを指
摘され，サトルの気持ちを私が充分に包容（Bion, 1962）していなかったこ
とを考えると，私は愕然としましたが，このことは私にサトルの気持ちをよ
り丁寧に扱っていくことを意識させました。

　その後のセッションで，サトルは「喧嘩して目を蹴られて怪我をした」と
いう痛みの話題を持ち込んできました。わりと激しい喧嘩のようだったので，
私は「それは痛かったね。目を蹴られるって痛いし，目が見えなくなるかも
と不安だし，大変な体験だった」と伝えると，サトルは何も答えずに神妙な
表情で一点を見つめていました。私はそれまでのサトルのように，「全然痛
くなかった！」とあっけらかんとして言うことを予想していましたが，そこ

では何かを"感じ"始めていたようでした。その後も，私はサトルの情緒的な反応を包容し，言語化していくことを意識して関わりました。ただ，言葉にならないことも多く，私の中で抱え続けるだけで終わることも多々ありました。

　そのようなセッションと並行し，トイレの使用は続いていましたが，あるセッションでサトルは，トイレで水を流すことを躊躇して流さなかったことがありました。また別の回では，サトルは粘土で大きなボウルのような容器を作ってトイレに持ち込むと，その中に用を足そうとしました。排泄したものを流さずに，そこに留めたいと考えているように思えましたが，それに続く回では「トイレに入るのが怖い」と言い出し，ついには面接室にも入れない事態に陥りました。これは，私が扱うことで流されなくなったサトルの感情に，サトル自身が触れ始めたことによる恐怖のように感じられましたが，サトルは面接室の前に座り込んで私に甘えるように密着しながら，私が学校行事に見学に来てくれない不満を話しました。

　また，翌週の冬期休暇前のセッションで，サトルは「処刑されて首を切られて死んでしまった夢」を報告しました。夢の報告は初めてでしたが，休暇による心理療法の中断がサトルにとっては"処刑"として，また頭（考えること）とからだ（心・情緒）の分断として，経験されているようでした。

　心理療法開始6年目に，サトルを長年担当していたケアワーカーが退職し，サトルはひどく揺さぶられました。私がその別れの寂しさを解釈すると，「寂しいじゃなくて，怖い」と話し，私との関係も，いつか終わりが来る限定的な関係であるということに向き合わされる経験となったようでした。

　その後のセッションでは，サトルは唐突に「結婚しているのかどうか。子どもはいるのか，風呂には誰と入っているのか」と次々質問しました。私がどう答えようか考えていると，「いるんだ」と言いながら私の膝の上にちょこんと座りながら，お手製のかぎ爪で私の腕を引っ掻きました。そして，サトルはしばらく考えた末，「子どもはいないな。うん，先生には子どもはいない，絶対」と言いました。この間，私はサトルを膝からすぐに降ろさず様子を見ていましたが，サトルからは攻撃的な感じは受けず，反対に愛しさを感じて私のほうから抱きしめたいと思う気分になっていました。これは，今まで以上に私との関係を求めるサトルの投影同一化の影響でしたが，私（も

しくは，私に投影された親イメージ）との距離が近づくことそのものがサトルを傷つけるようで，この距離の縮まり方に躊躇する私もいました。私は「先生が家に帰ったとき，先生のなかでサトルはどうなってしまうのか，不安になってしまうところがあるかもしれない。先生の家族になりたい気持ちもあるかもしれない。でも，どこかでそれができないこともわかっていて，つらい部分があるように思う」と解釈しました。返事はありませんでしたが，私の解釈には耳を傾けているようでした。

## 5．考察——セラピストが考える姿勢を維持し，包容すること

　心理療法を開始した頃のサトルは，一人遊びが多く，衝動的で，遊びの一つひとつが長続きしませんでした。自分について考えるどころか，生起した感情や思考は即座にサトルのなかからこぼれ落ち，まとまりというものはありませんでした。私は，関わりが持てそうになると次の瞬間には目の前からいなくなるサトルに対し，ついていくのに必死で，目の前で何が起きているのか私自身も考える姿勢をまったく維持できませんでした。そこで，私はスーパーヴァイザーに助けられながら，サトルの要求にすぐに応じるのではなく，どのように遊ぼうとしているのか，何を表現したいのか，嬉しいのか怒っているのかなど，サトルの考えているであろうことや情動を言葉にして伝えていきました。このように描写的に解釈を与えていくことは，私がサトルのペースに巻き込まれずにサトルの観察や私自身の内省を可能にしたという点で，非常に有効でした。

　ところで，クライン派の精神分析家であるビオンは，早期母子関係に見られる乳児と母親のコミュニケーションについて，非常に示唆に富むモデルを提供しています（Bion, 1962）。たとえば，空腹で泣く乳児に対し，母親が「お腹が空いたね」と乳児の状態を理解して授乳するという場面は容易に想像できると思いますが，このとき乳児は，自分では理解できない感覚（空腹感）や，それに伴う不快な情動的経験を，自分から切り離し母親に投影します。そして，乳児から投影された情緒的経験は母親によって包容（contain）され，乳児の心に耐えられるかたちに変形されて，再び乳児に戻されます。ビオンはこれをコンテイナー－コンテインドモデルとして説明していますが，要するに乳児は，母親に情緒的に抱えられ，理解されることを通じて自分自身の

感情に触れることができるようになり，それについて考えることが可能になります。さらに乳児は，この母親の包容する機能（ビオンはこれをアルファ機能と呼びました）を自己に取り入れ，自らの情動的経験を調整する機能を形成して，欲求不満や痛みに持ちこたえることができるようになっていくと言われています。

　このビオンのモデルは，母子関係のみならず心理療法におけるセラピストの機能としても非常に重要ですが，私の描写的な解釈は，サトルからこぼれ落ちる情緒や経験を包容し，サトルに伝え返していく作業でもあり，私とのそのようなコミュニケーションを通じて，サトルは徐々に自分の情緒的経験に触れ始めたと考えます。

　自分の情緒的な経験に少しずつ触れ始めたサトルでしたが，それでも自他未分化な状態は続き，サトルの手足のように動かない私は「役立たず」な存在でした。しかしながら２年目のあるセッションで，"必ず同じ時間・同じ場所にいたはず"の私がいないと感じたことは，サトルの自他未分化な空想を破壊し，私がサトルとは違う存在であること，つまり他者性を認識する経験になったようでした。入室後，サトルがすぐに寒さを感じ，私に体を密着させましたが，私との融合状態からの分離は，サトルから温もりやその温もりの心地良さを奪ってしまうような迫害的な経験だったと理解できます。また，サトルが最早期の母子関係に由来するトラウマを経験していたかは不明ですが，乳児院への入所という母親との別離や，養護施設への移行の際の乳児院職員との別離は，サトルにとって母性剥奪であり，非常に大きなトラウマだったことが想像できます。サトルの他者性への気づきは，そのトラウマを想起させる痛みを伴った経験でもあったかもしれません。

　そこから徐々に，私への見捨てられ不安が喚起され，サトルはその不安を私との関係のなかに投影し始めました。特に５年目以降は，私がサトルを見捨てて自分の家族と楽しく過ごしているのではないかという空想が，非常に賦活されました。同時に私に対する"イラつき"のようなかたちで私を攻撃してきましたが，一方でその攻撃性を抑制しようとする動きもあったように思います。それは，サトル自身の攻撃性によって，私がますますサトルを脅かす迫害者になってしまう恐怖があったと同時に，その攻撃性により私との関係が破壊されてしまうのを恐れているようでもありました。ただ，当時の

サトルには，そのような私への攻撃性や見捨てられ不安，またその背景にある両親への欲求不満を抱えることができずに，具象的にトイレに排泄していたと考えます。

　この頃の私のセラピストとしての対応を振り返ってみると，私への攻撃性や見捨てられ不安に伴うサトルの痛みを扱う解釈が多かったように思われます。その解釈のピントがずれていたとは思いませんが，サトルにとっては時期尚早だった側面もあり，その痛みに耐えられずにトイレに逃げ込むしかなかったところもあったかもしれません。アルヴァレズ（Alvarez, 2012／邦訳 p.130）は，「喪失と分離性についての解釈に関する過度の強調は，時に，そのような子どもたちにトラウマの再現をもたらすことになりうる。くつろぎ，心地よさや安全さ，またはそうすることの難しさといった，そうした感情のごくわずかな兆しに注意を向けることは，子どもが接触を取り戻すことを援助しうる」と述べ，解釈をする場合は"目盛り定め"が重要であると主張しています。

　サトルのトイレで「大便をゴミ袋の中にしてゴミ箱に捨てる」という話をきっかけに，私はより感情の動きに焦点化した解釈を意識するようになりましたが，これはサトルと心理療法を開始した当初の私の姿勢を思い出させました。決してその意識がなかったわけではありませんが，どの水準でサトルと関わるのか，どのような水準の解釈をするのかという判断は，外的・内的状況を複眼視し，その都度見立て直しをしながら行う必要があり，その判断の難しさを痛感しました。サトルの心の機微に焦点を当てた解釈や関わりに再度重きを置くことにより，サトルはトイレや面接室に入れないという状況に陥りながらも，私が学校行事に見学に来てくれない不満を話すことができました。トイレのごみ箱や粘土のボウルは，情緒を包容するための容器を象徴するものであり，見捨てられ不安や迫害恐怖といった感情を保持し，考えるための機能が，サトルのなかに形成されてきたことを表しているように思われました。またこれは，母親のように慕っていたケアワーカーとの別れを，サトルが持ちこたえるための力にもなったと考えます。

【付記】

・本節は，『精神分析研究』第 69 巻 3 号に所収の，内野利一著「流されてきた感情を受け止める器として機能すること」の一部を使用し，大幅に加筆修正したものです。

・本章を執筆するにあたり，多大なるご理解とご協力をいただきました関係者各位に，厚く御礼申し上げます。最後に，児童養護施設の子どもたちに深く感謝を申し上げます。

【文献】

Alvarez, A. (2012) *The Thinking Heart: Three Levels of Psychoanalytic Therapy with Disturbed Children.* Routledge. (脇谷順子監訳〈2017〉子どものこころの生きた理解に向けて――発達障害・被虐待児との心理療法の 3 つのレベル. 金剛出版)

Bion, W. R. (1962) *Learning from Experience.* Heinemann. (福本修訳〈1999〉経験から学ぶこと. 精神分析の方法 I ――セブン・サーヴァンツ. 法政大学出版局)

## 事例へのコメント
── こころが育つ土台を作るものとしての心理療法

【坪井美咲希】

## 1. はじめに

　私は，児童養護施設や，地域で暮らす被虐待の子どもとその家族に関わる仕事をしている心理職です。内野氏の事例から感じ，考えたことをコメントとして述べたいと思います。

　内野氏の事例を読んでまずイメージしたのは，栄養のある土に種が蒔かれ，水や日光をたっぷりと得て少しずつ大きくなっていく，植物が育っていくような光景でした。心理療法のプロセスは，サトルのこころが育っていくプロセスのように感じられました。なぜそのように感じたのかを，考えてみたいと思います。

## 2. こころの発達

　子どものこころが育つとは，どのようなことなのでしょうか。こころの発達は，生まれてすぐに始まります。しかしそれは，赤ちゃんが一人でできることではなく，養育者にしっかりと関心を向けてもらい，世話されることを通して，少しずつ進んでいきます。

　内野氏も，ビオン（Bion, 1962）のコンテイナー‐コンテインドモデルに触れていますが，たとえば，空腹で泣いている赤ちゃんは，お腹が空いて死んでしまいそうに感じています。しかし，"死んでしまいそう"という気持ちであることも，それが空腹からきているということも，赤ちゃんにはまだわからないため，赤ちゃんにとってはわけのわからない，とてつもない恐怖として体験されます。そのような恐怖を体験した赤ちゃんは，どうにかしようとバタバタと手足を動かし，体全部を使って泣きわめきます（投影）。そうすると赤ちゃんの養育者は，居ても立ってもいられない気持ちになります（投影同一化）。赤ちゃんが投げ込んだ恐怖をキャッチした養育者は，赤ちゃんを抱いて，「お腹が空いたのね，よしよし」となだめ，ミルクをあげることでしょう。

　それは，養育者に投げ込まれた赤ちゃんの死んでしまいそうなほどの恐怖を，養育者のこころの器を使って“お腹が空いた”という理解にし，ミルクとともに赤ちゃんに返すことになります。そして，何度も繰り返し体験するうちに，赤ちゃんは，養育者のこころの器の機能そのものを取り入れ，自分のこころの器を少しずつ作っていきます。

　そのようにこころが発達していくことで，恐怖に圧倒されるのではなく，こころに置き，考えられる体験や気持ちが増えていくのです。世話をされることは，子どものこころを育てる意味でも，とても大切なことなのです。

　もしこのようなプロセスがうまくいかなかった場合には，赤ちゃんのこころにどのようなことが起こるのでしょうか。先の例で考えてみると，「なに泣いているの！」と，養育者が赤ちゃんに投げ込まれた恐怖に圧倒されてしまうこともあると思います。そのようなときには，赤ちゃんが何を求めているのかキャッチできず，ミルクをあげたり，うまくなだめたりすることも難しくなるかもしれません。そうなると赤ちゃんの恐怖はさらに強まってしまいます。これが繰り返されると，赤ちゃんのこころは恐怖と痛み，苦しみでいっぱいになることでしょう。さらに続いていくと，赤ちゃんのこころは壊れ，気持ちを感じることさえも難しくなってしまうかもしれません。

　先に紹介した精神分析家であるビオン（Bion, 1962）や，その考えのもとになったクライン（Klein, 1946）およびクライン派における，こころの発達のプロセスについても触れたいと思います。

　内野氏の事例のなかで，「迫害」という言葉が多く出てきましたが，それはサトルのこころの発達プロセスの状態に関係してだと思います。生後早期の子どものこころは，養育者を一人のまとまった人としては体験できず，ミルクをもらうことを中心に体験します。つまり，空腹などの不快を満たしてくれるときには，“良いおっぱいが近づいてきた”ように体験します。そして，欲求不満が生じた際には，“良いおっぱいが無くなった”ではなく，“自分を痛めつけ，攻撃しようとする悪いおっぱいが近づいてきた（内野氏の記述でいうならば，「迫害」）”と体験します。しかし，先に例として示した，空腹の赤ちゃんへの世話のような体験を繰り返し経験することで，次第に，不快を満たしてくれるような良いおっぱいと，欲求不満を生じさせる悪いおっぱいが，同じ一人の人であるということがわかるようになってきます。

　また，そのようなこころの発達の状態に至ると，具体的なものとしてしか
扱えなかったものが，ごっこ遊びなど何かに見立てたり，振りをしたりする
ことで扱えるようになります。たとえば，お母さんがいないときに，それ以
前の段階では泣くしかできなかったのが，この段階になると，お母さんのこ
とをこころのなかで考えたり，お人形遊びで自分がお母さんになりきってお
世話をしたりして，お母さんがいない状況に持ちこたえられるようになりま
す。その場にいないお母さんの代わりになるものが「象徴」であり，それが
使えるようになるのです。
　以上のように，子どものこころは養育者との関わりのなかで育っていきま
す。
　心理療法開始当時のサトルのこころについて，考えてみたいと思います。
サトルは，1歳を待たずに乳児院に入所になっています。それまでのサトル
の育ちがどのようなものだったのかはわかりませんが，経済的な問題を抱え
た母親は，サトルのこころに関心を向けることが難しい状況にあったと想像
されます。また，想像の域を超えるものではありませんが，泣いていること
が多かったとの日常の様子や，開始当初の心理療法場面でのサトルの言動の
記述からは，これまで述べてきたようなこころの発達が充分ではなかったの
かもしれないと感じられます。
　内野氏との心理療法の経過のなかで，サトルのこころがどのように発達し
てきたのかを中心に，考えてみたいと思います。

## 3. サトルの変化——こころが発達していく過程

　心理療法開始すぐのサトルの様子について，次々と遊びを変えていき落ち
着く様子がなかったとあります。そのようなサトルに内野氏は，サトルの独
語を繰り返し（リフレクション）たり，遊びの内容を描写的に伝え返したり
して関わろうとしました。これは，セラピストである内野氏がサトルに関心
を持っていること，サトルが内野氏に対して影響を与えられる存在であり，
内野氏がサトルの言動一つひとつを思い，考える存在であることを，サトル
に示している関わりだと私は思います。
　半年が経過した頃，サトルは面接室の一画に"自分の部屋"を用意しますが，
それは，内野氏のこころの一画にサトルの居場所ができたことを感じ始め，

こころについてともに考えていく準備ができ始めたことが表されているのではないでしょうか。

　初めての冬期休暇を永遠の別れとして体験したサトルは，休み明けに内野氏と身体的に触れ合い，あたかも一体になることを求めたようです。そのときにはまだ，別れと再会を考えられるものとして体験することは難しく，原初的な身体感覚レベルでの体験だったようです。

　そして，２年目に入ったあたりで，サトルの来室に内野氏が気づかず出迎えが遅れたとき，サトルは「寒い」と，ぬくもりを求めて内野氏の背中に体をぴったりとくっつけます。このときには身体的な寒さ，つまり身体的な感覚と情緒がつながり始めていることが表されているようです。また，その頃になると，心理療法の休みをめぐって，内野氏が休みの間にサトルを放置して楽しんでいるだろうと話すようになります。そのときのサトルはセラピストを，欲求不満を感じさせる"悪いおっぱい"として感じていたと考えられます。しかし，サトルの目の前にいない休暇のときにもセラピストがいること，そのようなセラピストについて，休暇中にも思いをめぐらせることができるようになっていることも，表されているように私は感じました。

　４年目には，カエルのフィギュアを使って，物語のある遊びをするようになります。そしてそれは，自分だけが家族からはじき出されているということ，かわいい妹は両親に抱っこされるけれど，不細工なサトルはのけ者にされてしまうという，サトルのなかの自分と家族のイメージを表現しているようです。同じ頃には，他の子どもと喧嘩をして「心が"真っ赤"になった」と怒りを表現した，とあります。それまで，感覚的，身体的だったサトルの体験やその表現が，象徴的なものへと変化しつつあること，つまりサトルのこころが確実に育ってきていることがとてもよく表れていると思います。

　５年目に入ると，サトルはセッション中によくトイレへ行くようになり，トイレが流れたらどこへ行くのかを気にしたり，袋の中にうんちをしてゴミ箱に入れると話したりするようになります。サトルのなかにこれまでなかったこころの動きが生じ，一つひとつ留まることができないまま流れていたこころの体験が，サトルのこころの器に置かれるようになったようです。こころに置かれること，つまり感じること，考えることは痛みが伴うことでもあります。サトルはトイレに入ることを怖がり，さらには面接室に入れなくな

りましたが，内野氏も述べているように，これまでは感じない，考えないものとして流すだけだったものが，こころに置かれるようになったことによるかもしれないと私も思います。

　最初に述べたように，サトルと内野氏の心理療法から私は，植物が育っていくような光景をイメージしました。植物というと勝手に育つイメージがあるかもしれませんが，本当にそうなのでしょうか。育つためには，土が栄養のあるものであること，水や日光がたっぷりと得られることなど，さまざまな前提が揃い，環境が整うことが必要なのではないでしょうか。私たち人が育つ，こころが育つためにも同じことが必要になると思います。サトルと内野氏の心理療法では，そのようなこころが育つ前提，土台となるものを整えていく作業を，一つひとつ行うところからなされてきたように私は思いました。それは，サトルの反応がないなかで，セラピストである内野氏がサトルに関心を向け続けていたときから始まっていたのでしょう。

　内野氏との心理療法の体験はサトルにとって，サトルのこころに関心を向け，ともに困難を考えてくれる人がいると体験されるものだったと思います。それは何より，サトルの生まれたこの世界への信頼感を育むことになったと私は思います。私たちは，楽しいこと，嬉しいことだけでなく，大変なことやつらいこともたくさん経験しますが，サトルが得た信頼感は，生きていくうえで大きな支えになりうるのではないでしょうか。

## 【文献】

Bion, W. R. (1962) *Learning from Experience*. Heinemann. (福本修訳〈1999〉経験から学ぶこと．精神分析の方法Ⅰ——セブン・サーヴァンツ．法政大学出版局)

Klein, M. (1946) *Notes on Some Schizoid Mechanisms*. (小此木啓吾・岩崎徹也編訳〈1985〉妄想的・分裂的世界——1946-1955．メラニー・クライン著作集4．誠信書房)

第 **2** 節　児童養護施設退所後に相談室に通所した子どもの
　　　　心理療法 ── 見捨てられることから別れることへ

【坪井美咲希】

## 1. コウジの生育史について[*6]

　コウジは，3歳頃までは父母と3人暮らしでしたが，父母の離別により，母親と2人暮らしになりました。2人暮らしになってすぐに，コウジの母親は充分に養育ができる状態でなくなってしまい，コウジは一時保護を経て父親と祖母と暮らすことになりました。乳幼児の頃のコウジがどのような環境にいたのか父親を含めて語ろうとする人は誰もおらず，詳細はわかりません。しかし，乳幼児健診では低体重を指摘されていた経過などもあり，コウジが母親と2人暮らしになる以前の生後早期から，ネグレクトの状態にあっただろうと考えられていました。

## 2. コウジと私の出会いとアセスメント

　一時保護中にみられた，こだわりが目立ち，コミュニケーションが充分に取れない様子が心配され，家庭引き取り後も児童相談所へ通い，心理療法を受けていました。約1年半後に終了になりましたが，児童精神科の主治医から，上記の状態は発達の問題による可能性も否定できないが，虐待の影響が考えられ，今のコウジにはまだ心理療法が必要だろうと言われ，私の所属する相談機関へ紹介されました。

　その頃のコウジは，主たる養育者である祖母の言うことを聞かず，勝手に家を飛び出してしまう，幼稚園でも他の子どもたちと関わろうとしない，コウジが間違っていると思う行動をする人がいると，たとえ相手が大人であっても注意をしてしまう，などの行動が問題とされていました。コウジは2人のセラピストと，計3年半の心理療法を行いました。

　前任者の退職に伴って，小学校4年生になったコウジと私は出会うことに

---

[*6]　本論は，事前に本人および保護者からの掲載の許可を得ており，また，面接記録の使用について当該大学院附属の相談機関に申請し，許可を得ています。なお，個人情報保護の観点から，内容を歪めない程度に修正を行っています。

なりました。私が出会った頃のコウジは，遊びには入れないものの他の子ど
もたちに関心を持ち，遊びについて回るようになっていました。祖母は，コ
ウジが大人であっても子どもであっても相手が嫌な思いをするような振る舞
いをすること，落ち着きがないことを心配していました。

　前任者とコウジの最後のセッションの終わりに，コウジと祖母と顔合わせ
を行いました。初めて会ったコウジに対して私は，とても小学4年生とは思
えない，幼くて小さな，痩せた男の子という印象を持ちました。乳児を思わ
せる，半開きになった口元が印象的でした。前任者に私を紹介されたコウジ
は，「僕ももう来ない」と言って背を向け，私のほうを見ることはありませ
んでした。

　初回の面接に，コウジは遅れることなくやってきました。祖母の面接担当
者と私が待合室へ行くと，挨拶をする間もなく，すぐに待合室を飛び出しま
す。コウジには初回の面接に先立ち，これまでのセラピストと使っていた部
屋とは変わることが事前に伝えられていたため，「部屋はどこ」と聞いて，走っ
て部屋に向かいました。先週の「僕ももう来ない」という言葉は，なかった
かのようでした。

　部屋に入るとコウジは，「わー！　せっまいなー！　本当どこもかしこも
しょーもな！」と言い，忙しなく部屋にあるおもちゃを見て回ります。私が，
これから始まろうとしているコウジと私の心理療法について説明する間も，
コウジは次々とおもちゃを触り続け，平坦な声で最低限の相槌を打っていま
した。私が話し終えるとコウジはモグラ叩きを選び，「すごい速いから。見
てて」と言って，叩いた衝撃によってすべてのモグラが弾き出されるまで，
力いっぱい叩きました。その後，剣を樽に順番に刺していき，中央に置かれ
た人形を飛び出させたほうが負けになるゲームを，私一人でやるように言い
ます。私が人形を飛び出させてしまうと，コウジは滅茶苦茶にラッパを吹き，
ホワイトボードに "GAME OVER" と書いて私に読ませました。

　私は，目まぐるしく次々と行われる飛ばされる遊びに，目が回るような思
いと，強い衝撃を感じていました。そして，その遊びは，大人の事情によっ
てこれまであった関係から弾き飛ばされ，捨てられる衝撃が表現されている
ように，私には感じられました。

　初回面接の終了を伝えると，コウジは「え，まだ」と渋りながらも部屋を

出ます。祖母の待つ待合室へ向かう途中，コウジは無言で私の手首をそっとつかみますが，待合室に近づくとまた無言で手を離し，待合室へ走っていきました。

　初回の面接を通し，他者とつながりを持てるようになりつつありますが，関係を築いても，いつかはコウジを捨てていなくなってしまうように思う気持ちがあり，コウジの忙しなく動き続けたり，心理療法を価値のないものにしようとしたりする行動は，捨てられたという体験を直視せずに済むようにするためのものなのだろうと私は考えました。そうしたことから，発達の問題よりも人生早期の体験が，現在の問題につながっていると見立てました。これまでの体験を整理し，考えられるようになることが役立つと考え，心理療法を開始しました。なお，開始時，コウジは困っていることはないと言っていましたが，コウジのことを知り，一緒に考えていきたいと伝えたことには，うなずいて聞いていました。

## 3. 心理療法の経過

### (1)　第1期──強いコウジと弱いセラピスト，つながりたい気持ち

　心理療法が始まると，コウジは「もぐら叩き」や「だるま落とし」を力いっぱい叩いて飛び散らせ，それを砂場やボールプールに埋めて隠しては私に探させる遊びを，何度も繰り返しました。弾き飛ばされ，飛び散る様子は，要らないものとして簡単に捨てられる様を想像させるものでした。コウジは捨てられた衝撃を熱心に私に伝え，捨てられた自分を見つけてほしいと表現しているようでした。しかし，コウジは探し出すための時間を少ししか与えず，探し出せないとお尻を叩く「お仕置き」を与えました。「お仕置き」をするコウジは意地悪な顔で笑い，楽しんでいるようでした。「お仕置き」を与えられる私はいかに価値がないかを，コウジは強調していました。そのように，私や心理療法を価値のないものとしながらも，毎回のように退室を渋っていました。

　心理療法が始まって3カ月ほど経つと，赤ちゃんのように振る舞うことも見られるようになってきました。ある回でコウジは，セッションの終わりの時間が来たとき，抱っこを求めるように私に体をぴったりとくっつけ，私の

腕を取って自分の体に回させました。甘えたい気持ちが高まっているように私には感じられましたが，コウジは翌回から2回続けてキャンセルをしました。そして，キャンセルの後に来談したコウジは，胃腸炎に罹ったと言い，「変なものを吸ったんだと思う。腐ってたのかな」と話しました。そして，その回の終わりぎわには，私と掘りごたつの穴の部分に一緒に入ることを求めました。狭くてそれができないと，コウジは私の口の中を観察したいと求め，口の中に到底入りそうもない，さまざまな物を入れようとしました。また，入りそうにない様子に，コウジはひどく困惑しました。

　同様の行為は翌回以降も続き，私の歯を痛めつけたり，虫歯にしたいと言ったりするようになりました。そうしたい理由を聞くと，コウジは困った顔で「わからない」と答えましたが，私が「私の体の中に入って，ずっと一緒にいたい思いがあるのかな」と聞くと，「もっと小さくならないと……」と真剣な顔で呟きました。

　また，その内容は，セッションを重ねるごとにどんどんと暴力的になっていきました。コウジは私に馬乗りになって口を開けさせようとしたり，私の髪をつかんで洗面台に顔を打ちつけたりしようとしました。同時期には，戦いごっこをすることをコウジはたびたび求めましたが，いつもコウジが圧倒的な強さで勝ち，私が瀕死になるストーリーで進めていくのでした。コウジは弱い私をまったく価値のない存在として罵倒し，コウジを理解しようとする私の言葉を，大声で否定し続けました。そして，「コウジ君はすごい人で，私は全然駄目な人なんだね」という言葉だけ，「そうだよ！」と大声で肯定しました。

　毎セッションが罵倒と暴力で埋め尽くされ，特にセッションの終わりぎわには，コウジのしていることへの私の理解を口にしようとすると，私自身が粉々に壊れてしまうような感覚に陥り，ただその場に居続けることで精一杯になることが続きました。私は腹立たしさを感じていましたが，無力感が圧倒的に上回っていました。それは，コウジが日常の生活やこれまでの体験のなかで経験してきた気持ちのようでした。

　約1年そうした状況が続き，このままコウジと会い続けることに難しさを感じて，私はコウジと話し合いをすることにしました。暴力をする/されるなかでコウジのことを一緒に考えていくのは難しいため，暴力はやめてほし

いとコウジに伝えました。コウジは目を合わせることはないものの静かに私の言葉に耳を傾け，「うん」と答えました。その後は，少しずつコウジの暴力は減り，コウジの遊びの中心であった歯にまつわることについて，話し合えることが増えてきました。虫歯にさせようとすることは，コウジが私の中に入ることであり，「ご飯を食べられなくなるようにする」ためであるとわかってきました。また，話し合いのなかで行われる表現も，これまでの直接的に私の歯を破壊しようとしていたものから，私の口に見立てたおもちゃでしたり，虫歯菌を私の中に投げ入れる物語を作ることへと変わっていきました。

その一方で，部屋の上の階から机を引きずるような音や，救急車の音が聞こえると，とてつもなく恐ろしいことが起こったとでもいうような様子で怖がりました。そのようなときのコウジは私と関わることをやめ，掛け算の問題を自分で書き，解いていく作業を1人でして，どうにかその恐怖から逃れようとしていました。

### (2) 第2期——恐怖や弱さをコウジのものとして話し合う

コウジと会い始めて2年目の春。これまで使っていた，たくさんのおもちゃが用意された広いプレイルームよりも，限られたおもちゃを用意した小さな部屋で会っていくほうが，コウジの心の体験について話し合いやすくなるのではないかと考え，事前にコウジと話し合いを重ね，変更をすることにしました。新しい部屋での初回，コウジは「前よりレベル下がってない？」と言いながらも，おもちゃを一つひとつ手に取って，嬉しそうに探索していきました。

しかし，しばらくすると，空調の音を気にして怯え，ままごと用の包丁を持ったり，パトカーや消防車を走らせたり，退室しようとするなど，コウジの様子はガラッと変わりました。怖い気持ちになっているようだと伝えると，「見えないのが見えたりするし，音もする」と言い，見えない何かが部屋やコウジに入ってくる，部屋に閉じ込められる，と話します。恐怖のあまりじっとしていられなくなっているコウジに，コウジがどうして怖くなってしまうのかを知りたいと伝えると，「僕が弱いから……」と絞り出すように呟きます。私は，何とも言えない，痛みに近いようにも感じられるコウジのつらさを感

じ,「いつもは私が弱くて駄目なやつでコウジ君はとっても強い人だけど,本当は弱くて,とっても怖い気持ちになるコウジ君もいるのかもしれないね」と伝えました。そしてコウジも,絞り出すように,「そうだと思う」と言います。それ以降のセッションも,恐怖に怯え,どうにか耐えようとするものの,途中で退室することが続きました。

　部屋を変更してから数回目のセッションで,コウジはこれまで怖がって触らないようにしていた汽車のおもちゃを,私に動かすように言ったかと思えばやめさせることを繰り返しました。そしてコウジは,「水に濡らしたらいいんじゃない?」と言います。私は,汽笛が鳴ると汽車の石炭を燃やす炎が大きくなり,部屋に飛び火する様をイメージし,それをコウジが恐れているのかもしれないと思いました。「汽車の音が鳴ると,ここも燃えちゃうって思うの?」と聞くと,コウジはうなずき,部屋の扉を開けて「危ないからここも開けとこう」と言います。「火事になって,閉じ込められちゃうんじゃないかって心配なんだね」という私の言葉に,コウジはうなずきました。このように,コウジが何に怯えているのかを,話し合えるようになってきました。

　それと同時に,ベビーカーや赤ちゃん用のお皿を,何かを訴えるように私のところへ持ってくることを繰り返し,私に甘えたい気持ちや,これからも関係を続けたい気持ちが高まっているようでした。しかしながら,その数分後には,「ここに来るのって今年まで?」と尋ねるコウジの姿があり,上記のような気持ちが高まると,その次の瞬間には,私がいなくなってしまう,捨てられてしまう不安が出てくるようでした。いつかは捨てられるという不安があること,それを私にわかってほしいと思っているのだろう,と繰り返し伝えるなかで,コウジは少しずつ落ち着いて過ごせるようになり,部屋が替わって4カ月経った頃からは,「最初のときは怖かったな」,「わーってなってた」と振り返り,時間内は部屋に留まることもできるようになってきました。

　2年目の秋,コウジは「ここっていつ終了になる?」と,心配しました。続けて通うことを祖母から伝えられても,コウジはどこか不安げで,心理療法が終わってしまわないか,いつも心配しているようでした。

　それと同時に,また,歯にまつわる遊びが活発になってきました。この頃

のコウジは，私に食事を振る舞う遊びを好んでいましたが，その食べ物には
いつも毒や酸が入っていると話しました。嬉しそうに「酸はね，どんどん奥
に入ってるよ」と言い，画用紙に私の口の中をイメージした絵を描くと，そ
の上で歯医者の治療道具に見立てた包丁とスプーンを動かし，「すごいこと
になってる！」「もう手の施しようがないぐらい！」と表現しました。また，
私の口の中に入り込む機械も絵にし，「僕が小さくなって，もう奥のほうま
で行ってるよ。こういうのに乗って！」と，虫歯菌であるコウジが奥に入り
込むことで私の歯はボロボロになり，少しだけ残っている状態だと話しまし
た。私は，コウジは捨てられてしまう心配をしていること，そのこととコウ
ジが虫歯菌になることが，つながっているかもしれないことを伝えました。

　さらに，この頃から，これまでは「禁止ワード」とされていた家族の話題
が時折語られるようになり，母との別れについてのコウジなりの理解や，そ
のことに対するコウジの気持ちについて，話し合えることが増えてきました。

## (3)　第3期――別れの衝撃に共に耐える

　コウジと私が会い始めて3年目に入り，コウジは小学校6年生になりまし
た。中学生になると生活が大きく変わり，今までのように通うことが難しく
なるため，祖母の希望もあり，コウジの小学校卒業とともに心理療法を終え
ることが話し合われるようになりました。コウジは「来られるなら来たい」
と希望しました。

　心理療法を続けることを希望する理由を話し合うなかで，コウジは「いつ
も怖いことが起こることが心配」と話し，紙飛行機を飛ばしながら，うまく
着陸できず大きな事故が起こって乗客全員が死ぬ，と話しました。「心理療
法が終わっちゃって私とお別れになることは，コウジ君にとって死んじゃう
ぐらいに怖いことなんだね」と伝えると，コウジはうなずき，「ちゃんと飛
ばんか，オラー！」と叫びます。その姿は，コウジにはどうしようもできな
い現実として，コウジなりのやり方で受け入れようとしているようでもあり
ました。「コウジ君の思いだけでは，どうしようもできないことがあるって
いうことも，感じているみたい。私と会っていくことも，コウジ君は会いた
いって思っていてもそうはならないかもしれないって気持ち。でも納得でき
ないし，怒ってるコウジ君もいる」と私が伝えると，コウジは静かにうなず

き，コウジの作った紙飛行機と私の紙飛行機を重ねて箱にしまいました。

　その翌回には，「先生はこの家を守れるかな？」と，コウジが家族人形を投げ，私にそれをキャッチさせる "家族を守れるかゲーム" をすると言うものの，私にキャッチさせること，守らせようとすることもないまま，その家が全壊してしまったと話を続けて，前回の紙飛行機を力いっぱい飛ばします。「もう終わるしかないのかもしれないって，気持ちを飛ばしちゃいたいのかな」と聞くと，じっと飛行機を見つめていました。

　それ以降，コウジは積み木で家を作っては，大きく揺らしても壊れてしまわないかを確かめる "耐震実験" の遊びを，何度も何度も繰り返しました。また，紙飛行機を飛ばす遊びは，高い得点の場所に，いかにうまく着陸できるかというゲームへ形を変えていきました。しかし，ゲームでありながら競う様子はなく，コウジは私が飛行機を飛ばす番のときには精一杯の声で「頑張れ！　頑張れ！」と応援し，うまく着陸ができないときには，自分のことのように残念がりました。コウジのその遊びは，コウジと私の心理療法の終わりがもうすぐ来ることについて，コウジなりに考えているようであり，最後の日までの数カ月間続けられました。

## 4. 考察

　コウジとの約3年間の心理療法は，私にとって，情緒を激しく揺さぶられ，時には耐えがたい思いさえも生じさせるものでした。それは，幼い頃からコウジが体験してきたものだろうと思います。

　アルヴァレズ（Alvarez, 2012）は，虐待を受けた子どもたちのなかには，周囲が敵ばかりのように感じられ，生き残りが問題になる世界に生きており，知性や大胆さ，度胸，スキル，勝利といった，戦場での価値が最重要になると述べています。当初のコウジはまさにそのような世界に生きていたのでしょう。コウジにとって，つらさを感じる弱い自分を受け入れることは，とても難しいようでした。恐怖に耐えられないために，私が怖がっていることにしようと，コウジの弱い部分を私のものにしようとしていました。そのやり方で恐怖に対処できなくなると，まったく考えられず，圧倒されるしかなくなるのでした。

　私とつながりたい思いが高まってくると，同時に別れがやってくる恐怖，

捨てられてしまう恐怖も高まりました。コウジは胃腸炎に罹ったことをきっかけとし，自分が菌として私の中に侵入する遊びをすることで，その恐怖に対応しようとしているようでした。コウジは歯や，虫歯にさせることにこだわりましたが，虫歯菌として私の体の中に入ることは，いつも私と一緒にいられることであり，また，コウジが早期に体験した食べられなくなる恐怖を，私に体験させることでもあったと思います。

　心理療法が進むにしたがって，コウジは少しずつ，自分の感じている恐怖や不安を遊びや言葉で表現することも増えていきました。表現の質も変化していき，たとえば私の歯を壊そうとする具象的な表現から，"壊すふりをする"こと，壊す物語にすることへと変わっていき，さらには，絵で表現するといった，より象徴的な遊びができるようになりました。そして，それまで私との間では私のものにしていた，惨めで，弱い自分の部分を，少しずつ受け入れられるようになってきました。自分が何に困っているのかということを私との間で話し合えるようになったこと，圧倒されるしかなかった恐怖について少しずつ考えられるようになったことも，コウジの大きな成長であると思います。

　これまで，捨てられるようなつらい別れを経験してきたコウジにとって，心理療法が完全に終わってしまうこと，別れることは，とても大きく揺さぶられることだったと思います。時には，つらい気持ちを紙飛行機に乗せて飛ばすことで考えないようにしたり，自分が捨てる側になったりすることで，別れに伴う痛みを感じないようにすることもありましたが，最後まで話し合えたこともコウジの成長によって可能になったことだと思います。

　コウジの問題が充分取り扱われたうえでの終わりではなく，中学生になるというライフサイクルの変化に伴う終わりではありましたが，コウジにとっても，これまでの捨てられるように体験する別れとは異なる，新しい別れを体験することができたのではないかと思います。それは今後のコウジを支えるものになると，私は信じています。

**【文献】**
Alvarez, A.（2012）*The Thinking Heart: Three Levels of Psychoanalytic Therapy with Disturbed Children*. Routledge.（脇谷順子監訳〈2017〉子どものこころの生きた理解に向けて——発達障害・被虐待児との心理療法の3つのレベル．金剛出版）

## 事例へのコメント
### ——ほどよい距離感を育んだ心理療法という器

【冨成達也】

## 1. はじめに

　本論文で坪井氏は，発達早期に度重なる養育環境の変更を背負うことになったコウジとの，外来型の心理療法の経過を描いています。虐待やネグレクトといったトラウマを抱える子どもは，他者から拒絶される不安に敏感であり，こうした不安に対処するためにセラピストや周囲に対して攻撃的に振る舞うことが多いものですが，コウジに関する記載からもその様子がビビッドに伝わってきます。坪井氏と私の依拠する学派は同じ精神分析的心理療法であり，ここではその理論や知識に基づき，小学校卒業を機に終結となるまでの3年間の心理療法の経過から，いかにしてコウジがほどよい距離感を育んだのかたどってみたいと思います。

## 2. 出会うことが難しいコウジと坪井氏との出会い

　居所・養育者を含む度重なる養育環境の変遷について，コウジには誰がどのように説明をされたのか気になるところですが，当のコウジにとってはわけのわからない混乱と衝撃を体験したことが推測されます。この混乱と衝撃は，一時保護中および家庭引き取り後の様子や，幼稚園時代から行われていた心理療法経過におけるコウジに対する大人の主訴につながっているのでしょう。

　坪井氏に引き継ぎとなった時点では，同年代の対人関係，特に対人希求の面では改善が見られるものの，祖母による主訴は依然として，社会性および対人関係の課題と衝動性の課題であり続けています。この主訴は，坪井氏との顔合わせの時点から明確に確認できるうえに，顔合わせの様子からは前任者との別れの痛みがビビッドに伝わってきます。これは前任者との別れだけではなく，居所や養育者を含む度重なる養育環境の変遷を経験してきたコウジが，それまでに何度も経験してきたものとも考えられます。あまりにも痛々しく，まるで前任者に拒絶され置いていかれる苦痛を，そっくりそのま

ま坪井氏に向けているかのようです。

　続く初回の様子からは，坪井氏との出会いのインパクトを薄めるかのようにしている，言い換えるならば，坪井氏と出会わないようにしている姿が印象的です。衝動的に次々とおもちゃを触り続ける行動は，さまざまな別れを繰り返し体験してきたコウジの見捨てられ不安により，おもちゃや坪井氏に関心を向けないようにしている，ととらえることができます。速さに重きを置いた「もぐら叩き」でも，衝動性だけでなく，コウジの破壊性が見受けられます。こうした不安や破壊性はその後の表現にも続けて見られており，築いた関係から弾き飛ばされ捨てられる衝撃という坪井氏の考察は，極めて妥当であると思われます。さらに付け足すと，他者がいつどこで現れるか，何をするかわからない，という他者の意図を汲むことの難しさとも関連していると考えられます。

　初回の圧倒されるような表現からは，コウジの不安やおそれ，悲しみ，怒りが明確に見出せる一方で，コウジ自身は困っていないとしている点からは，コウジの困り感を他者に投げ込んでコウジのなかには無いものとする，こころに留めおかないようにするコウジのあり方を見出すことができます。他者から攻撃される，捨てられる不安が強いコウジにとって，坪井氏と出会うことは極めて怖いことであったと思われますが，面接室を出た後にコウジより坪井氏の手首をつかんできた場面で，私はコウジと坪井氏が初めて出会えたと感じ，コウジの持つ強みに感動しました。出会いの難しさを抱えるコウジにとって，向かい合わせではなく横並びの位置が，不安を抱きながらも出会える限界だったのでしょう。

　また，初回面接に遅れずに来談できたことも，コウジの大きな強みであると思われます（付け加えると，外来型の心理療法に移行してから数年間通い続けることができた背景にある祖母の存在も，この事例を支える大きな強みであったと思われます）。

　こうした強み，心理的な健康さをもとに，コウジのことを知り一緒に考えていく精神分析的心理療法を提供する坪井氏との治療契約に，同意したと考えられます。

## 3. 心理療法のプロセス

　第1期は，支配的な侵入という方法で坪井氏との心理的距離を一気呵成に
縮めてきて，その理解と対応に苦慮することになった時期であり，開始当初
のコウジからは，セラピストに拒絶される不安と，その不安に対処するため
にセラピストに支配的，攻撃的に振る舞う様子が顕著にみてとれます。坪井
氏を価値のないものとして無碍に扱う一方で，いつ坪井氏から無碍に捨てら
れるか不安であるがゆえに，退室渋りが繰り返されたと考えられます。また，
しばらくすると退行した赤ちゃんのように坪井氏にくっつこうとしたあたり
では，坪井氏と一体化したいという原初的なニーズを満たす行動に出ます。
これは身体的な距離だけでなく，心理的距離を縮めるニーズがあったので
しょうが，その反動として胃腸炎という身体化が生じたと考えられます。
　身体化によるキャンセルの後も，コウジはこたつに一緒に入ろうとする，
坪井氏の口の中を見ようとしたり物を入れようとしたりするなど，距離を縮
め続けています。これは坪井氏の中にあるものへの探求心だけでなく，コウ
ジのこころが消化できずにいる気持ちや体験を投げこもうとする具象的な表
現と考えることができます。その表現が繰り返されるなかで，コウジは暴力
性を高めて坪井氏の中に侵入しようとしたり，坪井氏を圧倒したりし続け，
坪井氏は理解を伝えることの難しさ，無力感を抱きつつも約1年もの時間に
わたってコウジのそばにあり続けました。そして，この逆転移こそコウジ自
身の体験だと理解され，ここに至って真の意味での共感が生じたと考えられ
ます。
　また，こうした状況に対処するために，話し合いを通して暴力の制限をコ
ウジと共有しています。その後，具体的・具象的に坪井氏の歯を攻撃しよう
としていたのが，虫歯菌を投げ入れる物語という抽象的・象徴的な水準に変
化するのは目を引くポイントです。一方，音への過敏性が見られるようになっ
たことについて，これまでの不安に対する攻撃的な対処法ではなく，不安に
対して自閉的に対処しようとしたあり方は，精神科医に指摘されていた発達
の問題と関連していると考えられます。
　第1期の暴力の制限という内的な枠組みの強化に加えて，第2期ではプレ
イルームの変更という外的枠組みの変更によってもたらされた変化・変容，

とりわけコウジが抱える不安の変質が見られました。部屋の変更に対して，コウジは自身のレベルに合ったところで心理療法をすることの嬉しさを伝えてきているように感じる一方，空調の音に関しては再び攻撃的な対処法をとっています。その背後には，自身がバラバラに崩れ落ちてしまう解体不安や，部屋に閉じ込められるという閉所恐怖があり，解体不安に関しては，自身の弱さを認めたうえでその不安を引き受けようとしているように思われます。他方，閉所恐怖に関しては，これまでも見られていた他者から迫害される不安に由来していると考えられ，その不安は引き受けられず，中途退室というかたちで部屋に留まれないコウジが立ち現れてきました。不安の水準としては，迫害不安よりも解体不安のほうが水準の重いものであり，解体不安に対しては現実的に対処できるようになったものの，迫害不安はコウジの手に負えないことを認め，坪井氏と共有できた意義は大きかったと思います。

　また，これまでも見受けられていた見捨てられ不安については，年度後半から再度賦活し，見捨てられないように坪井氏の中に侵入することで対処しようとするあり方が，再び立ち現れています。坪井氏側の食事に毒や酸が入っているという表現は，坪井氏の理解としての言葉が毒や酸であると同時に，それは薬や治療にもなりうることを示唆しています。薬や治療にもなりうるからこそ，禁止ワードであった家族の話題に，触れられるようになっていったのでしょう。

　第3期は，心理療法のエピローグという印象を受けました。この期に多く見られた表現である着陸時の事故からは，地に足をつけた生活や環境変化の怖さ，コウジと坪井氏の心理療法の旅の終わりの怖さを連想しました。これらの怖さについて，コウジは攻撃的になることで反応していますが，坪井氏の理解を受けて互いの紙飛行機をきちんと箱の中に収めて帰るところに，コウジの大きな変化を感じました。家族崩壊や耐震実験など，生活の基盤がバラバラになる不安を抱えつつも，それを遊びのなかで表現できるようになり，揺れをコントロールしようとしたり，着陸に重きを置いたりと，基盤・地盤が固まりつつあることを示唆しています。自身のこころの基盤が安定し，地に足をつけることができるようになったからこそ，坪井氏を攻撃していたコウジが，坪井氏に共感的な対応ができるようになったと考えられます。また，こころの基盤が安定したからこそ，別れの衝撃がもたらす気持ちの揺れが小

さくなり，共に耐えることが可能になったのだろうと思います。

## 4. 器としての心理療法

　コウジの支配的・攻撃的なあり方，その一環として坪井氏の中に虫歯として侵入すること，枠組みの変更によるコウジの表現の変化，坪井氏との別れにまつわる考察に，私も同意します。一点だけ，坪井氏が発達早期の飢餓体験と関連づけている，虫歯というコウジ独特の表現について，検討を付け加えたいと思います。食べ物は生存に欠かせない身体的栄養であり，歯はその栄養を摂取する消化の始まりを担います。同様に他者との互恵的な関係をもって生存するには，心理的栄養を摂取するための心理的消化が欠かせません。この場合，子どもが扱いきれない不安や怒りといったネガティヴな気持ちや体験を，いったん養育者やセラピストが受け取り，子どもに受け止められるかたちで伝え返す営みや言葉が，心理的消化にあたります。このように考えると，コウジの虫歯という表現は，セラピストの心理的な消化，すなわちコウジへの理解を阻もうとする試みであったと考えられます。

　前任者との間で培われた素地に加え，坪井氏との３年にわたる心理療法において，坪井氏がまさに心身を使ってコウジの不安や恐怖を体験し，受け止め続けようとしたこと，そしてそれをコウジが受け入れられるレベルの内容に落とし込んで伝え返したことによって，コウジの不安は変わり，不安そのものについて話し合うことができるようになったと考えられます。心理療法の枠組みというと，時間や場所といった外的な枠組みを思い浮かべがちですが，制限はセラピスト自身の内的な枠組みのひとつであり，坪井氏がコウジのことを考えていくための転機であったと思います。セラピールームという外的な器に加えて，コウジのことを知り，考え続けようとする，坪井氏の内的な器を用いて考え続けるという営みを経たからこそ，コウジはほどよい距離感を育むことができたのではないでしょうか。

　思春期を迎えたコウジがどのような男性性を身につけ，自身の支配性・攻撃性とどう折り合いをつけていくかは残された課題とも考えられますが，困ったときには相談に乗ってくれる人がいるという，心理療法体験に基づいた期待・希望をコウジが抱けるようになった意義は，極めて大きいと思われます。

# 第9章

# ライフストーリーワーク概説

【才村眞理】

## ■ 第 **1** 節　ライフストーリーワークとは

　ライフストーリーワーク（以下，LSW）とは，社会的養護のもと（里親宅や児童福祉施設）で暮らす子どもたちに，「わたしって誰？」「なぜここにいるの？」「これからどうなるの？」という三つの疑問に，信頼できる大人とともに応答する場を用意することです。応答と説明したのは，大人が一方的に子どもに話すのではなく，子どもと大人が生い立ちについて会話できる場面を作り出す，ということが含まれています。そして，LSW は子どもたちの日々の生活やさまざまな想いに光を当て，自分は自分であっていいということを確かめること，自分の生い立ちや家族との関係を整理し，空白を埋め，過去-現在-未来をつなぎ，前向きに生きていけるよう支援する取り組みとも言えます。

　本書のタイトルにもある虐待を受けた子どもたちは，今ここにいる理由について誰からの説明もないと，「自分が悪い子だったから親から分離され，ここに来たのだ」などのファンタジーを持つことが予想されます。LSW の実践により，ここにいる理由に納得できると，そうした認知を修正し，自分は生きるに値する存在だという感覚の醸成や，自身のアイデンティティの形成につながっていきます。そして，これからどう生きていったらよいのか，未来についても考えられることが期待されます。

## **1.** ライフストーリーワークの概要

　LSW には図 9-1 のとおり，3 段階の方法があります。本章では，「セッション型 LSW」の実践方法を中心に展開します。

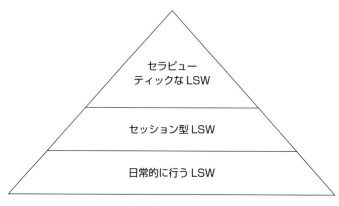

**図 9-1 ３段階のライフストーリーワーク**
(才村・大阪ライフストーリー研究会, 2016, p.8)

## 2. 日常的に行うライフストーリーワーク

「日常的に行う LSW」は，まず，日常生活のなかで LSW の視点をもち，子どもと関わる活動全般を指す「日常的に行う LSW」が土台にあり，その上に，ニーズに応じて「セッション型 LSW」が存在します。そして，より専門的な方法としての「セラピューティックな LSW」が上に位置します。以下に詳しく見ていきます。日常の何気ない場面で出た子どもの疑問，「なぜぼくには面会がないの」「なんでわたしは家で暮らせないの」「いつまでここにいるの」などの疑問に，「そういう気持ちになるのは当たり前のことだよ，今度，時間を取ってゆっくり話そうか」など，適切に応えることであり，その疑問を「セッション型 LSW」につないでいくことです。

支援者が今，伝えねばならない事柄ではなく，子どもが日々の生活で発するサインに応えることから始め，ニーズに応じて「セッション型 LSW」に移行していくことが，子どもに負担とリスクを可能な限り軽減することになるでしょう。

また，「日常的に行う LSW」には，「セッション型 LSW」を実施するための材料作りの面もあります。子どもが学校でほめられた，親が面会に来た，どんな遊びをしているときが一番楽しそうにしていたか等々，子どもがこれまでどんな子どもであったのか，子どもがどんな生活を経験してきたのか，

時々のエピソードなどを毎日の記録として残しておくことや，写真を集めておくことが必要です。特に，子どものストレングスのエピソード（子どもの長所として，たとえば，日常場面で小さい子どもとうまく遊んでいた，部屋のお片づけを指示されなくてもきれいにやっていた，学校で漢字が上手に書け，花丸をもらっていたなど）を毎日の日誌につけておくなどは，「セッション型LSW」で子どもが自分を知るワークを行う際に役立ちます。

　そして，日頃からLSWの視点をもって，家族・関係者と接触してほしいと思います。たとえば，タイミングを見て子どもの名前の由来を聞く，父母が知り合ったきっかけなどを聞いておくなども，子どものルーツとしての自分を知るのに役立ちます。

　このような「日常的に行うLSW」という下地なしに，一足飛びに「セッション型LSW」を行うのは，明らかなニーズがあったとしても，子どもと実施者双方にとってリスクが大きいと言えます。

## 3. セッション型ライフストーリーワーク

　次に「セッション型LSW」とは，日常場面とは異なるセッションのかたち，すなわち特別の時間・場所を設けて行うものです。詳細は第2節で説明しますが，あらかじめ実施が可能かどうか実施検討会議を行い，実施可能となれば計画会議を関係者で開催，チェックリスト（才村・大阪ライフストーリー研究会，2016，pp.38-41.）を使ってアセスメントをし，開始するものです。

　子どもへの導入方法やゴールを定め，リスク診断もします。主たる実施者は誰が適任か話し合い，その人が子どもに固定的に関わり，支援者チームによるサポートを受けて，回数，日時を決めてスタートします。ワーク（話をするだけでなく，さまざまなワークを使って生い立ちを整理しやすいよう工夫しています）を主体とし，子どものニーズや，子どもとLSWの実施者との信頼関係を重視し，LSWのセッションが安心・安全の場となることが大前提です。子どもの気持ちや精神的安定度を度外視して，真実告知をメインにするものではありません。また，状況が許せば，一度目は幼少期（4，5歳〜小学生の頃）に実施し，二度目は思春期以降（中高生）に実施することが考えられ，年齢や成熟度により，扱う内容は異なってきます。

　この「セッション型LSW」は，心理的アプローチを加味したソーシャルワー

クと言えます。心理療法との違いは，できるだけ事実を集め，それをもとに子どもがアイデンティティを築けるよう，意味づけをしていく作業が含まれます。セッションと並行して，児童相談所や入所施設の記録を調べるだけでなく，親との面接や家庭訪問により，セッションに役立つ情報や写真などの収集も行っています。また，セッションは必要に応じて外出もします。

　子どもの発達に応じて理解できるストーリーを，事実をもとに考えていく必要がありますし，何よりも子ども自身のニーズを尊重して取り組みます。子どものアタッチメントがどのようであるか，また，虐待のトラウマのアセスメントも必要です。強いトラウマが予想される，あるいは日常生活に支障が出る状態の場合は，まず日常生活が落ち着くための治療など適切な援助を先にします。

## 4. セラピューティックなライフストーリーワーク

　次に，「セラピューティックな LSW」は，イギリスの治療施設 SACCS での実践を想定しています（詳細は Rose & Philpot, 2005/2012 を参照）。日本では，SACCS と同じ体制ではできないと思われますが，たとえば，児童心理治療施設では，心理療法と同時並行での「セラピューティックな LSW」の実施が可能でしょう。

　ローズ（Rose, R.）は上記の本で，「LSW は子どもの内的な世界を扱い，いかにしてそれが外的世界に対する子どもの認知に関わるかという治療的ツールである」と述べ，「すべてのトラウマを受けた子どもたちの回復のプロセスの必須部分になりうる」と言っています。

　虐待のトラウマ治療を組み合わせたなかでの「セラピューティックな LSW」は，セラピストが心理療法を週１回実施しながら，同時に LSW 実施者が２週間に１回，または月１回のペースで「セラピューティックな LSW」を実施するというかたちが考えられます。セラピストと LSW 実施者は常に連携し，新たな真実の告知が LSW で実施され，その気持ちの整理などをセラピーで行うという方法です。

　LSW 実施の前に，トラウマインフォームド・ケアなど，トラウマの心理教育と感情の学習を通して，新たな真実への耐性を高めることも有効でしょう。この「セラピューティックな LSW」は，日本でまだ多くの確実な実践

が積み重ねられておらず，今後の実践を期待したいと思います。

## 5. 子どもの権利擁護活動

　LSW は，子どもの知る権利の擁護活動とも言えます。児童の権利条約第7条では，児童はできる限りその父母を知る権利を持っており，第8条では，家族関係を保持する権利を持っているとされています。社会的養護の現場の実践でそれを保障していくことは，子どものアイデンティティの構築のベースとなります。

 **第 2 節　セッション型ライフストーリーワークの実践**

## 1. 対象の子ども

　本来は社会的養護のもとで暮らす子どもすべてに実施するのが望ましいですが，現場の実情を考えると，特に必要な子どもへの実施に限られてくるでしょう。もっと言えば，本来は小さい頃から少しずつ成長に合わせて，自身の生い立ちについて自然に知っていることが望ましいですが，現状を考えるとこれまで触れられなかったことをいきなり提示することは危険であり，セッションのかたちで少しずつ進めることが安全だと思われます。

　実施が必要な子どもは多く想定されますが，五つの例を挙げます。一つ目は，子どもからの家族にまつわる疑問（前述）が出ている場合です。こうした疑問は思春期に出ることが多く，子ども自身のニーズに応えるかたちでスタートすることになります。知りたいと言っていても，子どもは知るのが怖いという気持ちを常に持っている，ということを頭に入れておく必要はあります。

　二つ目は，大人側が子どもに知らせたい真実がある場合です。たとえば，本当は養母なのに実母と思っている，父は仕事で忙しいため面会に来てくれないが，実は収監中であるなどです。

　三つ目は，ずっと施設で暮らし，これから社会自立していく場合です。退所して一人で生きていく前に，生まれた状況や入所理由などのストーリーを整理しておくというものです。

　四つ目は，施設から里親委託へ移行する前になぜ新しいお家に行くのか，整理して移行する準備をするというものです。3歳くらいから簡単な絵や紙芝居などで実施し，これから新しいお家に行くことが子ども自身のために良いことなのだという理解をして，移動していくことが望ましいでしょう。それは，障がいのある子どもが成人の施設に移行する際にも実施できるでしょう。

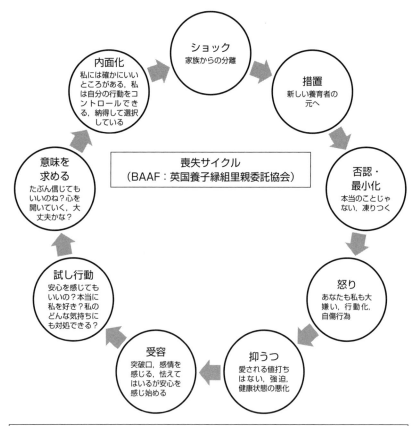

図9-2　喪失サイクル（才村眞理・大阪ライフストーリー研究会，2016，p.31）

　五つ目は，家庭引き取りの前に実施するものです。子どもが家庭引き取り後の生活の期待が大きすぎて現実とのギャップに苦しまないよう，子どもに親を見立てる力をつけることも，期待できます。この場合は，引き取り後に一緒に生活する親のセッション参加も必要でしょう。

　LSW の実施が必要な子どもが選定されると，子どもの状態が図 9-2 の「喪失サイクル」のどの段階にいるのか，アセスメントします。いずれにしても，子どもが落ち着いて生活しており，ここで安心して生活できるのだと見通しを持っているときに実施すべきです。

## 2. 実施者

　児童福祉司，児童心理司，医師，保育士，児童指導員，家庭支援専門員，里親支援機関職員などが考えられます。毎回セッションを担当する実施者は，子どもの日常のケアをする直接処遇職員でなく，少し離れた立場の人が望ましいです。なぜなら，直接処遇職員はセッションの場に同席して，子ども自身の揺れを受け止める役目をしてほしいからです。そしてこの実施者は，セッションの終結まで同じ人が実施します。

## 3. 実施体制

　セッションは 1 回 40～90 分程度と，その子どもの発達や集中度・取り組み姿勢などによって違います。月に 1～2 回（年少の子どもで週 1 回の実施例もあります）定期的に実施し，セッション回数は 5～10 数回，なかには 2 年間実施することもあります。子どもに個別に実施し，主たる実施者と直接処遇職員との 3 人で行うことが理想です。

　児童相談所と施設との連携は必須です。里親委託児童に行う場合は，児童相談所か里親支援機関の職員が実施しますが，子どもの気持ちの受け止め役である里親へのサポートは欠かせません。また，実施者に対するスーパーバイザーがいることが望ましいです。計画会議どおりには進行しませんので，常に関係者で協議し，計画の変更を含めた柔軟な対応が望まれます。さらに，セッションの進行と同時に日常生活場面でも，子どもの気持ちの揺れに対する心理的サポートは重要です。

# **4.** 実施の流れ

## （1）　実施検討会議

　対象となる子どもが選定されると，実際に実施可能か，実施検討会議を行います。そこでは，子どもの生活が安定しているか，トラウマが日常生活にまで影響を及ぼしていないか，実施することにより大きく不安定にならないか，などのアセスメントをします。

## （2）　情報収集

　子どもの生育史など情報収集を行い，足りない情報は集めます。戸籍謄本・附票（親の住民票はどこにあり，実際にそこに住んでいるのかなど，調査することもあります）を取ることは必須です。母子手帳はあるのか，赤ちゃんのときの状況について聞ける人はいるのか，「父母が知り合ったからあなたが生まれた」物語をつぐむことができるか，などです。

## （3）　計画会議

　実施が可能となったら，関係者（児童相談所の担当児童福祉司の参加は必須です）で計画会議を開きます。実施者は誰にするのが適当か，セッションの頻度と回数とその実施内容，1回の時間はどれくらいが良いか，実施の目標（ゴール）は何か，実施場所はどこか，リスクは何か，その際にどう対処するのか，子どもへの導入，説明はどうするのか，新たな真実の告知が含まれる場合，どんな言葉で子どもに伝えるのか等々を話し合います。

## （4）　保護者の了解

　保護者に連絡が取れる場合など，了解を取る必要がある場合はアプローチしますが，その説明の仕方は創意と工夫が必要です。その真実の告知が，子どもにとってこれから生きていくのにどれだけ必要なのかを，熱意をもって，しかし保護者のストーリーを聞かせてもらう態度であたらねばならないと思います。そこでは，ソーシャルワークの「価値」が重要です。

　たとえば，「仕事で忙しいということにしてほしい」という受刑中の親に，

「お子さんにショックを与えないようにとのお気持ちはよくわかります。でもいつか，お子さんは知ります。知ったときに，親もみんなも嘘つきだったとお子さんが思うかもしれません。今，お子さんに真実を話したほうがいいと思いますよ。お子さんが聞いたときのショックや動揺は，職員で受け止めますので」と説得してほしいと思います。

## (5)　セッション

　セッションの実施，導入で子どもに説明同意の時間を取ります。セッションの初期は子どもの「現在」からスタートします。学校生活で楽しい授業，苦手な授業，どんな友だちとどんな遊びをしているか，ここでその子どものストレングスを自身が体感できるよう，エピソードとともに取り組みます。自分の力と他者の力（これまで誰かに助けてもらって生きてきた体験を共有するなど）を体感し，それを土台に安心安全の場を構築します。

　その後，少しずつ，点滴のように「過去」のストーリーを話し合っていきます。知らなかった真実の告知をセッションで実施した後は，振り返りをしながら感情のワークなどを行い，内面化（この話が子どもの気持ちにすとんと落ちることを目指します）を図るようにします。最後は，「未来」について自分で語る場を作ります。これまでの過去は変えられないけれど，未来は自分の手で作っていけるのだという感覚を持てるよう，援助します。将来，困った際に SOS を出せる人や，連絡先を書いてみることも，ワークのひとつです。

　セッションを進めるうち，子どもが明らかにやめたい意志を表示した場合は，無理に進めるのではなく，いつでも実施の用意はあるよと説明し，中断するかどうかは子どもの決定に従います。LSW は強制するものではありません。また，いったん終結してから，アフターフォローとして，振り返りの機会を持つことも有効でしょう。

## 5. まとめと補足

　以上，セッション型 LSW の手順などを示しましたが，一人の子どもに実施するのに非常に手間暇のかかるものです。熱意のある一部の職員だけで実施できるものではなく，組織の長がその価値を認め，勤務体制に組み込む必

要があります。

　また，セッションの場だけで完結できるのではなく，日常場面で子どもの動揺などを受け止める土台として，子どもに関わる全職員が一体となって支える体制が必要です。しかし，実施した子どもからは，「やってよかった」「もっと勉強頑張っていい学校に入ろう」「面会がなくて見捨てられたのかと思ったが，面会に来られない所にいることがわかってほっとした」などの声があり，実施職員からもやりがいを得た，普段から子どものライフストーリーを見据えた支援ができるようになったなど，良い面が出ています。

## ■ 第3節　子どもの背景に合わせたストーリー

　子どもの背景はそれぞれ違っています。その子どもに合わせたストーリーを意味づけていくことは，知恵と工夫が必要です。比較的困難な背景の子どもの実施に際して，それを説明する言葉の例を挙げてみました。しかし，それぞれの子どもの状況（背景や精神的安定度，発達段階を考慮した理解度，親の了解など）に合わせて，実施者が納得できる（知的だけでなく感情レベルでも）言葉を独自に考えてください。

### 1. 棄児の場合

　たとえば，こんなストーリーはどうでしょう。

　「あなたのお母さんはあなたを産んで，自分ではどうしても育てられないと思ったんだけれど，死んでもいいとは思わず，誰かに見つけてほしいと思って，公園のベンチに置いてくれたのよ。きっと，育てるのに助けてくれる人もいなくて，お金もなかったのかもしれない。でも，風邪を引いてはいけないと，おくるみとバスタオルで二重にしてあったのよ。自分では児童相談所へ行くことは，敷居が高かったのかもしれないね。そして，あなたを発見した人は○○さんで，一度会ってみる？」という感じである。

　「捨てられていた」のではなく，「見つけてもらうために置いてくれた」と表現するなど，工夫が必要です。そして「あなたが悪かったのじゃないよ」というストーリーを加え，親にも事情があったのだろうと話すのです。

## 2．親が精神疾患を持つ場合

　精神疾患といってもいろいろあります。もしうつ病なら，「お母さんは心の病気があって，しんどかったんだと思う。この病気は体を動かすことがとてもしんどく，重くなると寝てばかりというふうになるんだ。自分の病気のせいで，お母さんは体を動かすことができず，子どもを世話することができなかったんだと思うよ」というふうに話せるかもしれません。その病気の特性を調べて，それに合った事情を説明します。あるいは，精神科医にその病気について，子どもに説明してもらうこともあります。

## 3．親が覚せい剤使用のため受刑中の場合

　「お父さんは心がしんどくなって，使ってはいけない薬を使ったんだ。日本の法律で禁止されているので，警察が取り締まって，今，その薬を使わないで生活できる方法を勉強中なんだよ。勉強期間は3年間と聞いているので，その間は，面会にも来てもらうことが難しいんだ」と説明できます。

## 4．親が行方不明になっている場合

　たとえば，5歳までは面会に来ていた父母が，その後来なくなった例を考えてみましょう。「5歳のときに来ていたお父さんお母さんのことを覚えているかい？　生まれたときは，この母子手帳に書いてあるように成長が早かったって。たぶんお母さんが書いてくれたんじゃない？　乳児院でお父さんお母さんが面会に来ていたとき，いつもお父さんのほうが抱っこしていたんだね。5歳の面会を最後に，2人に何かあったんだろうね，それから面会に来てないんだよ。住民票という住所を調べたものがあるんだけれど，その住所も児童相談所の人が行って調べてくれたけれど，別の人が住んでいたんだ」など，肯定的な情報を入れて伝え，あなたのために，児童相談所も親の住所地に行ってくれたということを伝えます。

## 5．その子どもが近親相姦で出生している場合

　この事情は，子どもに話すのに非常に困難な例です。どんな場合でも嘘は良くないので，真実をもとにどう話すかを模索しています。近親相姦という

のは，たとえば兄（中2）と妹（小6）が性行為をしてしまい，子どもを妊娠し，出産に至ってしまった事例とします。「思春期の男子は性衝動が旺盛なのは普通のことです。そんななかで妹と同じ部屋で寝ていたため，そばにいた妹と仲良くなり，性行為（年齢により「赤ちゃんができる行為」と表現）をしてしまったと思うよ。兄妹のお父さんお母さんは仕事が忙しく，きちんと子どもの世話ができていなかったようだね。でも，法律で兄妹は結婚できないと決められているので，家庭であなたを育てることができず，乳児院という，安心して育ててもらえるところに行ったんだよ。そのときは，兄のほうは妹と性行為をするという法律違反をしたので，きちんとした生活をする勉強のために別の施設に行ったんだよ。あなたは何も責任を感じなくていいんだよ。そして，人はいろいろな生まれ方があるし，これもそのひとつの生まれ方だよ。生まれた命の尊さは変わらない。でも，他の子どもに話すときには，びっくりしたり，理解できなかったりするかもしれないので，その時は先生に相談してね」というストーリーはどうでしょうか。

## 6. その子どもが強姦で出生している場合

　強姦というのは，母親がそう訴えている場合が多く，実は知り合いの男性だったりすることもあります。通りすがりの男からの強姦で子どもが生まれるというのは，少ないケースでしょう。

　「世の中には，時々愛情がない場合でも，男女が性行為をしたら妊娠し，赤ちゃんが生まれることがあるんだ。あなたのお母さんは，知らない男の人から無理に性行為をさせられ，あなたが生まれたと言っているんだ。あなたには何の落ち度もないよ。人は誰でもみんなかけがえのない命を持っているんだ。お母さんはあなたを産んでくれて，そして自分では育てられないと思い，でも大切に育ててもらおうと思って，乳児院にあなたを託したのよ」。実際にこのように話し，お母さんはふしだらな女ではなかったと思った子どももいます。

　なお，上記5，6については，発達年齢が10歳以上でないと理解するのは困難でしょう。これ以上のストーリーは，読者の皆さんがオリジナルに作ってみてください。

第 **4** 節　セッションで取り入れられるさまざまなワーク

## 1. ライフストーリーブックを作る

　LSW のセッションでライフストーリーブック（以下，ブック）を作成していくことは，それだけで癒やされる効果があります。ブック作りは必須ではありませんが，ブックに，LSW のセッション中に取り組んだ現在の自分自身についての内容，過去の出来事やそれにまつわる感情，未来についてのメモなどを記載しておくと，子どもが社会的養護を離れるときに自身の記録として持っていけますし，また，2 回目の LSW を実施する際に作成したブックを振り返ることにより，復習することもできます。

　2009 年に筆者と大阪ライフストーリー研究会は，イギリスのブック（Camis, 2001）をもとに，日本版ライフストーリーブック（才村，2009）を出版しました。それは，記入式ノートになっていますが，この様式を実際にセッションでは必要なものだけをコピーして使う，あるいはこのブックをモデルにクリアファイルかバインダーを用意し，実施する子ども自身のオリジナルなブックを作成してもよいでしょう。ブック作成の際には，事実と感情の両方を扱うことが重要です。過去に起こった出来事を書き，それに対する気持ちを言葉や絵で表現することも，セラピューティックな効果が期待できます。

## 2. 6 つのボックス

　図 9-3 のように，6 つの箱の中には何を入れてもいいのですが，セッションを開始する際にそれぞれこのボックスを完成させて，子どもと大人が対等な関係でお互いに自己紹介します。ボックスに誰でもすぐに取り組める内容を入れて，少しリラックスする雰囲気を作りましょう。「今日の元気度は 1 ～10 の番号でいうと何でしょう」と聞きます。たとえば，3 と答えた場合は，「3 って少し元気がないんですね，それはどうして？」と話を展開します。

## 3. エコマップ

　子どもを中心に置き，周りにランダムに関係している人たち，機関を子ど

| 自分の名前の感想 | 好きな食べ物 | 行ってみたいところ |
|---|---|---|
| 今日の元気度 1〜10 | 苦手なこと | 得意なこと |

図9-3　6つのボックス

もに書いてもらい，話を展開していきます。子ども自身が書くことにより，その距離感や大きさなどで，親密な関係なのか疎遠なのかなど，アセスメントできます。また，現在の子どもの生活環境について知ることができます。子どもが書けない場合は，実施者が子どもの話を聞いて，代わりに書いてもよいでしょう。

## 4. 3つの親

　図9-4に示すように，親には三つの役割があります。「生みの親」は子どもに命をプレゼントしてくれた人であり，ルーツとしての役割があります。「法的責任を持つ親」は，児童相談所が安心，安全な施設へ措置してくれたことも，法的責任により行ってくれたことでしょう。「養育をする親」は，毎日の世話，つまり衣食住や学校に行かせるなどをしてくれています。

　社会的養護のもとで暮らす子どもは，それぞれの親の役割を「3つの親」で分担して，しっかり果たしてもらったのだと体感できるよう，子どもとともにワークを行います。(Ryan & Walker/邦訳, pp.79-82.)

図9-4　3つの親

## 5. 親への感情

　親に対して，どんな感情を

表9-1　親に対する四つの感情

| 好き | ちょっと嫌い |
|---|---|
| 面会来てくれてうれしい | 約束守らないのはいや |

持ってもいいんだということが体感できるよう，親に対する四つの感情を表にするのをサポートします（表9-1）。相矛盾する感情を持つことは普通のことなんだと，子どもが理解できるようになることが目的です。

## 6．親に似ているところと似ていないところ

　子ども自身が親のアセスメントをできるよう，サポートします（表9-2）。子どもが親と同じように，自分の子どもを育てられないようにならないか，心配している場合もあります。そこで，自分と親は生物学的に似ているところもあるけれど，親が社会的養護を受けていないのなら，自分は退所後もアフターケアを受けられること，今後SOSを出せることなど，理解できるよう支援することがポイントです。

表9-2　親と似ている／似ていないところ

| 似ているところ | 似ていないところ |
| --- | --- |
| 顔，耳の形，手の指の長さ，背の高いところ，短気なところ | SOSを出せる，施設に入所し，退所後もサポートを受けられる |

## 7．家系図（ジェノグラム）

　子どもが知っている人だけを登場させる第1段階の家系図の作成と，子どもが知らない人までも（告知してよい段階かどうかのアセスメントは必要）登場させる，第2段階の家系図作成のワークがあります。また，家系図そのものの理解が乏しい子どもには，まず，『サザエさん』の家系図をネットからダウンロードして，理解してから始めるのがよいでしょう。

## 8．地図と移動

　これまで，子どもがどのように居所を移動してきたのかについて，地図を用意し，子どもと一緒に移動の変遷をたどってみるワークです。子どもの移動範囲に応じて，市町村，都道府県，日本全土，アジアなどを用意します。生まれた所からスタートし，矢印でたどっていきます。それぞれの移動の理由がわかれば子どもと共有し，子どもの記憶がある場合は，その移動の感想なども聞いていきます。その地図をブックに貼りつけることも有効でしょう。

## 9. 自分の年表を作る

小学校低学年くらいであれば，出来事を駅に例えて，線路と駅でこれまでの人生の年表を作成します。高学年以上であれば，何年に何が起こったのかを表にして年表を作ります。このワークはセッションのまとめの段階で，振り返りながら行うとよいでしょう。

## 10. 秘密のシール

ケイティー・レンチとレズリー・ネイラー（Wrench & Naylor, 2013/2015）は，「不適切な情報までも見境なく友人などに開示してしまう危険性がある子どもに有効」なワークとして，「秘密のシール」を薦めています。「人には生育歴にまつわることで，他人には知られたくない事柄があるものだ」と子どもに説明し，自分のストーリーの隠したい部分に子どもが作ったシールで隠す作業を，実施者と一緒にする方法です。重要なのは，子どもに隠す部分を指示するのではなく，子ども自身が自分で考えて行うことを側面的に援助します。

## 11. その他のワーク

社会的養護のもとで暮らす子どもは，赤ちゃんのとき，乳児院にいた子どもも多いでしょう。そのような場合，セッションの1回は乳児院訪問を入れます。その他にも，昔住んでいたところや，会いたい人（たとえば昔一緒に住んでいたおばさん）に会いに行くなど，部屋から出て外出の機会を入れることも多いです。

　いずれのワークも，事実だけを告知するのではなく，子どもの感情を丁寧に扱い，アイデンティティを築けるよう，支援するために実施していくことが重要です。

 第5節 おわりに

LSWの理念や目的は2021年現在，日本でもかなり認知されてきています

が，その実践方法についてはさまざまです。ここに示したものが唯一であるとは言えません。今後，社会的養護の子どもたちへの実践を重ねていくなかで，効果的な実践の方法が定まってくるでしょう。

　虐待された子どもは，自分が悪い子だったから虐待されたのだという認識を持っている子どもが多く，最低限その認識は変えていかねばなりません。どんなことが，なぜ自分の家庭で起こったのか，自分は悪くなかったのだと，ライフストーリーを塗り替える必要があります。

　虐待された子どもだけでなく，生みの親から分離された子どもは，すべてLSW が必要です。その方法は，個別対応が充分可能な日常生活が保障されていれば，なにもセッション型でなくて日常生活のなかで，自身のライフストーリーを話し合う場があることが可能になるでしょう。しかし，LSW の理念や実践の歴史はまだ浅く，自分の生みの親の名前すら知らない，入所理由がわからないなどの，ライフストーリーが連続していない子どもたちは多く存在します。ひとりでも多く，子どもたちが生まれたことを肯定でき，ここにいることに納得し，未来を考えることができるよう，LSW の実践が広く進められることを願っています。

【文献】

Camis, J. (2001) *My Life and Me*. British Association for Adoption & Fostering.

Rose, R. & Philpot, T. (2005) *The Child's Own Story : Life Story Work with Traumatized Children*. Jessica Kingsley Publishers.（才村眞理監訳〈2012〉わたしの物語――トラウマを受けた子どものライフストーリーワーク．福村出版）

Ryan, T. & Walker, R. (2007) *Life Story Work*. The British Association for Adoption and Fostering（才村眞理・浅野恭子・益田啓裕監訳〈2010〉生まれた家族から離れて暮らす子どもたちのためのライフストーリーワーク実践ガイド．福村出版）

才村眞理編著（2009）．生まれた家族から離れて暮らす子どもたちのための――ライフストーリーブック．福村出版

才村眞理・大阪ライフストーリー研究会編著（2016）今から学ぼう！　ライフストーリーワーク――施設や里親宅で暮らす子どもたちと行う実践マニュアル．福村出版

Wrench, K. & Naylor, L. (2013) *Life Story Work with Children Who are Fostered or Adopted : Creative Ideas and Activities*. Jessica Kingsley Publishers.（才村眞理・徳永祥子監訳〈2015〉施設・里親家庭で暮らす子どもとはじめるクリエイティブなライフストーリーワーク．福村出版）

# 第 10 章

# ライフストーリーワーク実施の事例

　社会的養護で生活する子どもたちは，自分の生い立ちや家族のことを知らないまま，モヤモヤした気持ちや葛藤を抱えて生活している子どもが少なくありません。「私は誰なのか」「どうして家族と一緒に生活できないのか」「これからどうなるのか」など，たとえ過酷な事実であったとしても，自分自身や家族のことを知り，理解することが，子どもたちが成長する礎になると考えています。

　子どもたちが自己肯定感や自己効力感を育み，未来に向かって前向きに生きていくために，私たちは 10 年以上前から試行錯誤をしながら，ライフストーリーワークの実施を継続してきました。近年ではその必要性が全国的にも広まってきています。

　本章では，ライフストーリーワークはどんなことを子どもたちと一緒に実施しているのかについて，二つの架空事例でご紹介したいと思います。

## 第 1 節　養父からの虐待により児童養護施設に入所している事例

【新籾晃子】

### 1. 事例の概要

　木村健太，小学 5 年生男児。健太の母親は 17 歳で高校を中退し，飲食店に勤務。そのときに知り合った父親と，18 歳のときに健太の妊娠をきっかけに結婚。19 歳のときに健太を出生し，その後は 3 人で生活していましたが，父親から母親への暴言や暴力が，徐々にエスカレートしていきました。母親は行くあてもなかったため我慢をしていましたが，父親の投げたものが健太

に当たって怪我をしたことをきっかけに，健太が 3 歳のときに離婚を決意しました。

　離婚後は生活保護を受給しながら，母親と健太の二人で生活を始めましたが，母は友だちと遊び歩くことが多く，健太は母宅と祖母宅を行ったり来たりの生活でした。健太は落ち着きがなく，友だちとのトラブルも多かったり，一人で遅くまで外で遊んでいることもありました。

　健太が小 1 のときに母親が養父と再婚しました。養父は，落ち着きがなくトラブルも多い健太の状態を見て，男親として自分がしっかりしなければという思いが強く，暴力で健太にしつけをしていました。関係機関で支援，指導をしていましたが，健太が小 3 のとき，健太による金銭の持ち出しをきっかけに養父に棒で叩かれて怪我をしたため，児童養護施設に入所しました。

## 2. 家族構成

　家族構成は図 10-1 のとおりです。

## 3. 開始のきっかけ

　入所時には養父のことを怖がっており，帰宅も拒否していました。しかし，異父妹も生まれ，母，異父妹

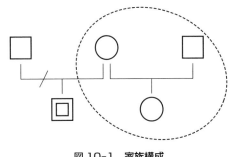

**図 10-1　家族構成**

との面会を始めると，健太も帰りたい気持ちが大きくなり，施設職員に「自分はもう大丈夫だから家に帰りたい」と話すようになっていました。

　健太には入所時にも入所理由は説明していましたが，健太は「自分が養父の言うことを聞かなかったから，自分が悪いことをしたから入所した」という思いを持ち続けていることを，施設職員も児童相談所職員も感じていました。

　健太は実父のことはほとんど記憶になく，養父のことを実父だと思っているようでしたが，母，養父が消極的だったこともあり，説明ができていないままでした。

　健太には，家族のこと，今までの生い立ち，養父が虐待をしてしまったこ

となどを理解するために，ライフストーリーワークの実施が必要であること
を施設も児童相談所も確認し，母，養父の同意も得ることができました。

## 4. 目標

　○ 健太が家族のことを理解する。

　○ 母と実父との生活，母の離婚後の母子での生活，母，養父との生活な
　　 どの変遷を確認し，健太の思いを汲みながら理解を促す。

　○ 入所理由について，健太のせいではないことを確認する。

## 5. 実施内容

　【頻度】

　3週間に一度のペースで実施。

　【実施者】

　児童相談所の担当児童福祉司。

　【実施場所】

　児童相談所で実施。そうすることで，現実の生活の場と離れること，施設
担当者と健太が二人だけで児童相談所まで行き来する時間に，ライフストー
リーワークについても話ができることの，二つのメリットがあります。

　【同席者】

　健太の意向を確認したうえで，すべてのセッションに，施設担当者が同席。
健太の気持ちに寄り添い，支える立場での同席をしています。

　【実施内容】

| | 参加者 | 内　　容 |
|---|---|---|
| 1 | 実施者・施設担当者 | ○ライフストーリーワークの導入<br>・健太に今までの生活，家族のこと，なぜ施設で生活しているのかを一緒に振り返り，ブックを作っていこうと提案。健太も「やりたい」と話す。<br>○自己紹介<br>・「6つのボックス」を使って，お互いの自己紹介をする。★1（図10-2）子どもが話しやすい関係づくりには常に配慮する。 |

| | 参加者 | 内　容 |
|---|---|---|
| 2 | 実施者・施設担当者 | ○オリジナルブックの表紙づくり<br>・健太の好きなキャラクター，シール，カラーペンなどを用意し，自分だけのブックを作る。楽しい時間を共有することでの関係づくり。<br>○家族について健太が知っていることを確認。★3（図 10-4） |
| 3 | 実施者・施設担当者 | ○今の自分の生活について<br>・健太の知らない事実や虐待の話もするなど，健太にとってはつらいこともあるため，施設での現在の生活について確認。今も施設職員，学校の先生，友だちなどに支えられ，安心して生活できていることを確認。 |
| 4 | 実施者・施設担当者 | ○家族についての説明<br>・健太は何となくわかっていたが，一緒に住んでいたのは養父であることを説明。実父母，養父，異父妹について名前，生年月日などを確認。<br>○ジェノグラムの作成　★2（図 10-3） |
| 5 | 実施者・施設担当者 | ○今までの変遷①<br>・父母の結婚，健太の出生を説明。しかし，父から母への DV があり，健太を守るためにも母は離婚して母子で生活していた。<br>・母はまだ自分の生活で精一杯で健太の養育が充分にできず。祖母が健太の面倒を見てくれたことも多かった。<br>→以上の説明と振り返り。健太も当時の断片的な記憶を話す。<br>○赤ちゃんのときについて<br>・赤ちゃんを育てることの大変さを健太と考える。母はうまくできないこともあったが，健太のことを一生懸命養育していたことを，母子手帳を見ながら説明する。 |
| 6 | 実施者・施設担当者 | ○今までの変遷②<br>・健太の記憶や思いを聞きながら，確認していく。<br>・母，養父が結婚し，3人での生活が始まる。母は3人で普通に生活したいと思っていた。養父は初めての子育てで，やり方がわからず，暴力になってしまった。児童相談所は健太の安全を守るために一時保護，そして施設入所を決める。入所後に異父妹が出生。 |
| 7 | 実施者・施設担当者・母 | ○入所理由　★4（図 10-5）<br>・実施者から，養父は健太をいい子に育てたいという思いが強く，やり方を間違えて暴力をふるってしまったこと，母も守ることができず，健太の安全を守るために施設入所になったことを再度説明。<br>・けっして健太が悪かったわけではないことも説明。<br>・母とは事前に打ち合わせをして，健太に伝える内容を確認したうえで，健太を守れなかったことを謝罪。また健太と生活できるように努力したいと伝える。 |

| | 参加者 | 内　容 |
|---|---|---|
| | | ・ケースワーカーが養父と面接をして，養父から健太への手紙を事前に書いてもらう。母から養父の手紙を渡す。養父から暴力について謝罪し，健太のことを大切に思っており，いつかまた一緒に生活したいとの内容。 |
| 8 | 実施者・施設担当者 | ○エコマップの作成<br>・家族，施設職員，学校の先生，友だちなど，健太の周りには健太を大切に思ってくれる人がたくさんいることを確認。<br>○施設職員からのメッセージカードもブックに貼る。 |
| 9 | 実施者・施設担当者 | ○これからのこと<br>・母，養父は健太が安心して生活できるように，児童相談所や他の人たちとも話し合ったり，勉強したりしている。いつか健太とまた一緒に生活したいと思っているが，まだ時間がかかることを説明。<br>・健太の将来の夢などを聞き，ブックに書く。 |

# 6. ブックの例

## (1) 「6つのボックス」

　ライフストーリーワークを始めるにあたり，実施者と子どもの関係づくりのひとつとして，自己紹介をするときに使用しています（図10-2）。

## (2) ジェノグラム

　健太は家族の写真があったので，確認しながら健太と一緒に写真を貼りました（図10-3）。写真のない家族は，イラストから選んで貼りながら，ジェノグラムを説明しています。

## (3) 家族についての情報

　家族の名前，生年月日，続柄などの正しい情報を確認していきます（図10-4）。

## (4) 入所理由

　健太の場合は，実施者がブックを作成し，ライフストーリーワークのなかで健太の思いも聞きながら，説明をしています（図10-5）。

図 10-2　6つのボックス

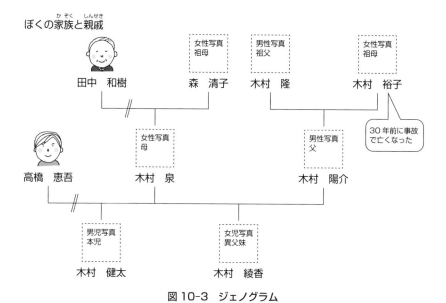

図 10-3　ジェノグラム

| 名　前 | 呼び名 | ぼくとの関係 | 誕生日・年齢 | 知っていること |
|---|---|---|---|---|
|  |  |  |  |  |
|  |  |  |  |  |
|  |  |  |  |  |
|  |  |  |  |  |
|  |  |  |  |  |

図10-4　家族についての情報

## 7. 実施後の考察

　健太は施設入所した理由を、「自分が悪かったからだ」と思っていましたが、再度、どんな理由があっても養父からの暴力は許されないことを説明しました。母親からの直接の謝罪、養父からの謝罪の手紙によって、健太も実感することができました。

　健太もなんとなくわかっていましたが、母親、実父、養父、異父妹のことを整理して説明をしました。実父のDV、母親の生い立ち、そのために養育が上手にできなかったこと、養父が気負いすぎて間違ったしつけをしたことまで、健太にわかる範囲で説明しました。そのうえで、今は健太が安心して生活できる家庭になるように、それぞれが準備をしていることは理解できました。

　施設職員にも同席してもらうことで、ライフストーリーワークだけでなく、日々の生活のなかでも施設職員が健太の思いを受容し、健太が疑問に思っていることなどを補足したり、セッションにも取り入れることができ、より深めることができました。

健太くんはどうして○○学園にいるのかな？

●お母さんは，5歳の時におじいちゃんとおばあちゃんが離婚して，おばあちゃん
と2人で生活していたよ。おばあちゃんは朝から夜まで仕事をしていて，お母さん
はあまり世話をしてもらえなかったし，さみしいなって思ってたんだって。だから
お母さんはおばあちゃんとけんかになることもあって，17歳の時に，1人で生活
を始めたんだ。学園にいる17歳のお姉ちゃんたちは高校に行っているよね。若かっ
たお母さんは1人で仕事をして，生活するのはとってもたいへんだったんだ。

●お母さんが18歳の時，健太くんのお父さんとお母さんは結婚したよ。
健太くんが生まれた時，健太くんはとてもかわいくて，お父さんもお母さんもうれ
しかったんだって。お母さんはあかちゃんだった健太くんにミルクをあげたり，お
むつをかえたり，じょうずにできないこともあったけど，いっしょうけんめいにお
世話をしたよ。でもね，悲しいことがあって，お父さんが時々，大きな声でおこっ
たり，お母さんをたたいたりしたんだ。ある日，お父さんがおこって投げたものが
健太くんにあたって，健太くんが痛くて泣いてしまったんだ。それでお母さんは健
太くんを守るために，お父さんとお別れすることを決めたんだよ。

（中略）

●お母さん1人で健太くんを育てることは難しかったけど，お母さんはお父さんと結
婚して，3人で幸せに生活したいと思ったんだ。お父さんも健太くんのいいお父さ
んになろうと決心したんだ。でもお父さんは，お父さんになるのが初めてだったか
ら，健太くんにいい子になってほしい，いろんなことができる子になってほしいと
思いすぎて，健太くんがうまくできないと暴力をしてしまったよね。つらかったよ
ね。健太くんも3人でいっしょにいたかったから我慢してたよね。だけどどんな
ことがあっても大人が子どもに暴力をするのは許されないことだから，健太くんを
守るためには○○学園で生活することに決めたんだ。
●今はお父さんもしんどい思いをさせたことをあやまりたいと思っているよ。
そして健太くんとまたいっしょに生活できるように勉強をしているよ。
（以下略）

子どもとのコ
ミュニケーショ
ンのなかで，説
明をしますが，
後で見返すこと
ができるように
ブックにも残し
ています。

図 10-5　健太の入所理由

## ■ 事例へのコメント
### ——安心・安全なライフストーリーワークは前向きに生きることへの支援となる

【才村眞理】

　木村健太君のライフストーリーワーク（LSW）実施では，たくさんの他の事例にも共通する LSW のポイントがあります。それは，以下のとおりです。

(1) LSW のセッションを実施できるかどうかについて，充分なアセスメントをしています。
(2) LSW の目標を的確に設定しています。この事例では，家族のこと，これまでの生い立ち，養父が虐待をしてしまったこと，養父は実父ではないこと，施設の入所理由について本児のせいではなかったことの理解，などで設定しています。そして，こうした目標を実施するために，健太君に真実を話せるよう，保護者へのアプローチを入念にしています。
(3) LSW の実施体制について，事前に話し合っています。健太君が LSW を実施することにより，精神的に動揺しても日常生活で支えられるよう，チームワーク体制を準備しています。
(4) LSW のセッション（ここでは，9 回のセッション）を安心，安全に進められるよう，入念に計画しています。
(5) 虐待を行った親を一方的に責めるのではなく，背景から説明しています。また，健太君が悪い子だから施設に入所したのではないということを，しっかりわかるよう説明しています。
(6) 未来は子どもが決めるのですが，考える場を作っています。
(7) セッションでは，単に話し合いだけでなく，さまざまなワークを行うことにより健太君が理解しやすいよう，工夫をしています。そして，ライフストーリーブック（ブック）を作成することにより，記録として保存でき，LSW の実施内容をいつでも確認することができ，2 回目の LSW を実施す

る際にも役立つようにしています。

　以上，七つのポイントを挙げました。LSW の実施は結局，事例へのソーシャル・ケースワーク力を高めることにつながります。そして，LSW の目指すところは，健太君が自己肯定感を高め，自らの健全なアイデンティティを形成し，力強く未来に向かって生きていけるよう，支援することです。子どもの生みの親を含めた，家族を理解することを支援する活動とも言えると思います。
　上記七つのポイントについて，もう少し詳しく見ていきます。

(1) LSW 実施が可能かどうか，子どもの発達の程度や精神的安定度，虐待のトラウマが日常生活に影響を及ぼさないかなどのアセスメントが，実施前に必要です。職員間のチームワークや児童相談所と施設との機関連携のアセスメントも重要です。健太君は小学 5 年生ですが，言葉の概念の理解度や，座ってどのくらいの時間ワークに取り組めるか，健太君自身のニーズはあるのか，などのアセスメントをしています。

(2) この事例の LSW の目標に，いつくかの真実告知が含まれています。「養父を実父と思い込んでいること」を修正するためには，養父，母親の了解が必要です。これには，親へのアプローチの仕方によっては，かたくなな拒否が解けない場合もあるでしょう。粘り強いソーシャル・ケースワークが必要です。いきなり了解を得るための話をするのではなく，「あなたのストーリーを聞かせてください」という態度で接する方法です。親のストーリーに耳を傾け，そうせざるを得なかった背景に共感すると，LSW における真実告知の親への了解は取りやすくなります。なにより，健太君に対して，養父を実父と思い込んでいること，施設に入所したことを自分が悪い子だったからと思っていることを修正する必要がある，という価値観を共有できるようにする必要があります。

(3) LSW の実施前に計画会議にて，安心，安全に進めるための実施体制を話し合います。実際に進める職員だけでなく，施設の職員で，日常生活のなかでどのように健太君を支えるのかについても話し合います。LSW で真実の告知があった場合，動揺するかもしれず，それはセッションだけで

支えられるものではなく，日常生活のなかで長い年月をかけて少しずつ受け止めていくものでしょう。そのため，日常生活に関わる全職員が健太君のLSWの進行具合を把握し，受け止める準備が必要になってきます。この事例では，3週間に一度の実施となっていますが，子どもの年齢や発達に応じて，2週間に1回や月に1回のペースで行うこともあります。

(4) 9回のセッションは計画どおりに進められるものではなく，途中での変更もありますが，大まかに各回にどんなことをするのかを考えておくと，実施者は安心して進められます。そして，いきなり過去の話をするのではなく，現在の話題から始めています。現在，健太君が一人で生きているのではなく，支えられる人たちがいることを実感できるワークを行い，また，LSWの場が健太君にとって安心・安全な場だと思えた段階で，少しずつ，点滴のように過去の話に入るのです。そして，家族についての告知も，一方的に進めるのではなく，健太君の記憶のある家族の話から進め，間違って記憶していることを今，告知しても受け止められるかをアセスメントしてから告知していきます。

(5) この事例では，実母や養父からの謝罪ということを可能にしています。これは，かなりソーシャルワーク力が必要です。必ず，LSWのプロセスに入れてほしいのは，「あなたが悪い子だったから施設に入れられたのではない」と説明することです。子どもは誰からも説明されないと自分のせいだと思い込むことが多いのです。しかし，親を責めろというものではなく，親の背景から説明しています。人間は悪い環境にいると良くない行為をしてしまうことがある，しかし，暴力や虐待行為は絶対良くない行為だと説明を入れています。

　ここで重要なのは，実父や実母は健太君の生みの親であり，健太君の生命誕生の土台です。土台を悪く言われると，健太君は自分も悪い人間だ，自分も父親のようにならないかと心配になってしまいます。実父や養父の状況と健太君の状況には違いがあるということ，つまり，健太君にはサポートする人間がたくさんいて，安全安心な生活ができているのだということを，強調する必要があるでしょう。

(6) LSWを実施すると，子どもは自身にこれまで何が起こったのか，なぜ親は虐待したのか，理解できてくるでしょう。入所理由がわかると，現在

ここにいることに納得し，未来を考えられるようになります。健太君はまだ小学生なので，遠い未来までは考えられませんが，自分がこれから何をしたいのか意見を言えるようになったかもしれません。親の状況がわかると現実認識ができ，すぐに引き取ってもらうことは無理だなとわかるかもしれません。健太君はここの施設で，これからどのように過ごしていこうかと，考えられるようになったことと思います。LSW の実施の方向性で間違ってはならないことは，「親が引き取るつもりだと言っているから，あなたも早く引き取ってもらえるように，施設での生活をもっと頑張りなさい」，という方向にしてはいけないということです。健太君の親がどういう状況にあり，親の事情の現実認識を持てるように援助することがポイントです。

(7) セッションに取り入れられるさまざまなワークは，言葉で充分表現できない健太君の気持ちを表現していくのに役立ったでしょう。「6 つのボックス」は同席した大人も参加し，それぞれ説明しますので，子どもと大人が対等な感じを持つことができます。

　「ジェノグラム」のワークはまず，子どもが知っている家族はどのような人たちなのかを確かめる必要があります。そのため「家族についての情報」の表に書き込みながら，確認していくことができます。その後，真実告知も含め，「ジェノグラム」を健太君と話し合いながら作成していくとよいでしょう。写真があると，よりリアリティをもって，その人物像に触れることができます。写真がないときは，インターネットからさまざまな人物の顔をダウンロードすることができます。

　赤ちゃんを育てることの大変さを具体的に理解できるよう，この事例ではワークを工夫しています。ここで「3 つの親」（190 ページ参照）のワークを実施し，それぞれの人が親の役割を分担していることを子どもが理解することが有効かもしれません。また，母子手帳がある場合は，有力な小さい頃の情報を提供することができます。

　「入所理由」については，説明が 1 回きりだと記憶が飛んでしまう恐れもあるため，説明した言葉をブックに貼り付けておくと，後になっても振り返ることもでき，中高生になってから二度目の LSW を実施するときにも役立つでしょう。

この事例ではセッションに母親を登場させています。これには，親の話が LSW の目標に合致している，子どものアイデンティティ形成の一助となる，などの見通しが立つことが前提です。そのうえで，親と綿密な事前の打ち合わせが必要です。健太君の母親は健太君を守れなかったことを謝罪し，今後一緒に生活できるよう努力することを伝えています。ソーシャル・ケースワークの方向と LSW の内容とが一致していることが必要です。

　「ブック」の作成は必須ではありませんが，多くの事例で取り組んでいます。今回は退所時に健太君に渡しますが，なくしたり，感情が高ぶって破ってしまうこともあるかもしれません。そのために，必ず，カラーコピーを取っておくことをお勧めします。

　以上，LSW の実施上のポイントを見てきましたが，それぞれの子どもの事情に応じた LSW の方法があるので，子どもの数だけ LSW があると言っても過言ではありません。健太君の事例から言えることは，虐待した親を責める方向で進めるのではなく，なぜ虐待に至ったのか，親の背景に注目しています。親自身もそういう背景のために，弱い部分が出てしまったのだという説明につなげています。しかし，「どんなことがあっても，大人が子どもに暴力をするのは許されないこと」と，しっかり価値観を入れているところに注目してほしいと思います。

　健太君は，自分の過去に起こったことについて知り，今ここにいることに納得できたでしょう。そして，過去の物語は変えられないけれど，未来は自分の手で変えていけるのだという，エンパワメントにつながっていけたらと期待しています。

## ■ 第 **2** 節　養育里親への措置変更をする事例

【新籾晃子】

### 1. 事例の概要

　中村ゆかり，5 歳女児。ゆかりの母親は，祖父母，伯母の 4 人家族で育ちました。祖父は仕事でほとんど家にいませんでした。祖母はアルコール依存で，機嫌の良いときと悪いときの差が激しく，母親は常に祖母の顔色を見ていました。また伯母より要領が悪かった母親は，よく祖母から叱責されていました。母親は高校卒業後，飲食店に就職し，20 歳のときに 15 歳年上の既婚男性とつきあい，ゆかりを妊娠しました。妊娠を知ると男性は連絡が途絶え，行方がわからなくなりました。

　出産後，伯母の援助と関係機関の支援を受けながら，母親が在宅でゆかりを養育していましたが，母親は少しずつ精神状態が不安定になっていました。母親の調子が悪くなり，ゆかりの世話が充分にできず，さらに伯母や関係機関を拒否するようになっていました。そのため，ゆかりが 8 カ月のときに，児童相談所により職権一時保護，乳児院に入所，2 歳時に児童養護施設に入所しました。

　その後，母親は双極性障がいと診断されました。生活保護，医療機関での治療，精神障がいサービスの利用などにより，母親自身の生活は何とかできるようになりましたが，乳児院への定期的な面会も難しく，ゆかりの養育は今後も長期にわたり困難と思われました。母親はゆかりへの思いはあるため，母親の面会も継続しながらゆかりの家庭養育を保障するため，養育里親への措置変更をすることにしました。

### 2. 家族構成

　家族構成は図 10-6 のとおりです。

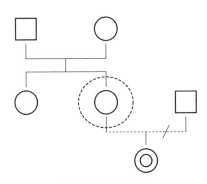

図 10-6　家族構成

## 3. 開始のきっかけ

　ゆかりの養育者は，母親と援助してもらっていた伯母から，乳児院職員，児童養護施設職員と代わっていき，さらに養育里親へと代わります。特に母親，伯母と里親の違いなどがよく理解できていないため，家族関係の説明，母親が養育できない理由などを説明する必要があると，児童相談所も施設職員も考えました。

　養育里親との交流も順調に進んでいるため，里親委託までにライフストーリーワークを実施し，ブックを作成しました。ゆかりの年齢を考えると，すべてを理解することは難しいと思われ，今後，ゆかりが家族のことや里親家庭で生活することに疑問などを持ったとき，里親からも同じ話ができるように，作成したブックを里親にも説明することが必要と考えました。

## 4. 目標

○ ゆかりが家族のことを理解する。

○ 母親がゆかりを養育できない理由を説明する。

○ 母親と伯母，乳児院職員，児童養護施設職員は，これまでゆかりのことを大事に思ってきたこと，そしてこれから里親が家族としてゆかりを大切に養育してくれることを，ゆかりに説明する。

## 5. 実施内容

**【頻度】**

1週間に一度のペースで実施。

**【実施者】**

児童相談所の担当児童福祉司。

**【実施場所】**

児童相談所。

**【同席者】**

　施設担当者。ゆかりの意向を確認したうえで，すべてのセッションに施設担当者が，ゆかりの気持ちに寄り添い，支える立場で同席しています。また，生活のなかでもゆかりに補足してもらうことも依頼しました。

【実施内容】

| | 参加者 | 内　容 |
|---|---|---|
| 0 | 実施者・施設担当者 | ○ライフストーリーワークの導入<br>・今は施設で生活しているけれど，今，ゆかりに会いに来てくれている里親がゆかりと一緒に生活したいと思っていることを説明。お母さんのことや，今までのこと，これからのことをお話したい。先生と一緒に児童相談所に来てほしいと提案。ゆかりは「うん」と返事をする。 |
| 1 | 実施者・施設担当者 | ○ゆかりの父母のこと<br>・だれにでも父と母がいることから説明。★1（図10-7）<br>　→ゆかりは自分には父はいないと思っている。<br>・ゆかりの父母について説明<br>○ゆかりの家族や親せき<br>・ジェノグラムを確認 |
| 2 | 実施者・施設担当者 | ○これまでの変遷①<br>・ゆかりの出生，赤ちゃんだったときの様子を説明<br>・在宅での母や伯母との生活について説明<br>・乳児院への入所理由について<br>　→母の精神疾患により，養育が難しくなったことを説明。母はゆかりのために世話してくれる大人のいる乳児院に預けた。母の病気については絵本も利用。 |
| 3 | 実施者・施設担当者・乳児院の元担当者 | ○これまでの変遷②<br>・乳児院での生活の振り返り<br>・児童養護施設での生活の振り返り<br>　→どちらも，養育できなかった母の思いを受けて，職員が大切にゆかりを養育してきたことをゆかりが実感。 |
| 4 | 実施者・施設担当者・里親 | ○これからの生活<br>・里親家庭で里親の家族と一緒に生活していくことを説明★2（図10-8）<br>・里親家族の説明<br>　→里親にいろいろな写真を撮ってきてもらい，里親からも説明をしてもらう。 |
| 5 | 実施者・施設担当者 | ○私の応援団<br>・エコマップの作成<br>・乳児院職員，児童養護施設職員からのメッセージを確認しながら貼り付ける<br>　→母や伯母，今まで養育していてくれた施設職員，里親，幼稚園の先生など，いろいろな人がこれからもゆかりを応援してくれることを確認する。 |

## 6. 小さい子ども（幼児など）へのライフストーリーワークについて

　幼児へのライフストーリーワークの場合は，字を書くことなどが難しいため，実施者が絵本調に作成したものでワークを実施していることもあります。絵を描く，写真を貼るなどの作業を一緒にする場合もあります。

　幼児にもわかるように絵や写真を多用し，話の仕方にも工夫が必要です。それでも，多くのことを一度に理解するのは難しいと思われます。そのため，絵本調のブックを子どもが持つことで，今後も読み返したり，養育者などに聞くことができるため，有効と考えます。

　年齢が小さければ小さいほど，ライフストーリーワークに集中できる時間も短く，セッション間の空きが長いと忘れてしまうため，1週間に一度などの短いスパンで集中的に行うことが多いです。また，施設や里親家庭での生活のなかでも再度話をしてもらったり，子どもの疑問に答えたりすることも重要です。

## 7. ブックの例

### (1)　家族についての情報

　ゆかりの年齢に合わせて，ライフストーリーワークのなかで説明していますが，その内容でブックも作成しています（図10-7）。

### (2)　これからの生活

　母がゆかりを養育することができない理由を理解した上で，これから里親宅で家族として生活していくことを説明しています（図10-8）。

## 8. 実施後の考察

　ゆかりを里親委託する前に，実親やその家族について整理ができ，今後も母親であることに変わりはなく，いつでも会えることが伝えられました。ゆかりは母親への思いはあり，その思いも持ちながら里親家庭で生活できることが，ゆかりなりに実感できたと思います。

　母親の精神疾患について初めて説明することができ，母親はゆかりのこと

## ゆかりちゃんのかぞく

●だれでもみんな，
　おとうさんとおかあさんがいて，
　あかちゃんが　うまれてくるよ。

●ゆかりちゃんにも，おとうさんとおかあさんがいるよ。
　おかあさんのなまえは　なかむら　あつこ
　おとうさんのなまえは　きのした　ゆうじ

●ゆかりちゃんは，おかあさんのおなかの
　なかで，どんどんおおきくなって，
　おかあさんは，ゆかりちゃんがうまれて
　くるのをたのしみにしていたよ。

　でもね，おとうさんとおかあさんは，
　ゆかりちゃんが　うまれるまえに，
　おわかれしちゃったんだ。

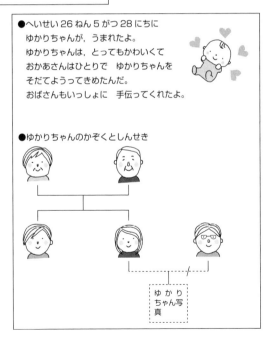

図 10-7　家族についての情報

## これからはどうなるのかな？

●ゆかりちゃんのおかあさんは，こころのびょうきで，

　いまもびょういんにいってるおはなしをしたよね。

　おかあさんのびょうきがなおるには，まだまだじかんが

　かかるんだって。それでね，おかあさんと○○さん

　（児童相談所のケースワーカー名）は，たくさんかんがえて，

　ゆかりちゃんにあたらしいかぞくになってくれるひとを

　さがすことにしたんだ。

　それで○○さん（里親名）が，ゆかりちゃんといっしょに，

　ごはんをたべたり，おふろにはいったり，あそんだり・・

　かぞくになりたいって，いってくれているよ。

　でもね，ゆかりちゃんはいつでも　おかあさんにあえるよ。

　おかあさんは，○○さん（里親名）のおうちで，ゆかりちゃんが

　たのしくせいかつできることをねがっているよ。

●○○さん（里親名）のかぞく

写真を見ながら里親家族を説明。里親から，それぞれの名前などを教えてもらう。

**図10-8　これからの生活**

を大事に思っているが，病気のためにゆかりの養育ができずに乳児院に入所したこと，これからも母の治療には時間がかかり，一緒に生活するのは難しいことが伝えられました。また，里親家庭での生活についての不安が軽減できました。

# ■　事例へのコメント
## ──出自を知る：自分はどこから来てどこへ行くのか

【鵜飼奈津子】

　私がライフストーリーワーク（以下，LSW）に初めて触れたのは，イギリスのメンタルヘルスクリニックに勤務していた頃のことです。

　当時，心理療法のためのアセスメントを経て，継続的に心理療法を行うことになった6歳の女の子が，二人の兄とともに，ソーシャルワーカーから，彼女たちの里親さんと一緒に，LSW を受けていたのです。そこでは，ソーシャルワーカーの主導でそれまでの生い立ちを振り返り，どうして実の親の元で暮らせないのかというお話や，これからは今の里親さんの元で生活をするのだといったお話をされていました。ちょうど，本事例のゆかりさんと同じように，です。そして，その LSW に一区切りがついたところで，兄妹それぞれが，それぞれに呈していた問題（身体症状や学校での不適応など）について個々に考える機会を持つために，心理療法を行うことが提案されたのです。こうして心理療法に紹介されてきたときには，彼女たちはそれぞれに，それまでの生い立ちや現在の生活の状況について，一定の理解を持っていたということになります。そして，心理療法を担当するそれぞれのセラピストたちも，それを前提に彼女たちと出会うことになりました[*7]。

　その後，第9章の執筆者の才村氏と当時の共同研究者が，「精子提供を受けて生まれた子どもの知る権利」をめぐる研究のためにイギリスを訪問された際，イギリスにいた筆者は，通訳としてさまざまな訪問先に同行しました。たとえば，精子提供を受けて生まれた子どもであることを，成人になってからあらゆる“偶然”とも言えるきっかけで知り苦悩している人。そうした状況を改善するために，出生証明書にその旨を明記するべきであるとの運動をされていた人[*8]。そこでは，自らの出自について，成人してから何らかのきっかけで知ってしまうのではなく，信頼のおける，責任ある大人から聞かされ

---

[*7]　本事例の詳細は，鵜飼（2012）を参照。

て育つことの大切さを痛感することになりました。

　また，筆者が 2008 年に日本に帰国後は，才村氏と本事例の執筆者である
新籾氏らが主催する大阪ライフストーリー研究会が，イギリスから講師を招
いて研修会を行われる際には，通訳として参加し，LSW に対する知見を深
める機会を得てきました。筆者は心理療法を専門とする者ですが，こうした
「事実を伝える」ことが基本である LSW と，「心の中のファンタジー」につ
いて考える心理療法の営みは，どこか車の両輪のようなものであり，いずれ
かに偏っていたのではその子どものウェルビーイングは達成できないと感じ
ています。

　たとえば，まだ LSW というものがなかった時代のイギリスで，子どもの
精神分析のパイオニアであるアンナ・フロイトは，ある事例を通して次のよ
うに述べています。「セラピストは，何が起こったのかについての詳細を，
丁寧に年齢に即して話すのを助けた。……ファンタジーを探索する前に，現
実について説明をすることでこの児童分析家は，この子どもが自分の体験に
ついて意味づけをし，それを言葉にすることができることの重要性を理解し
ていたのである」(Sandler et al., 1980)。現在では，こうしたことは LSW
を通して心理療法と並行して行われていることですが，アンナ・フロイトは，
子どもが事実に即した現実的な理解をしておくことの重要性を，早くから認
識していたと言えそうです。これはまた，私たちセラピストが，内的世界に

---

＊8　イギリスでは，2004 年に Human Fertilisation and Embryology Act 1990（HFE 法）
の改正（2005 年 4 月施行）がありました。精子提供（DC）を受けて生まれた人は，自
身のドナーについて氏名と住所まで開示請求ができる法律はすでありましたが，この法
律以前に出生した人は開示請求ができず，ドナーもわからないということです。イギリ
ス政府は，親からの告知なしに子どもが出生証明書を見て事実を知るのは良いことと
は言えず，むしろ子どもが幼い頃から育ての親が真実を話していくことが子どもの精
神発達には重要だという結論から，DC ネットワークの代表に，親の子どもへの告知の
ガイドを作成するよう，予算をつけて活動をさせました。その際にできた本が，
*Telling and Talking*（モンッチ，2011）です。しかし，筆者が同行した際にインタビュー
を受けてくださった方々のなかには，告知をされなくても知ることができるように，
出生証明書にその旨を明記すべきだとの意見をもっておられる方が少なくありません
でした。その後，オーストラリアのビクトリア州の 2008 年の法改正（2010 年施行）に
より，2010 年以降に生まれた子どもの出生証明書には，「ドナーを介して生まれた」旨
の記載がされるようになったとのことです。詳細は，才村（2008）を参照。

フォーカスしすぎることで見失ってしまいがちな視点でもあり，非常に重要なポイントだと思います。

さて，本 LSW の事例に対するコメントは，こうした一セラピストの立場から行うことを前提にしています。私自身は子どもに対して LSW を実践したことがなく，LSW を「外側」から見たものになるかもしれません。

まず，ゆかりさんのお母さんの生育歴と，お母さんがどのようにしてゆかりさんを授かり，そしてなんとかゆかりさんを養育しようとしていたこと，しかし，乳児院にゆかりさんを定期的に面会に訪れることが難しくなっていった背景について，思いを向けたくなります。

ゆかりさんのお母さんは，不在がちな父親（おそらく現実に不在であったばかりではなく，アルコール依存で不安定な母親の養育にゆかりさんと姉を任せたきり，そのこころも不在であったと言えるでしょう）と，現実には目の前にいても，自分のこころについて考えてくれるようなこころの機能が充分ではなかったであろう母親の元で育ちました。それでも，高校を卒業し就職するまでは，なんとか自分を保つことができていたようであり，それはこのお母さんが本来持つ力ではないかと思います。

しかし，妊娠という事態を引き受けきれない男性との間に，ゆかりさんを授かることになります。そして，自分自身が母親になるという状況になったときに，これまでお母さんを支えていたこころの土台が，徐々に不安定なものになっていったようです。

父親になることができなかった相手，これは自分自身の父親が不在であったことが再現されたような体験だったかもしれません。出産後はお姉さんの援助を受けていたということですが，父親や母親はこのときにはすでに連絡が取れない状況だったのでしょうか。また，ゆかりさんのお姉さんも，ゆかりさんと同じ環境下で育ってきているわけですから，こうした状況の妹を充分に支えることができるだけのこころのリソースを持ち合わせていなかった可能性が考えられます。いずれにせよ，ゆかりさんのお母さんには，こうした自身が育ってきた環境からは「母親として赤ちゃんをケアする」とはどういうことなのか，自分自身の体験をベースにした豊かなイメージが充分にはなかったであろうことが想像できます。

また，「このように赤ちゃんを育てたい」という理想のイメージは持って

いたかもしれませんが，それは自分自身が実際に受けてきた養育とはかけ離
れたものだったでしょうし，だとすれば，それを実際に行うのはとても困難
なことだっただろうと想像します。もしかすると，ゆかりさんのお母さんは，
実際に自分が母親になったとはいえ，どのように赤ちゃんであるゆかりさん
と向き合えばよいのかわからず，また，理想のイメージがあればあるほど，
それとのギャップに苦しんでいたのかもしれません。

　こう考えると，ゆかりさん自身の安定した育ちのためには，里親養育への
措置変更は必然であると思われますし，同時に母親が母親としてゆかりさん
と向き合っていくことができるように，それを支えるために母親とゆかりさ
んが面会を継続することもまた，大切なプロセスであると思われます。そし
て，これらを同時に行うためにも，ゆかりさんの混乱を整理し，状況の理解
を進めることが LSW の開始のきっかけになったということ，そしてその目
標は，理にかなっており，時宜を得たものであったと感銘を受けます。

　ゆかりさんの実際の LSW は，施設担当者が同席し，生活のなかでも補足
をしてもらうという依頼のもとに行われます。また，今後，里親さんからも
同じ話ができるようにと，作成したブックを里親さんにも説明することが必
要だとの認識が示されています。実際，里親さんは，第4回目のワークには
同席されています。

　こうした，児童相談所の担当児童福祉司と施設の担当者や里親さんとの協
働により，LSW が子ども本人にとってより重層的なものとなり，また，子
どもがネットワーク全体に抱えられる体験をすることになるという点は，施
設のなかで行われる心理療法がネットワーク全体に理解され，抱えられるこ
とで，より効果を発揮するということと同じだと言えるでしょう。つまり，
LSW も心理療法も，子どもの生活の基盤となるところ，すなわち施設，あ
るいは里親家庭，そして子どもを見守るさまざまな人々との協働があってこ
そ，その本来の力を充分に発揮することができ，子どもにとって有効な支援
になるということです。

　ゆかりさんのワークは，週に1回の短いスパンで全5回，集中的に行われ
ました。セラピストからすると，5回のセッションというのは非常に少なく，
子どもがそこでの体験を充分に消化して自分のものにしていくことができる
のだろうかと，とっさに感じてしまうものです。しかし，ブックがあること

で，「それを読み返したり，養育者などに聞くことができる」こと，また「里親家庭での生活のなかでも，再度話をしてもらったり，子どもの疑問に答えたりすることも重要」だと述べられています。つまり，5回のワークを行ったことですべてが終わりというのではなく，むしろこの5回のセッションは，ゆかりさんにとっての LSW の始まりにすぎないということなのだと思います。ゆかりさんはこれからの日々を，これら5回のワークの体験とブックを携えて，自身のライフストーリー，そしてお母さんについてしっかりと反芻し，考えながら人生を歩んでいくのでしょう。

　それでもやはり，「どうしてお母さんは自分のことを育ててくれなかったのか」「どうして私のお母さんだけが病気になったのか。病気にならずに自分の子どもを育てているお母さんは，いっぱいいるじゃないか」という思いと向き合わざるを得ないことも，将来，きっとあると思います。そのときは，もしかすると，お母さん自身の生育歴も含めた新たな LSW の出番になるのかもしれません。そして，そんな理不尽な思いについて，心理療法を通してセラピストとともに考える必要もあるかもしれません。しかし，ここで行われたゆかりさんの人生の基盤となる LSW があってこそ，これら将来の不安についても，むしろ楽観的に予測をすることができるように思います。それほど，幼い頃に行われる LSW というのは，その子どもの人生の基礎を作るものなのだと本事例を通じてあらためて確信しました。

## 【文献】

モンツチ，O. 著／才村眞理訳（2011）大好きなあなただから，真実を話しておきたくて ——精子・卵子・胚の提供により生まれたこと子どもに話すための親向けガイド．帝塚山大学出版会

才村眞理編著（2008）生殖補助医療で生まれた子どもの出自を知る権利．福村出版, pp.172-188.

Sandler, J., Kennedy, H., & Tyson, R. L.（1980）*The Techniqve of Child Psychoanalysis : Discussions with Anna Frevd.* Cambridge : Harvard University Press.

鵜飼奈津子（2012）子どもの精神分析的心理療法の応用．誠信書房

# 第11章

## 家族再統合の支援概説

【坂口伊都・河合克子】

### 第1節　はじめに

　認定特定非営利活動法人チャイルド・リソース・センター（以下，CRC）は，2007（平成19）年度より大阪府等の児童相談所（以下，児相）の委託を受け，親子関係再構築プログラム「CRC親子プログラムふぁり」（以下，プログラム）を提供しています。

　児相では虐待通告を受理後，子どもの安全確認と不適切な養育を具体的に把握し，養育経過や背景などを調査し，支援計画を立てます。親に対しては，虐待および不適切な養育であることを告知し，ときには子どもを家庭から離し，保護します。親側からすると，虐待をしていると宣言され，子どもを取り上げられることとなり，その事実に納得できない思いや被害感などが募り，混乱や怒りに翻弄されます。家族再統合には，親子関係をアセスメントし，親子関係再構築に向けた専門的な支援を行う必要がありますが，このような親の心象により児相の立場では支援が難いことも多いです。児相の児童福祉司として課題を感じていた宮口は，2007年に親子関係再構築支援を行う専門機関としてチャイルド・リソース・センターを創設し，以来CRCは児相とは異なる立場でプログラムを提供しています。

　プログラムで出会う親は，往々にして支援を求めているようには見えず，むしろ支援者を遠ざける言動が顕著です。経済的な状況も含めた日常のストレスを抱えている人が多く，子育てや自分自身を非難され，助けを求めることもできず孤立していたり，家族・親戚との関係やDVに悩んでいることもあります。過去には，被虐待の経験や，親としてのモデルを知らずに育っていたり，学校などでのひどいいじめを体験しています。そして，子どもには，

しばしば育てにくさを想像させるような様子があったり，親を求めながらも親の顔色を見ながら怯えているように見えます。

　最初からプログラムを肯定的に受け止める親はほとんどなく，自分の子育てや自分の存在自体が悪いと評価され，それで受けさせられるのだと怒りを感じていたり，児相からの紹介を断ると損をするとか，子どもを返してもらえないなど，否定的な感情を持っていることが多いです。プログラムのファシリテーターは親に，自身を責められる場ではなく，子育てを一緒に考えていく場であるとわかってもらうことから始めます。

　本章では，プログラムの概要と，そのなかで展開される親子への働きかけと変化，親子を支える関係機関との連携について紹介します。

## 第2節　「CRC 親子プログラムふぁり」の概要

　「CRC 親子プログラムふぁり」は，宮口がカナダの非営利団体 PACIFIC CENTRE family services association（https://www.pacificcentrefamilyservices.org/）による「ファシリテーターと親子との関係性をベースに，親子に直接働きかける支援」を，当時児相で出会う親たち（養育モデルを持たない，孤立した親たち）にとって最適な支援だと考え，それを参考に開発しました（性的虐待の親は対象としません）。

　心理教育プログラムに分類される本プログラムは，家族の成長発達を支援することを目指し，親子が一緒に暮らすことのみをゴールにはせず，子どもが自らの存在を肯定し，親が子どもにとって安心な存在でいること，子どもにとっての安心の基地について親とともに考える過程そのものを重視しています。

### 1. プログラムの対象者

　本プログラムは，虐待を受けた子どもとその親を対象とする，親子一組ごとの個別プログラムです。子どもの年齢は乳幼児から小学校低学年で，乳児院，児童養護施設，里親宅で生活する子どもが約8割を占め，親と暮らしている子どもは2割程度です。

## 2. プログラム全体の流れ

　プログラムは 2 週間に一度，同じ曜日，時間，場所（児相や乳児院）で行い，10 回のプログラム終了後，フォローアップを 2 回設けています。プログラムは「親時間」「子時間」，および親子で過ごす「親子交流時間」の三つの時間で構成されています。

　初回プログラムの前に，児相の担当者（児童福祉司）から紹介された親にプログラムを説明し，参加意思を確認する事前説明があります。参加意思を示した親には児相が関わった経緯を尋ねますが，不適切な養育として告知された内容や子どもの入所経過などについて話せる親もいれば，同席している児童福祉司が話す場合もあります。ファシリテーター（以下，Fa）にとっては，プログラムの後半に不適切な養育について親と対話をするために重要な場面です。加えて，児童福祉司から，なぜプログラムを紹介したのかを話してもらい，また，親にはプログラムに対する不安や修了時に自身がどうなっていたいかと問いかけ，目標を意識できるよう工夫しています。

## 3. 毎回の流れ

　親は子どもより 30 分程度早く来所し，Fa と親時間を行います。子どもが施設職員や里親と到着すると，皆でプレイルームに入室し，子どもの出席カードと親のスケジュール表にシールを貼り，親と親担当 Fa は親時間の続きを行うために元の部屋へ戻ります。子どもはプレイルームに残り，子ども担当 Fa とともに遊びます（子ども時間）。

　30〜40 分程度で親時間を終えた親と親担当 Fa は，プレイルームに再入室し，そこから親子交流時間となり，皆で過ごす様子をビデオで撮影します。40〜50 分程度の親子交流時間は室内遊びが中心ですが，簡単なクッキングや散歩もします。最後のおやつタイムでは，親子とともに Fa 2 人もおやつを食べます。その後，子どもに話すかたちで，カレンダーで次回を確認します。そして，待っている施設職員や里親のもとへ全員で移動し，親とともに子どもを見送り，その後 Fa が親を送り出して終わります。親が来所してから帰るまで，約 2 時間です（図 11-1 参照）。

　親子が同居している場合は親子一緒に来所しますが，その後の流れは同じ

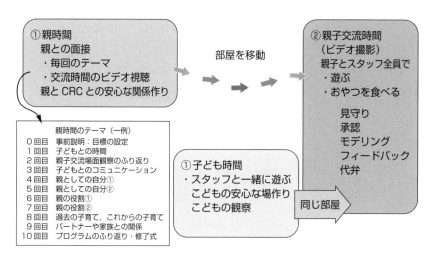

**図 11-1　プログラムの構造**

です。乳児院で行う場合は，親が到着してから 5〜10 分程度 Fa と親が話してから親子交流時間を行い，その後に親時間を行う順序になります。子ども時間はありませんが，内容は大きくは異なりません。

## 4. 各時間のねらい

　Fa には親担当と子担当がおり，親時間は親と親担当 Fa が，子ども時間は子どもと子担当 Fa が，親子交流時間は全員で過ごします。乳児院では主担当・副担当となりますが子ども時間がないので，親子交流時間，親時間ともに両 Fa が同席します。

### (1)　親時間でのねらい

　親時間には，以下の① 〜④ の四つのねらいがあります。親時間には毎回テーマがあり（図 11-2），テーマごとのワークシート（CRC が開発したシート）を用いたり，ビデオで撮影した親子交流時間の映像を活用する回もあります。

```
┌─────────────────────────────────────────┐
│            親時間のテーマ（親子によって修正）              │
│  事前面接：目標の確認　子どもについてのインタビュー             │
│   1回目：子どもとの時間　アンケート                    │
│   2回目：親子交流場面観察のふりかえり　アンケート続き          │
│   3回目：親子交流場面観察の視聴                      │
│   4回目：視聴の続き　子どもを知る                     │
│   5回目：親としての自分①                         │
│   6回目：親としての自分②                         │
│   7回目：親としての自分③　「安心感の輪」の図について           │
│   8回目：虐待行為について                         │
│   9回目：パートナーとの関係                        │
│  10回目：プログラムのふりかえり                      │
│        親としてのこれから　修了式                    │
│  フォローアップ　　プログラムを思い起こし　今は…            │
└─────────────────────────────────────────┘
```

**図 11-2　親時間のテーマ**

## ① アタッチメントの視点で親を理解し支える

　プログラム全体を通じ，アタッチメントの視点で親子の観察や理解を行います。親時間では特に親自身の安心の基地の状態，また，親の子ども時代の安心の基地の状態も知り，親の理解に努めます。たとえば，不満や不信を強く表して攻撃的である，あるいは連絡に応じないなど，親の課題とされる言動の背景にあるアタッチメント欲求から，親の恐れや不安を推測します。

## ② 親の感情調整*9 を行う

　特に，親のネガティブな感情への調整を行います。たとえば，開始時間よりもかなり早くに到着する，遅刻する親は，両者ともに緊張や不安などを抱えていると考え，連絡を承認し，出会いでまず労います。親にとってはプログラムに参加することが大いなるチャレンジであり，非常に勇気が必要なことだととらえる姿勢を保ちます。また，親子交流時間では，子どもとどう接すればいいかなどの不安や子どもに怯える気持ちをキャッチし，その背景にある親としての思いを知り，寄り添います。

---

*9　Bowlby, J. はアタッチメントの最も中心にある機能について，苦痛や恐れなどの不安の感情の調整としました（数井，2007）。

### ③ 子どもの欲求についての心理教育を行う

　安心感の輪（COS）の図（Cooper et al., 2010 参照）などをもとに，子どものアタッチメント欲求や探索欲求について，親に解説します。そして，親子交流時間などのプログラムでの様子や自宅で暮らしていた頃の子どもの欲求について，親とともに考えます。また，子どもの欲求を支える親の役割についても伝え，自身のこれまでやこれからの親としての役割について対話します。

### ④ 親自身の子ども時代を振り返り，養育への内省を促す

　バイオグラフィーの視点を持って親子のこれまでの育ち，人生を振り返り，親子のリソース（力や可能性）を親とともに探し，見つけます。未来への希望についても対話します。そして，そのプロセスを通し，自身の養育への内省を行うよう親に働きかけます。

### (2)　親子交流時間のねらい

　親子交流時間では，親子で楽しい時間を体験するよう両 Fa が親子を見守り，それぞれの体験に寄り添いながら，子どもの気持ちを代弁するモデルとなるよう子どもへの応答を行い，親が子どもの欲求に気づいたり適切に対応できた際にはフィードバックし，承認する，など働きかけます。徐々に子どもの安心の基地の役割を，親に渡していくことも重要となります。

　なお，プログラム終了後，両 Fa は親子交流時間のビデオを視聴し，その場では気づかなかった親子の言動を発見します。また，親が親時間で語った内容や，親子交流時間と子ども時間での子どもの様子や違いなどを共有し，アタッチメントおよびバイオグラフィーの視点を活用して繰り返しアセスメントを行い，理解を深めます。

### (3)　子ども時間のねらい

　子ども時間では，まず Fa が子どもをリラックスさせるような雰囲気を作り，子どもを観察し，子どもの探索を支える安心の基地になるように関わります。そのような子ども時間を通して，親子交流時間で親と過ごし，遊ぶという子どもの探索を支えます。

## 5. アセスメントについて

　第Ⅰ部アセスメント編および各時間でのねらいに記述したように，プログラムの柱にはソーシャルワークと並んで「アタッチメント」「バイオグラフィー」の視点があり，アセスメントについてもその視点は欠かせません。

　アセスメントはプログラム全体を通して行いますが，① 子どもに関するインタビュー，② 子育てアンケート，③ 不安尺度に関するアンケート，④ 施設職員や里親に行う子どもに関するインタビュー，⑤ 親子交流場面観察（親子だけで行う構造化された遊びと，親の入退室の撮影）には，特に注目して行います。本プログラムでは，アセスメントは支援を組み立てるためだけでなく，子どもと親の真のニーズを理解するためにも必要不可欠であると考えています。

　① 子どもに関するインタビューは事前説明で行い，子どもの胎生期から今に至るまでを親にインタビューします。名づけに込められた想いやその経緯，気に入っている親子の出来事など，事実のみならず親は子どもについてどう語り，どのような心象を抱いているかに注視しているため，子どもの生育歴の聞き取りとはおおよそ異なった内容となっています。

　② 子育てアンケート，③ 不安尺度に関する各質問紙は，プログラム初回，および終了時，さらに次年度のフォローアップで実施し，結果を親とともに確認します。また，それらをもとに心理所見を得て，アセスメントの助けとしています。

　④ 施設職員や里親に行う子どもに関するインタビューでは，日常生活での様子や，強みと感じるところや気になるところ，あるいは学校・園での様子，子ども同士や大人との関係の持ち方，親との交流時の様子について聞き取り，それらを踏まえてプログラムでの子どもの様子を観察します。

　⑤ 親子交流場面観察は，プログラム初期に親子だけで遊ぶ構造化された場面（指定したいくつかの遊びを行う）と，親の退室，再入室の場面を撮影して行います。この親子交流場面観察では，互いの快適さや遊びを楽しめるか，親の手助けや失敗時の支えや慰めについて，また，おもちゃなどの片付けの際には，協力やコントロールなどの関係について観察します。身体的接触や再会時の親子の言動についても観察し，総合してアセスメントを行いま

す。なお，これらの映像を視聴したときの親の感想は，親理解とアセスメントに重要な情報となります。

　児相や施設の職員，里親と連携するなかで，親子に関するさまざまな視点を共有し，日常とは異なるプログラムでの親・子，および親子関係に関するアセスメントを伝え，また，今後の支援がより有効なものになるよう親子のニーズの代弁をします。プログラムでは親・子の本当のニーズをとらえ，親・子の代弁者となり，支援者につないでいくソーシャルワークを行います。

## 6. プログラムのファシリテーター

　本プログラムでは，2人の専門 Fa が協働し，親への働きかけは Fa 同士の関係性をも使います。プログラム全体を通して，Fa は親子を理解するため観察し，対話し，問いかけます。その内容を支援のためのアセスメントに活用し，支援者間での親子への理解と支援の共有を実現すべく，以下のように考えています。

　この親子に虐待が起こったのはなぜか，そのとき親子はどのような状態であったのか，親子を理解することが難しいと感じるときこそ，① アタッチメント理論に基づく視点（関係性の理解）と，② バイオグラフィーに基づく視点（個の理解）で親子を理解しようと試み，そのうえで，③ ソーシャルワーク（社会のなかで）のアプローチを活用して支援を行うことを目指しています。

### (1)　親担当ファシリテーター

　プログラム全体のコンダクター的役割を担います。親子交流時間など緊張が高まる場面では，親の安心の基地となるように心がけ，親に伴走します。子ども担当 Fa との協議で，親子の理解をより深め，毎回のテーマや遊び，時間配分なども決定します。児相や施設・里親との協議や調整を行います。

### (2)　子ども担当ファシリテーター

　親担当 Fa のサポート，特に親担当 Fa が見逃しがちなことの観察や環境整備を担います。子ども時間は交流時間の準備時間であるため，子どもの緊張を和らげ，さまざまな面に関する観察と理解を深めることに注力します。

親子交流時間では，親子の様子を観察し，子どもの気持ちの代弁に努めます。親担当 Fa との協議で親子の理解を深め，ここでも子どもの代弁を行います。親子交流時間の遊びや，Fa の働きかけ方などを，親担当 Fa に提案します。

　なお，各 Fa は親・子それぞれに寄り添うので，偏った心象に陥りやすくなります。毎回のプログラム終了後に振り返りシートを前に，親・子の印象や，Fa 自身の気持ちに焦点を当てて話し合い，心象の差異などを通し，自己覚知を促します。また，定期的にスーパーバイズを受け，必要な時期にアセスメントシートを活用し，両 Fa 協働でアセスメントを行います。それらを経て，たとえば，攻撃的であると感じていた親に対し，自分の感情に寄り添ってもらった経験が乏しく，稚拙な表現が先行しているだけで敵意はないと理解できると，親へのマイナスの心象が縮み，落ち着いて親と向き合えます。その結果，親も Fa は自分を責めたりしない安全な人だと認識できるようになっていきます。

　以降は，具体的なエピソードを交えて，親子の変化や働きかけについて紹介します。

## ■ 第3節　プログラム序盤の親と子ども

　親は児相の担当者からプログラムを紹介され，事前説明に現れますが，多くの親が進んでプログラムを受けたいわけではなく，断ると不利益になるのだろうという気持ちが多かれ少なかれ働いています。なかには，「受けないと子どもを返してもらえないからするだけ」「なぜ私が受けなければならないのか！」と，怒りをぶつけてくる親もいます。プログラムを紹介されることはダメな親だからなのだと思い込み，自身を追い込んでしまいます。

　プログラムの初期は，親に悲しみ，怒り，恐れなど，さまざまなネガティブな感情が起きていますが，それを素直に表現できずに，横柄な態度や，困っていることが何もないかのように振る舞ったりすることも多いです。ネガティブな感情を受け取り「なぜプログラムを受けなければならないのか，と思っているのですね」と，そこにどのような思いがあるのか背景に目を向けます。

　子どもは，児相という日常ではない場所で親と交流し，さらに見知らぬ大人（Fa）に出会う未知な体験に，不安を感じやすくなります。施設職員や里親の側からなかなか離れない，両手を広げる親に機械的に抱きつきにいく，何事もないかのように振る舞う，固まる，無差別に周囲の人に声をかけまくるなど，さまざまな様子を見せます。施設職員や里親へのインタビューと併せて，子どもを観察し，理解に努めます。

　初回は，事前説明を経ても，具体的に何をするかの理解は難しく，親は自分の行動が評価されるのではと警戒しています。親子に1回の流れをイラストで説明し，共に過ごしていくうちに，プログラムが安全な場所で，Faが試験官のように評価するわけではないと体感してもらいます。序盤では，プログラムが親子にとって安全で安心な場所になることを目指します。

　親時間では，少しでも話しやすく，上下関係ではないと感じられるよう，またお互いに知り合うことを目的にアイスブレイクを行います。好きな食べ物など答えやすいものから始め，回を追うごとに親時間のテーマと関連し，想起のきっかけとなる題を提示します。

　親時間は子どもの到着より30分前に始め，Faが親の状態を感じ取り，感情調整をしてから子どもに会えるよう，また，親が少々遅刻しても，子どもより先に到着しているよう設定しています。まずはこの間の近況を聞き，アイスブレイクをしてテーマに入りますが，その日の様子を感じながら，どのような言葉，表現を使って対話するのかを考えます。プログラム初期に行う親子交流場面観察のビデオ視聴は，必ず親と行います。親が自身と子どもをどのように見るのか，自分たち親子の関係についてどう語るのか，この視聴では思いもかけない親の認知や心象などが明らかとなり，親理解やアセスメントに欠かせないものとなっています。

　子ども時間では，子ども担当Faが子どもの緊張や興奮を理解し，子どもがリラックスし，心地良い場所になるよう心がけます。Faは遊びを主導せず，親子交流時間との違いはもちろん，何に興味を持ち，どの遊びなら楽しく，無理なく親と遊べるかも観察します。親を見つけ，「ママ」と言いながら抱きつきにいった子どもが，親が退室時にまったく親を見ずにいる様子であるとか，親や施設職員・里親に関する話題などを通じ，親や担当職員，里親への心象も観察します。

　たとえば，この時期の親は，子どもを早く返してほしいと言いながらも，養育時には次から次に問題を起こし大変で，子どもこそが問題だと訴えるなど，子どもの立場やどう感じているかを想像することが難しいものです。出会いや別れ際にハイタッチをする，抱き合うなど身体接触を行うも，それぞれの表情，声のトーンが儀式的に映ったり，さりげなく子どもが親を気遣っていたり，子どもが不安なときや困ったときに親を頼らないなどの様子が観察されます。子どもは，親の機嫌を損ねることに怯え，顔色をうかがいながら調子を合わせることに忙しく，しかし，親に自分を認めてほしく，子どもらしさが乏しくなっているように見えます。

## ■ 第 4 節　親と子の理解を深める

　序盤では，親子にとって安心で安全な場所であること，親には親担当 Fa が，子どもには子ども担当 Fa が味方として存在すると，体感してもらいます。子ども時間で安心に過ごすと，子どもの行動が変化していきます。先に変化の兆しが見えるのは子どもであることが多く，その変化が親の気持ちを動かし，子どもへの心象を好転させていきます。

　中盤の親時間で，バイオグラフィーの視点で親・子のこれまでの人生をたどるテーマを行います。Fa は親とともに親の子ども時代に戻り，そのとき感じていた悲しさや寂しさ，つらさ，あるいは喜びの気持ちを味わいます。もちろん，最初に話せる範囲でと断り，その理由も伝えます。パートナーとの出会い，子育てのときにサポートしてくれた人についても触れ，最後に自身の親の子育て（育てられ方）への思いや，自分自身の子育てについても語ってもらい，Fa との対話を通じその関連について考えます。

　これは生育歴の確認や聞き取りではなく，バイオグラフィーの視点に立ち，ここに至るまでの親と子の軌跡を知り，尊重し，これからの可能性を見出す働きかけです。思い出したくない過去をたどる作業は，一人ではできませんが，内容に圧倒されず過剰に慰めたりせずに，淡々と受け止める相手がいると，話し続けることができます。つらいことを思い出しても，気持ちを調整してくれる相手がいれば，振り返りは可能になります。親時間の重要なテーマで，親のアタッチメントの状態や内的ワーキングモデルを推測するのにも

欠かせないプロセスです。

　なお，親の人生の軌跡を聞くにあたり，Fa 自身も己の人生の軌跡を他者と共有し向き合う研修を受けています。快さと不快さの両面があることも体感し，それにかかる自己覚知が土台となり，親に伴走することが可能となります。ただ，親のなかには壮絶な過去を生き抜いてきた人もおり，親を守るためには，Fa が自身の聞ける限界を知っておくことが必要であり，両者にとっての安全を意識しなければなりません。

　中盤以降の親子交流時間では，親子が何をして遊ぶかを Fa は思案します。親子対 Fa チームでボードゲームをしたり，親子の手形をとって作品にしていくなど，遊びを準備し，親子に提案します。親子が楽しい時間を体験することが大切なので，子どもの気持ちが向かない遊びは行いません。

　回が進むと，子どもはこれがしたいと主張したり，親が好まない遊びを続けたりするなどが見られます。親も Fa に支えられ，Fa の子どもへの声かけや行動をモデルとして取り入れ始めます。うまくいかなくても Fa の助け舟があるはずと，気持ちが沈んでも寄り添ってもらえる安心感につながります。親の変化には，Fa との関係に加えて，子どもが楽しそうに過ごしてプログラムを楽しみにしていると聞くなどが大きく影響します。

　親子の関係も刻々と変わりますが，親に新たなパートナーができる，失業するなど，日常生活の変化もしばしば起こります。また，親子関係に変化を感じていたのに，次回では初期の親子関係に戻ったような印象を受けるときもあります。Fa は常に親子の気持ちをキャッチし，理解し，アセスメントをして寄り添いながら，理解を深める努力を続けなければなりません。

　Fa は，児相，施設や里親，在宅の場合は市区町村の支援者と，連絡を取り合い協働します。開始時，子どもの支援者のなかには，親は約束を簡単に破る，親との外出から戻ってくると子どもの状態が悪い，威圧的にモノを言うなど，親にマイナスの印象を持っている人もいます。入所中の子どもは施設職員の様子を参照するので，たとえ言葉にしなくても親を良く思っていないことは子どもに伝わると考え，プログラムでの親子の様子を伝えるに際し，親の言動の背景など，課題だけでなくリソースを含めた親への理解につながる機会となるように心がけています。

　また，施設や里親宅での子どもの様子，特に不安や恐れがあるときの言動

を尋ね，アタッチメントの視点から子どもの状態を共有し，子どもの理解をともに行います。アタッチメントの視点により子どもの新しい側面を発見し，集団ではなくこの子どもについて注目していこうとする，支援者の意識を感じるときがあります。

## 第5節　プログラム終盤の親と子ども

　プログラム終盤の親時間では，虐待行為などの不適切な養育への内省を促していきます。虐待が起きていた頃の親子関係はどうなっていたか，子どもは何を感じていたか，親が子どもの視点になって考えられるように伴走します。しかし，内省は容易ではありません。さまざまに能力的なハンディキャップや疾患などで充分に内省ができない場合，また，被虐待体験などから人が信頼できない，同時に自分自身にも自信も持てず，内省に取り組めない人もいます。

　そのようなときも，地道に親の今の気持ちを感じ取り，その気持ちに寄り添い続けながら，小さなことでも，子どもとの間で気持ちが向けられるものを探します。たとえば，子どもが病気で寝込んだときどうすればよいかわからないと打ち明けた親に子ども時代の経験を尋ねると，病気のときにまったくケアされず，欲求に応じてもらえなかった記憶を語ります。そこで，そのときどうしてほしかったかを問うと，具体的にしてほしかったことを答えることができました。そのような対話を通じて，自身が親としてどうしたらよいかを確認したようでした。

　始まった頃は理想化された親像を語っていた人が，このようなエピソードやつらさをにじませるようになります。そして，自分のつらさを吐露するとともに，当時子どもが何を感じていたかや，自身の行為への振り返りにつながる対話ができるようになっていくのです。

　子どもはプログラム終盤になると，部屋に入ると自分から遊び始めるようになります。施設に入所中の場合，送迎にはできるだけ同じ職員が付き添うようお願いをしています。送迎は職員を独占し，関係性の深まりとともに，子どもにとって貴重な時間になります。アタッチメント対象である職員が待合室で待っていることが，親と過ごすという探索行動を支える安心の基地に

なります。

　親のなかには，子どもと職員（里親）の関係をよく思わない人がいます。親の気持ちを受け止めつつ，生活のなかで職員（里親）が子どもの安心の基地であることの意味を再度説明し，確認し，親子関係への良い影響についても伝えるなど，ここでも心理教育を行います。理解していても，終盤まで子どもから職員（里親）を慕う言葉が頻繁に出て，親の顔が曇ることもありますが，Fa はその悲嘆にも寄り添います。

　終盤の親子交流時間では，子どもも親も，それぞれの担当 Fa を安心の基地として活用し，より楽しい時間，これまで経験したことのない遊びなどを体験します。ここで親が子どもへ不適切な応答をする場合，親時間でそのことを話し合い，子どもの気持ちを一緒に考えます。そして，その日の親子交流時間では適切な応答が行えるよう親をサポートし，子ども担当 Fa は子どもの気持ちを代弁します。そのような働きかけや見守りを通じて，親の感情を調整することで精一杯だった子どもが，親への心象を変化させ，親も子どもの安心の基地となっていきます。

　子どもには，たくさんシールが貼られた出席カード，カレンダーを見せながらプログラムの終了を説明し，しかし親との交流は今後も続くことを伝えます。子どもは，名残り惜しそうにする，なぜ終わるのか質問攻めにする，淡々と過ごすなどの様子を見せます。

　子どもが参加する最終の回（9回目）には，通ってくれたことを親とともに喜び，ビデオから取り出した写真を貼った修了記念カードを渡します。親子交流時間の最後には，親子で「りんごローソク（りんごを磨き，茎をくり抜きローソクを刺したもの）」に火を灯し，これからも親子仲良くいられますようにとの願いを込めて，親子でローソクの火を吹き消します。

　親の最終回（10回目）には，事前説明と同様に児相の担当者が同席し，親には目標を思い起こしてもらい，振り返りを行います。そして，担当者から労いの言葉を受け，Fa は親に修了証書を渡します。中学の卒業証書もどうだったか思い出せず，修了証書というものを初めて受け取ったという親もいます。

## ■ 第 **6** 節　親子を支援者につないでいく

　プログラム終了後に Fa は，親や子どもの本当のニーズはどのようなもの
か，何があって児相の介入時のような状態になったのかを，改めて見直しま
す。そして，過去や現在の状態から親子それぞれの内的ワーキングモデルを
想像し，実際にどのようなことに困っているのか，課題とリソースは何かを
代弁し，児相や施設の職員，里親と話し合います。ここでも，子どもの安心
の基地をどう保証していくかを最優先に考え，そのためにどのような支援が
可能かを協議します。

　プログラム終了後，年度内には，施設や家庭訪問などでのフォローアップ
を行います。上記のような協議を，フォローアップで活かすことも多くあり
ます。元気な親子に出会えることもあれば，予期しない話を親から聞かされ
ることもあります。必要に応じて，児相や施設の職員，里親と連絡を取り合
います。翌年度には児相で，親と親担当 Fa で二度目のフォローアップを行
います。その時点で児相の担当者の異動があれば，併せて新たな担当者と同
席し，支援をつなぐ役割も持っています。

　なお，2015 年からは団体独自の取り組みとして，これまでのプログラム
修了者に案内して，年に 2 回，広めの会場に軽食を用意して迎える「ほっと・
いっぷくの会」を開催しています。案内には，親担当 Fa がそれぞれにメッ
セージを書き込み，返信用ハガキとともに郵送します。出席する人はもちろ
んのこと，欠席でも返信用ハガキで近況を知らせる人，電話をかけてくる人
がいます。ずっと親子の応援団として居続けているとのメッセージになるべ
く今後もこの会を継続していきたいと思います。なお，ラテン語で灯台を意
味する「ふぁり」という名前には，親が灯台となって，子どもの航海（育ち）
を助ける，すなわち，子どもを見守り，いざというときに戻ってこられるよ
う，光を灯し続けることを応援する，という意味を込めています。また，私
たち Fa も，親の航海（子育て）を応援する灯台でありたいと願っています。

　そして，このプログラムの提供を通じ，親子関係再構築支援とは，親子の
真のニーズを支援者が共有し，子どもの安心の基地の保障を真摯に考えてい
くこと，そのプロセスであると実感しています。

**【文献】**

Cooper, G., Hoffman, K. T., & Powell, B. (2010) *The Circle of Security Parenting Program.*
［https://www.circleofsecurityinternational.com/wp-content/uploads/Circle-of-Security-Japanese.pdf］

数井みゆき (2007) 子ども虐待とアタッチメント．数井みゆき・遠藤利彦編著　アタッチメントと臨床領域．ミネルヴァ書房，pp.79-101.

北川恵 (2017) アタッチメントに基づく親子関係の理解と支援――COS プログラムと「安心感の輪」子育てプログラムにおけるアセスメントと実際．北川恵・工藤晋平編著　アタッチメントに基づく評価と支援．誠信書房，pp.146-158.

宮口智恵・唐津亜矢子・岡本正子 (2018) 子どもを虐待した親への支援――CRC 親子プログラムふぁりの実践をもとに．トラウマティック・ストレス，**16**(2)，34-46.

宮口智恵・河合克子 (2015) 虐待する親への支援と家族再統合――親と子の成長発達を促す「CRC 親子プログラムふぁり」の実践．明石書店

# 第12章

## 親子関係再構築の事例

### 第1節　保護者の感情調整を行うことで，保護者の内省への気づきを働きかけた事例

【河合克子・宮口智恵】

　CRC ではいくつかの地方公共団体（都道府県，市町村）から依頼を受けて，親子へのプログラムを実施しています。本事例は複数の事例を，論旨を損ねない程度に合成した架空事例として紹介します。

　保育園での子ども同士のトラブルを報告されるたびに，母ゆきさんはまりちゃん（女児，当時5歳）を，トラブルと同じ暴力を振るいながら強く叱責していました。ある日，行き過ぎた身体的虐待を行ったときに，ゆきさんが身近な支援者にこのままでは殺してしまうかもしれないと相談し，児童相談所（以下，児相）が介入。まりちゃんは一時保護され，その後施設入所となりました。入所後1年1カ月後の頃（許可外出が始まって間もない頃）にプログラムを導入しました。

### 1. プログラム開始時（事前説明で）の母親の様子

　事前説明の日，児童福祉司に伴われたゆきさんは，部屋の前で待っているファシリテーター（以下，Fa）のもとへスマートフォンに目を落としながら，しかし姿勢よく早足で近づきました。そして，Fa には一瞥もくれず入室し，挨拶や Fa の自己紹介にも少し首を傾けるぐらいでした。続けて Fa が，穏やかに天候や交通手段について話してみるものの，ゆきさんはそれに対し不快であるような雰囲気を醸しだします。

　そこで，普段とは異なり前置きを省いて，「プログラムへの参加意志があ

るのですね」と確認すると、「イヤイヤですけどね」と明るく言います。その言葉を受け、Fa が率直で無駄のない表現を心がけると、ハキハキとした調子で話し始めますが、たちまち児相への不満、不信感を表します。同席する児童福祉司の発言には逐一過剰に反応し、表情や言葉で怒りを出していました。児相に対してはもはや戦闘態勢の構えに見え、ゆきさんのアタッチメントの活性化が手に取るように感じられます。

　その後、Fa からプログラムの内容を紹介、説明します。親子交流時間ではゆきさんとまりちゃんと Fa たちの全員で遊ぶと伝えると、少し表情がほぐれ「監視されると思っていた」と言います。ところが、その親子交流時間の様子をビデオで撮影すると話すと「やっぱり監視するんだ！」と、語気荒く言い放ちました。

　説明を終え、プログラムに期待することや不安、目標を尋ねるにあたり、まりちゃんが施設に入所した経緯をゆきさんに語ってもらいましたが、まりちゃんの出生から順を追って子育ての大変さを語り、自身が相談する経緯となったまりちゃんを押し倒して首を絞めるといった虐待行為もはっきりと話しました。しかし、自身を追い詰めたのは、子どもの性格や保育園の担任だと強い語調で言いました。そして、今では、面会でのまりちゃんは決してゆきさんを怖れずにいること、それにもかかわらず家庭への引き取りがいまだにできず、短期間入所のはずがすでに1年を超えての入所になっていると、強い憤りを口にします。ここまででも、ゆきさんは今ここにいること自体が不本意であり、ましてや自分が相談したことを契機にまりちゃんを保護され、その後説得されて入所となった経緯にまったく納得していないということを、全身で表すかのようでした。

　なお、プログラムで学びたいことや、不安、目標などの質問に対しては、今まりちゃんに関して困っていることはないというアピールが強く、プログラムの目標は「今のままでいい、現状維持も大切だ」と言い、子どもどころか自身の状態を客観視するにも至らない、非常に防衛的ととれる言葉が出ます。ただ、自分の得意なお菓子作りについて話し、それをプログラムで活用してまりちゃんと交流したいと話す場面もありました。

　最後に、曜日や時間などのスケジュールの確認を始めたところ、ゆきさんの都合や思いに合わないと怒り出しました。すでに担当の児童福祉司から伝

えていたプログラムの1回目の予定日についても，仕事の休みを取るつもり
はない，そんなつもりはそもそもなかったと言い，先ほどまでの参加を前提
とした話しぶりと打って変わって，現実的な折り合いのつけにくさが露呈し
ます。Faは，もしやスケジュールの折り合いがつかないことを理由に，プ
ログラムを断るつもりなのかと一瞬邪推しましたが，ともかくゆきさんの困
惑や不信を聞き取り，一緒にしばし困惑した後，別の表現でスケジュールを
概説すると，すっと矛を収めるように面もちが変わりました。

　後になって，ゆきさんは何事においてもスケジュール調整が非常に気にな
り，新しいスケジュールを提案されたとき，とらえ違いを起こしたり，いら
立ちを見せることが多いことがわかりました。ここでは苦手なスケジュール
調整に対してアタッチメントの活性化が激しく起こったため，それに対する
感情調整が必要で，説得や提案をいったん保留にしてその感情への寄り添い
を行ったので，落ち着いたのであろうと推測されます。なお，担当児童福祉
司が退席した後に行った「子どもに関するインタビュー」では，妊娠時には
喜びだけでなく，親になることへの不安もあったことへの率直な感情も語ら
れます。

　特にこの日は，まるであちこちにスイッチがあって，それに触れるとすぐ
にゆきさんの感情が爆発し，思いをぶちまけるといった印象を強く持ちまし
た。ゆきさんのアタッチメントが活性化すると，激しい表現で怒りをみせる
など闘争的な態度に出る，また，スケジュールが合わないから来所しないと
いった逃走的な発想と，両方の様子を表していたとわかります。

## 2.　プログラムの前半の親子

　このように波乱含みの開始となったプログラムですが，ゆきさんは生真面
目でプログラムには遅刻も欠席もなく，きちんと参加しました。来所時は必
ず不機嫌そうにしていて，その様子でゆきさんの緊張がよくわかります。ゆ
きさんに同行する妹まみちゃん（在宅）の保育についてのちょっとした行き
違いにも，すぐに怒りを見せます。

　しかし，プログラムの親時間で話を始めると，しっかりと自分を偽らずに
語ります。たとえば，「子育てアンケート」を記入しているときに「自ら不
安なことがある」と言い出し，先日の施設での面会時にワガママを言うまり

ちゃんに対し，「これでは入所前のまりちゃんと同じだ」と困惑し，どう対
処したらよいかわからず，夫（まりちゃん，まみちゃんの父）に助けを求め
たと言います。そこでは，ワガママを出すことができたまりちゃんに対する
安堵と，その様子が以前のまりちゃんや彼女との関係を思い出すきっかけと
なったこと，対応するのがやはり困難だと感じることなど，不安な感情も語
ることができました。虚勢を張るかのような事前説明での「困ったことはな
い」と言い切るゆきさんとは，異なる側面がすでに見え始めます。

　また，このような面会や許可外出での困りごとについて，CRC は児相や
施設ではない第三者機関なので，話しやすいようでした。ゆきさんも，面会
などでの親子関係がよくないと評価されると，面会や許可外出の減少や制限，
ひいては家庭引き取りが遠のくことにつながると考えるようで，CRC の Fa
にはそういった不安を持たずに，まりちゃんの今の様子やそれに対する自分
の気持ちを表すことができたと思われます。

　プログラムの前半のテーマで，まりちゃんが生後間もなくから哺乳が難し
く，ゆきさんは長期間にわたり睡眠不足が続き，また，大きくなってもアレ
ルギー疾患の対応が大変であったこと，そして家事・育児と仕事との両立に
精いっぱい頑張っていたことがわかります。また，ゆきさんのすべてにおい
て生真面目なものの考え方，日々の計画的な時間配分へのこだわりなども少
しずつ明らかになっていきました。ゆきさんなりに一生懸命養育していたか
らこそ，保育園で友人とのトラブルを起こすまりちゃんの様子に思い悩み，
どんどん叱責がエスカレートしていった状況が見えてきました。

　一方，まりちゃんは，初対面でも笑顔で子ども担当 Fa に接近して，自分
の得意な遊びや漢字を書いて見せるなど，新奇な場面や人への警戒感を見せ
ない様子でした。プログラムへの不安は，送迎に付き添う施設職員に対し過
度にふざけることで示しているかのようで，アタッチメント欲求の表し方に
特徴を感じました。また，特に母ゆきさんの承認や可愛いと感じてもらうこ
とを強く求めていることが顕著で，親子交流時間では，声のトーンや話し方
も甘えたような可愛い感じになり，子ども時間（まりちゃんが子ども担当
Fa と 2 人で過ごす時間）と比較して，動きも静かになり，全体的に幼く，
おとなしく感じる印象を持ちました。

　この頃，ゆきさんの希望とはまったく異なる髪型になったまりちゃんにプ

ログラムで出会うこととなり，会った瞬間にゆきさんはショックを受け，「私，死んでしまいたいわ！」と発言。まりちゃんは青ざめ，固まったような表情になりました。すぐに親子をそれぞれ別室に誘い，各 Fa が対応しました。ゆきさんは，好まない髪型は彼女の入所を象徴するもの，自分の目が届かない，つまり自身の思いどおりにならないことを示すものだと言い，だから預けたくないのだと悲嘆を語ります。しばらくその悲嘆に寄り添うと，自らの発言の不適切さは認識をしていることを語ります。親担当 Fa がゆきさんに「あの発言が不適切だったと思っていると伝えますか」と尋ねると，しばらくして自分から謝ると言います。

　その後，まりちゃんもゆきさんの謝罪を受け，再度ゆきさんに問われたときに，子ども担当 Fa の支えのもと，髪型は自分の希望だったことを話しました。ゆきさんが髪型はまりちゃんの希望と聞いたときの「そうやったん」という明るい声が，とても印象的でした。そう感じていたのは，親担当 Fa がゆきさんがまりちゃんに再度怒りをぶつけるのではないかと不安に思っていたからでしょう。

　プログラムでも，子どもの服装や虫刺されなど日常的なケアについて，保護者が施設職員などの代替養育者に対して厳しい苦情を言う場面にしばしば出会います。このときのゆきさんの語りには，不本意な施設入所を承諾した自身への怒りや後悔，また他者による養育を実感することへの悲嘆などの心象を改めて感じました。他者には小さな出来事に見える事柄でも，そのような感情を呼び起こすことを実感し，そしてその都度，保護者には強いアタッチメント欲求が立ち上がるのではないかと感じました。

### 3. 親子関係のアセスメント

　前半に行う親子交流場面観察（親子のみで，構造化されたいくつかの遊びを行う）では，両者ともに少し緊張感が漂い，あたかも互いに嫌われたくないようにしていると見えるものの，提示された課題を親子でそれなりに遊んでいると観察しました。しかし，この日感想を問われたゆきさんは，数種の玩具から適宜選んで自由に遊ぶ場面では，どれをどうして遊べばいいのかと内心かなり困惑していたことを語り，後日録画を視聴したときには，「まりちゃんが一人で遊んでいるように見える」「私はまったく上手に遊びに応じ

てない」と評しました。加えて，自分は頑張って笑顔を作っていたこと，「すごいなー」と，良い評価を口にすることを心がけていたとも話します。なお，ゆきさんは，まりちゃんは何かを上手にできることを評価し，承認してほしいと望んでいることをしっかりと感じ取っていましたが，それに応じるために「すごいなー」と口にしていたわけではなく，褒めることが良い育児方法であると学んだからとのことでした。

　親子で一緒に遊ぶという探索に至る以前に，相手が自身に対し良い心象を持ってほしい，あるいはどのような心象を持っているかを探ることへの関心が高く，そのために緊張感がぬぐえない状態であると，親子関係をアセスメントしました。また，ゆきさんは，遊ぶこと自体への自信が持てず，自身への評価やまりちゃんの対応への戸惑いに気持ちを割いていることがわかりました。

## 4．プログラムの中盤の親子

　バイオグラフィーの視点をもって，ゆきさん自身の幼いときからこれまでの軌跡をたどるテーマを行うなか，ゆきさんは実父母からの身体的および心理的虐待など不適切な養育について語りますが，実母についてはアタッチメント欲求に応じてもらったシーンを回想することもありました。プログラム実施時点でも，ゆきさん家族は実父母との交流があるものの，実父にはまりちゃんの入所について秘匿していることなど，気になる関係でした。ただ，最近実母に対し，今後はどのように手助けしてほしいかを，支援者に手伝ってもらいながら伝えることができたことを話しました。

　なお，このテーマでは，実父母の子育てを振り返り，自身の子育てへの思いなども尋ねますが，実父母の子育てにおいての良かった面も不適切だった面もしっかりと語ることができていて，ゆきさんの力を実感しました。また，自身の子育てへの自信の持てなさと同時に，今後は以前のような虐待を行わないためにどのようにまりちゃんと接するかを考えていることがわかりました。

　翌回には，この回のテーマがつらく，しんどい気持ちを引きずったと述べましたが，少しずつ Fa に対し安心感を得て，親の子育てや自分の育ちを振り返る，自分の子育てとの関連を考えるという探索を始めることが可能と

なったようでした。

　ゆきさんに，親子交流場面観察で Fa が感じた先述の関係性，互いに気を遣い，緊張しているように見えると率直に伝えると，その状態にあることを認め，まりちゃんがゆきさんの気持ちや思いを推し量っていると感じていたとも言います。その話題から，ゆきさんがまりちゃんの気になる言動をいくつか挙げるので，Fa は生真面目に子育てをし，まりちゃんに向き合ってきたからこそ気になるのだろうと承認すると，自身の親としての心象を次のように述べました。

　従来からネガティブな思考が多く，しばしば死にたいとか，逃げたいと思うことがあり，ずっと，はたして自分がまりちゃんの親でいいのかとの自問と，充分に見守れているのかとの不安を抱えてきたと。そんな自分を，特殊な道具を操るアニメのキャラクターに似せて話し，不適当な道具ばかりを取り出す不完全版であると例えました。

　Fa が，ゆきさんが自分自身をそのように考えていたときに児相に介入されたら，それは傷ついたであろうと表現すると，ゆきさんはまるで谷底まで突き落とされた感であったこと，やはり自分は"間違った母"だったと感じたと，まりちゃんを一時保護された頃の自身の状態について，感情を込めて話しました。そして，それ以降児相に来所するとき，特に担当児童福祉司との面接日は，今もって前日から体調不良に悩まされていると述べました。なお，同時にまりちゃんが当時ゆきさんたち父母に対し感じていた恐怖や状況のつらさについても言及し，当時のまりちゃんに対し自分たちは厳しく接していたとは話せるのですが，現在の親子関係は悪くないとも言います。

　この頃のプログラムでのまりちゃんは，子ども時間で子ども担当 Fa とのトランプゲームなどで勝つと，必要以上に優位さを誇り，作業を一方的に指図するなどが見られ，玩具の乗り物同士をぶつけたり，攻撃性の発露と感じる遊びも散見されるようになりました。また，興奮して大声や奇声を発することもありますが，親子交流時間となってゆきさんが入室すると，先述するように一転して表情が幼げになり，声のトーンも可愛い感じに変化します。そこでは，嬉しそうな大きなジェスチャーなど，子ども時間ではまったく見られない言動があります。このようなまりちゃんの言動は，母親のゆきさんにかわいいと感じてもらいたいだけでなく，叱責や注意を受ける機会を減ら

したいという欲求もあったと考えられます。

　なお，ゆきさんの了解のもと，施設の担当者にまりちゃんの普段の様子を尋ねると，まりちゃんは普段から集団での力関係に敏感であると感じるエピソードが披露され，まりちゃんがゆきさんたち父母から攻撃的な言動の叱責を繰り返され，コントロールされる日々を生きてきたためであろうという見立てを共有しました。また，同時に職員にとって役立つ存在でありたい，評価されたいというアピールも多く，母親のゆきさんとの関係性を施設でも再現して，自分の存在価値を得ることに苦慮しているとも感じました。担当児童福祉司とは，母親だけでなく父親の虐待行為や人柄などに関する情報や見立てを共有し，後半のプログラムに備えました。

## 5．プログラムの後半の親子

　ゆきさんはプログラムで近況を語るうちに，先日あった小学校の個人面談でまりちゃんの友人とのトラブルについて聞かされたとき，すぐに自分のせいだと考えたと話しました。離れて生活しているまりちゃんの問題行動と自身を結びつける理由を尋ねると，施設への入所前，保育園での友人とのトラブルを聞かされるときには，併せて家での様子を必ず尋ねられたので，自分の子育てを批判されているととらえていたと言います。ゆきさんは保育園での問題行動を聞かされると，自身が責められていると感じるのでざわざわして落ち着かず，先生には「もう言わないで！」と思っていましたが，知らないのもいけないことだと思っていたと語り，いつも高飛車に見える言動からはまったく推測できない心象が明らかになりました。

　ゆきさんは，今から思えば「なぜ，そんなことをするの！」とまりちゃんを叱るのは，ダメだったと述べます。そんなこと言われてもまりちゃんはわからないのに，「なんで，そんなこともわからないの！」「相手はこう感じるのよ！」と続けては，追い込んでいただけと，ここでも本人の視点に立った表現が出てきます。そして，当時はそのやり取りに非常に徒労感があったと語り，まりちゃんが泣かない日はなかったと言い，その状態を再び繰り返したくないと願っていることが伝わってきます。当時の支援には図らずもゆきさんを追い詰めていた側面があるとわかり，ゆきさんへの支援についての手掛かりになるエピソードでした。

　Fa がゆきさんとまりちゃんが似ているように感じると話すと，ゆきさん
は「似ていると思う。似ているからまりちゃんが苦手だ」と言い，なぜなら
「自分のことが好きじゃないので……」と，自己肯定感の低さが語られました。
きれい好きで，こだわりの服装や髪型を好み，常に身ぎれいにしているゆき
さんゆえ，その自己イメージについて知れたことが理解には重要でした。

　この時期のまりちゃんは，子ども時間では言葉遣いが乱暴になり，子ども
担当 Fa をバカにしたり，ずるいことをして指摘されても認めないなど，落
ち着かない様子でした。まりちゃんは子ども担当 Fa を，自分の有能さを示
す存在として利用するかのように扱い，Fa はまりちゃんの状態に理解を示
しながらも傷つきを感じていました。子ども時間での状態を両担当 Fa は共
有し振り返ると，まりちゃんがアタッチメント対象である父母に安心安全を
与えられないだけでなく，父母が恐怖の源であった状態で養育されてきたこ
とを考え，まりちゃんの内的ワーキングモデルがどういったものであるかを
推測しました。

　なお，ゆきさんの得意なケーキ作りを一緒に行う親子交流時間では，まり
ちゃんはてきぱきと機敏に動き，「何があってもまりは頑張る！」と宣言を
したり，肩に力が入っているようで，思わず「ふーっ」と深呼吸をする様子
が見られました。ゆきさんはそのようなまりちゃんに落ちついて関わり，作
業を教えてもうまくできないでいたときは，教え続けようとして「あっ」と
気づき，「それでいいよ」と声をかける場面が出てきました。まりちゃんは
目の前，今そこにいる母ゆきさんではなく，自分の心にいるゆきさんという
存在に認めてもらおうと，孤軍奮闘しているかのようでした。

　このプログラムでも親子交流時間での遊びの選択を，両 Fa は時間をかけ
て協議しました。ゆきさん親子の場合は，まりちゃんが得意なトランプなど
のゲームで，同じく上手な母に勝って承認してもらいたいのですが，母は手
加減せずに負けません。まりちゃんは，子どもらしくともかく勝ちたいとい
う様子ではなく，負けるたびに茫然自失としているようにも見えます。ゆき
さんになぜ勝たせてあげないのかを尋ねると，手加減しているかどうかにま
りちゃんは敏感で，本気で対峙したうえでゆきさんに勝ちたいと考えている
から，と答えました。親子の物事のとらえ方がよく似ていると改めて感じる
とともに，遊びの選択には苦慮しました。

## 6. プログラムの終盤の親子

　ゆきさんはプログラムの振り返りで，以前は「ああしなさい，こうしなさい」と指示をたくさん出していたこと，そしてまりちゃんがそのとおりに行動しないとイライラしていたことを語り，プログラムを通じてそれは自分も言われると嫌なことだと気づいたと語りました。そして，まりちゃんの言動について，危険だと思うことは制止するが，それ以外は見守っていきたいと話しました。

　Fa からは，親子交流時間でのまりちゃんは頑張っていい子を演じているように見え，子ども時間での様子との違いがあることを伝えると，ゆきさんは子ども時間でのまりちゃんの様子は簡単に想像できると言い，子ども時間では子ども担当 Fa に甘えても大丈夫と思っているのではないか，緊張が取れてきたのではないか，素が出てきたのではないかと笑います。まりちゃんの好ましくないと思われる情報に触れても，ゆきさんに不安が感じられなくなっていきました。

　なお，子ども時間でのまりちゃんは，ゆきさんが入室して始まる親子交流時間を待っている，それに備えている様子がありましたが，終盤で初めて，幼い感覚的な遊びを夢中になって行うようになりました。

## 7. フォローアップでの親子

　年度内のフォローアップは，施設での面会に同席する形式で行いました。プログラムのときより，まりちゃんに余裕が感じられました。Fa が持参した家族 4 人お揃いのキーホルダーを，お互いに大変大事そうに受け取り，確認しあう様子が印象的でした。まりちゃんはもちろん，ゆきさんがそれを互いの絆の象徴であるかのように声をかける様子に，不器用ながらもまりちゃんに対する思いを目の当たりにしました。

　翌年度のフォローアップは親と親担当 Fa のみで行うのですが，その日ゆきさんは数カ月間の自分や家族の出来事を早口で一気に話し，「ああ，すっきりした」と笑いました。この時点で再びプログラムへの感想を聞くと，「場所が児相でなかったらよかったのに，それだけ」と，ゆきさんらしい表現で率直に答えました。

### 事例へのコメント
―― アタッチメント，バイオグラフィー，ソーシャルワーク
の理論応用が親を変える

【才村眞理】

この事例は，NPO 法人チャイルド・リソース・センター (CRC) の，「CRC
親子プログラムふぁり」の実践が具体的に理解できる，親子関係再構築プロ
グラムの事例です。この CRC の理事長であり，創始者である宮口智恵さんは，
かつて児童相談所の児童福祉司として一緒に働いた仲間でした。

児童虐待の事例での援助で思い出すのは，児童相談所に対してどんなに攻
撃的な虐待の加害者である親にも，彼女はひるむことなく粘り強く対峙し，
そして相手に寄り添い，ソーシャル・ケースワークを駆使し，人間関係を作っ
ておられたことを思い出します。長年の児童福祉司の経験のなかで，子ども
を待ったなしで緊急保護しなければならない強権を行使する児童相談所の役
割と，ソーシャルワーカーとして親に粘り強く信頼関係を作りながら援助し
ていくソーシャルワークの展開という，この相反するように見える二つの役
割を同時にこなさなければならないジレンマも，感じておられたことでしょ
う。それが，彼女が虐待する親への支援を中立的な立場で行える，言わば第
三者機関である CRC を創設したルーツだと思います。

さて，この事例では，CRC 親子プログラムで活用されている三つの柱で
ある，アタッチメントの視点，バイオグラフィーの視点，ソーシャルワーク
のアプローチが，どのように取り入れられ支援の中核となっているかが，よ
く理解できる事例です。

この事例は，母親ゆきさんが5歳の女児まりさんに身体的虐待を行ったた
めに，児童相談所（児相）が介入し，まりさんは一時保護を経て，児童施設
に入所となりました。その後，児相から支援を委託された CRC が，母親ゆ
きさんと施設入所中のまりさんに対して，親子再構築支援を行っています。
そのなかで特に，ファシリテーター (Fa) が母親ゆきさんの感情調整を行
うことで，ゆきさんが自身の子育てへの内省への気づきを得た，という事例
展開となっています。児相によって強権的に子どもを奪われたゆきさんは，

児相に対して敵意がむき出しとなり，児童福祉司がゆきさんを援助しようと
しても，素直に心を開いてくれない状況は明らかです。第三者機関である
CRC の関わりであっても，ニーズのないクライエントを援助するほど，困
難なことはありません。

　このプログラムにいやいや参加したゆきさんが，初めて Fa に出会ったと
き，Fa はゆきさんの感情に沿った率直な声掛けをしています。この初対面
の場面では，ここで援助関係が決まるくらいの気迫だっただろうと想像がつ
きます。そして，ゆきさんの戦闘態勢ともとれる児相への不満，怒りの感情
を，「アタッチメントの活性化」ととらえ，ゆきさんは安定したアタッチメ
ントがこれまでの人生で得られず，不安や恐れの気持ちを受け止めてもらっ
た経験が乏しく，攻撃というかたちで自身を防御してきた人だと，ゆきさん
を理解していたと思います。

　Fa は，ゆきさんの困惑や不信に忍耐強く寄り添い，子どものように駄々
をこねるゆきさんに，うまく矛を収められるよう支援しています。Fa はゆ
きさんの話の中身に振り回されるのではなく，その裏にある，ゆきさんの感
情に寄り添ったからこそ，次第にゆきさんは落ち着きを持てたと思います。
ゆきさんの不安や恐れの感情を Fa が受け止めることこそ，ゆきさんが小さ
い頃に親にしてもらいたかったことだろうと思われます。今，ここで，Fa
がゆきさんの「安心の基地」になるべく寄り添い，受け止めたからこそ，ゆ
きさんは心がストレスで一杯になっているコップの水のような状態を，Fa
に少し移すことができ，その空いた分だけ子どものまりさんの養育について
考える余地ができたのでしょう。ゆきさんのコップの水の中には，きっと，
児相への怒りや自分へのイライラ，人間に対する不信感や無力感など，溜まっ
ていたのではないでしょうか。

　アタッチメントの視点では，安心の基地がどのようであるのか，人との人
間関係をどのような方法で対処してきたのか，その人の内的作業モデルを知
ることが重要です。この事例でも，ゆきさんのアタッチメントや，内的作業
モデルの視点を持つことにより，理解を深め，寄り添う際の土台の視点となっ
ています。ここでは，ゆきさんを評価するのではなく，一緒に歩く視点，「寄
り添い」が重要な支援方法となっています。

　次に，ゆきさんが自身の養育について，不安な感情を語ることができた場

面があります。それは，Fa がゆきさんを受容し，ゆきさんの自分への怒り，後悔，悲しみなどの心象を丸ごと受け止めたことから，この支援の場が安心できる場だとゆきさんが思えたからだと思います。もちろん，プログラムを提供する CRC が，敵対する児相とは立場の違う第三者の機関であるということも，ゆきさんを安心させる材料ではありますが，結局は，Fa の一言一句の言動がゆきさんにどう響くかが重要であると思います。Fa はゆきさんのリソースを見つけ，見つけられたゆきさんは，人間を信頼していなかったが，他人に少し頼っても大丈夫かなという感覚を持ったのでしょう。また，Fa はゆきさんのアタッチメントだけでなく，まりさんのアタッチメント欲求の表し方の特徴をもとらえて支援していました。

　さらに，ゆきさんは自身の力でまりさんに謝罪ができた場面があります。それには，Fa が子どもを奪われたゆきさんの怒りや悲しみにとことん付き合い，寄り添い，その結果，ゆきさんは自身の悲嘆を語ることができ，その気持ちを全面的に受け止めてもらって，まりさんのことを考える隙間ができたのでしょう。ゆきさんはまりさんを，自分を困らせている存在としての認識から，自身の養育に目を向け，まりさんに対して従来の攻撃する方法ではなく，謝罪するという養育力を向上させる力を Fa は与えたのでした。ゆきさんの，まりさんを一人の人間として見るという態度は，大きな変化でした。

　しかし，事例はそう簡単に進みません。ゆきさんは，ちょっとしたことでアタッチメント欲求が立ち上がり，危険や不安から自分を守ってほしい，安心できる存在が必要だと叫んでいるようでした。これは「アタッチメントが活性化されている」との理解により，このアタッチメント理論に根拠をもって親と関わると，その親が得られなかった「安心の基地」に，支援者がなることが可能となる事例だったと思います。

　過去のゆきさん自身の人生を一緒に歩くように耳を傾けると，ゆきさんはこれまでの人生におけるリソースに気づくことができます。これが，バイオグラフィーの視点です。ゆきさんは，ゆきさんの母親との関係で小さい頃，アタッチメント欲求に応じてもらったことがあると回想し，自身のリソースについて自らの力で発見しています。つまり，ゆきさんの幼少期，虐待があったなかにも，ゆきさんの母親は子どもであるゆきさんの甘えを受け止めてくれた場面もあった，ということなのかもしれません。自身の幼少期の振り返

りをするなかで，ゆきさんの両親がゆきさんにどのような子育てをしてきた
のか，良かった点，悪かった点を整理し，今度はゆきさん自身の今の子育て
について，どうしたらよいかゆきさん自身が答えを出すという，Fa の引き
出す力を賞賛したいと思います。これが，ゆきさん自身のまりさんへの子育
てに対する「内省への気づき」を，Fa が「働きかけた」ということになり
ます。

　ここで，ソーシャルワークのアプローチについて考えてみたいと思います。
ソーシャルワークとは，本人が生きていくうえでの困難を解決するために，
社会福祉援助技術や知識を駆使し，価値観（人間の尊厳や自己決定を重んじ
るなど）をもって本人と環境に働きかけ，さらに人と環境との関係にも働き
かけ，問題解決できるよう寄り添う支援です。この事例でも，ゆきさんとま
りさんに対してその親子関係に働きかけ，虐待のない親子関係になるよう，
支援しています。

　そして，ゆきさん，まりさんだけでなく，措置機関である児相やまりさん
の暮らす児童施設の職員との連携を Fa は充分に取りながら，支援を展開し
ています。その連携が充分でないと，施設職員のゆきさんへの見方に歪みが
出て，ゆきさんへの対応に批判的になるなど，ゆきさんとの人間関係にも影
響が出ます。また，担当の児童福祉司との橋渡しも充分なされないと，せっ
かくの親子プログラムでの支援成果を，今後に引き継ぐことができません。
プログラムは回数が決まっている（7 カ月間 10 回）ため，親子再構築への
支援は引き続きプログラム終了後も必要な場合があります。CRC の支援の
効果が継続するためにも，そういった機関連携は必須だと言えます。

　振り返れば，この支援の中核は，以下の回路をアセスメントしたことが大
きいと思われます。


　子どもが問題行動を起こしたと報告される ⇒ ゆきさんは自分の育て方が
悪いと非難されているととらえる ⇒ 非難されないよう，ゆきさんはよりいっ
そうまりさんにちゃんとやれと，強く当たってしまう ⇒ それが児童虐待に
なってしまう。


　ゆきさんが肩の力を抜いていいのだと感じられると，まりさんに指示した

り教えたりという態度ではなく，「それでいいよ」と承認の声をかけること
ができるようになったのです。素晴らしい支援でした。ゆきさんは「危険だ
と思うことは制止するが，それ以外は見守っていきたい」という言葉を発し
ています。ゆきさんの内省への気づきがあってこその発言だと思います。そ
の結果，ゆきさんはまりさんの好ましくない情報をキャッチしたとしても不
安にならなくなり，まりさんは子ども本来の幼い感覚的な遊び，つまり，く
るくる回ったり，寝そべってみたりと無邪気な遊びを，ゆきさんがいてもで
きるようになったのでしょう。

　この事例のその後が気になるところです。はたして，ゆきさんはまりさん
を施設から引き取ることができたのでしょうか。この事例の目標は，「ゆき
さんの感情調整を行い，まりさんへの子育ての内省への気づきができること」
でした。そのため，実際に 24 時間子どもと過ごすことになると，ゆきさん
自身が，学校の先生や地域の子育て機関からの助言に，以前のようにゆきさ
んが非難されていると受け止め，まりさんの気持ちに寄り添うことができな
くなる可能性もあるでしょう。それを見極めて，家庭引き取りの判断を児相
がするには，もう少し時間が必要かもしれません。

## 第**2**節　強い引き取り希望の裏にある親のニーズに近づいた事例

【宮口智恵・河合克子】

　CRCではいくつかの地方公共団体（都道府県，市町村）から依頼を受けて，親子へのプログラムを実施しています。本事例は，論旨を損ねない程度に複数の事例で合成した「架空事例」として紹介します。

　精神的に不安定になった母親（あおいさん）が，4歳のしゅんやくんを置き去りにしたことでしゅんやくんは職権保護になり，施設入所となりました。その後，母親は短期間の入院を経て落ち着き，しゅんやくんの引き取りを強く希望しました。そのなかでプログラムが導入されました。しゅんやくんの入所から8カ月後，定期的な面会が始まって間もない頃のことです。

## 1. プログラムでの経過

### (1)　プログラム開始時（事前説明で）のあおいさんの様子

　あおいさんは化粧気がなく，動きやすい服装で児童福祉司に伴われて，ファシリテーター（以下Fa）の待つ部屋に入室。Faの声かけに，表情は硬いまま頭を丁寧に下げ「お世話になります」と挨拶をします。児童福祉司があおいさんの了解を取り，しゅんやくんの入所の経過について話し始めます。

　「あおいさんは当時，いろいろしんどい状況もあって，ある日，しゅんやちゃんを暗い夜道に一人でそのままにしていたことがありました。しゅんやちゃんにとって安全な状態ではなく，そのことが原因でしゅんやちゃんは保護されました。あおいさんは同時に精神的な不調により，4カ月入院されました。その後，体調も落ち着き，面会が3カ月前から始まっていますが，しゅんやちゃんはあおいさんとの距離が遠いように思われます。あおいさんも戸惑われています。このプログラムを受講して，あおいさんとしゅんやちゃんが近づいてほしい。それで，このプログラムを紹介しました。あおいさんもそれを希望されていて……」。

　児童福祉司があおいさんを見ながら同意を求めますが，あおいさんはまっ

すぐ Fa のほうを見て，表情を変えないままでいます。その様子が気になり，Fa が「あおいさん，今のお話を聞いて……」と，あおいさんからの話を求めましたが，「特にありません」とだけ答えました。Fa はあおいさんのその様子より，ここは介入せずに次に進めます。

　その後，プログラム参加への不安について尋ねると，「しゅんやは人見知りなので，このプログラムになじめるか心配。私は大丈夫ですけど……」と答えますが，「私は大丈夫です」という言葉に，本当はあおいさん自身が不安に感じている状況が垣間見えました。

　ゴールについて話題にすると，「愛着関係のことが（児童相談所から）気になると言われているので，自分としゅんやが他の人から見ても，ちゃんと“愛着関係”がついているか見てもらうために，このプログラムを受けたいと思います。自分もしゅんやに寄り添いたいと思っています」と，言い放つような物言いでした。「他の人から見て？」と Fa が聞き返すと，「人からは（愛着関係が）ついていないように見えているようです……」とつぶやきます。その後も，丁寧な話し方や素振りではありますが，最後まで一瞬も緩まない表情の硬さに，あおいさんの緊張の高さを感じました。

　児童福祉司が退室後，子どもについての質問を Fa がしましたが，あおいさんはしゅんやくんの心象を「いい子，しっかりしている，笑顔がかわいらしい子」と語るも，具体的なエピソードが聞かれず，子育てで困っていることもなかったと話し，ネガティブな内容については一切触れられませんでした。「この時間がとても緊張したでしょう」とあおいさんを労うと，「このプログラムを受けることが，少しでもプラスになっていたいので」ときりっとして応え，Fa の前に壁が立ちはだかる感覚が残りました。

## (2)　プログラム前半の様子

### ① 初回

　プログラム初回であおいさんは，「児相の指導にのらないと（しゅんやが）帰ってきませんから……。自分がちゃんとやっていることをここで見てもらいたいです。愛着関係がついていると証明してほしいんです。そのために，このプログラムを受けることを希望したんです。よろしくお願いします」と

プログラムの受講の目的を，児童福祉司同席の前回とは異なる様相で Fa に
訴えました。その勢いに Fa は圧倒されました。
　その日，施設の担当のふゆ子先生に連れられ，しゅんやくんはふゆ子先生
の手をしっかり握り，児相の待合室に訪れました。あおいさんはしゅんやく
んの姿を見ると，手を広げて「しゅんや！」と呼び，自分からは近づかず，
再び手を大きく広げてしゅんやくんが自分のほうに走り込んでくるのを待っ
ています。しゅんやくんはふゆ子先生の顔をちらりと見ます。そして，促さ
れるとあおいさんのもとへおずおずと近寄ってきて，表情はあまり変えずに
あおいさんに抱き寄せられ，身を委ねていました。そのしゅんやくんを
ぎゅっと抱きしめながらあおいさんは Fa に視線を向け，Fa が自分たち親
子の様子をしっかり見ているか，確認しているかのようでした。
　親子，親担当 Fa，子ども担当 Fa の 4 人でプレイルームに入室するときも，
あおいさんはドアの入り口で自分の靴も丁寧にそろえ，しゅんやくんにもそ
れを促すと，しゅんやくんも母親の真似をしてすぐに靴を揃えます。それに
対して，「よくできたね」とすぐにしゅんやくんを誉めるあおいさんの姿が
あります。それは，とってつけたようではなく，母子の日常のようであり，
あおいさんがしつけや声かけをこれまで大切にしてきた様子がうかがわれま
した。
　親子で出席シールを貼るときも，「ゾウさんがかわいいよね。ママはゾウ
さん大好き。しゅんやもだよね。これにする？」としゅんやくんを見つめ，
話しかけながら，自身が選んだシールをしゅんやくんに貼らせます。また，
「○○○（施設の名前）は最近どう？　先生に怒られてない？」「いい子して
る？　お友だちとは喧嘩してない？」「ご飯は何食べたん？　美味しかっ
た？」などの質問が，次々とあおいさんより出ます。しゅんやくんはそれに
対して「うん」と反射的に返していますが，あおいさんの質問と噛み合って
いません。このように，しゅんやくんに対してあおいさんからの働きかけは，
「これしてみたら」などの指示も多く，あおいさんのペースで始まりました。
　自分をまったく表出できず，母親に合わせるしゅんやくんの様子を見つ
つ，子ども担当 Fa はしゅんやくんの心情を想像しつつ，見守っていました。
しゅんやくんは，あおいさんが退室した後の「子ども時間」でも表情は変わ
らずに，じっとしていました。また，子ども担当に促されるまで，自らは玩

具も選ばず，出してもらった玩具で少し遊ぶのですが，すぐに片づけること
をその日は繰り返しました。

　その後，あおいさんが「親時間」を終えてしゅんやくんのいる部屋に戻っ
てきても，しゅんやくんの表情は変わりません。おやつを行儀よく食べ，4
歳児とは思えない大人びた様子です。最後に，母親が「一緒に写真を撮ろう」
とスマートフォンを向けると，一瞬で定型のようなスマイルを見せ，ピース
のポーズをとっていました。

　プログラムの時間が終わり，待合で待っているふゆ子先生を見つけると，
しゅんやくんはこれまでになかった笑顔を見せ，「ふゆ子さーん」とふゆ子
先生の膝に飛び込んでいきます。その後ろ姿を見るあおいさんの心細気な様
子を感じながら，Faも横にいました。その後，しゅんやくんはふゆ子先生
の手をしっかりつないでから，今度は満面の笑みであおいさんとFaに「バ
イバイ」と元気に手を振ります。まるで，一瞬で充電し，しゅんやくんのエ
ネルギーがチャージされたかの様子でした。しゅんやくんにとって新奇のプ
ログラム時間を，待合にいるふゆ子先生の心象を糧（安心の基地）として，
探索していたかのように見てとれました。同時に，あおいさん自身も，しゅ
んやくんにとって自身が特別の大人ではないことを感じている様子も見えま
した。

### ② 2〜4回目

　「親時間」であおいさんは，「私は子どもを一生懸命育ててきました。子ど
もを傷つけたこともありません。自分が親から厳しいしつけも受けたので，
体罰はしないで子育てをしようとしてきました。そして，実際に叩いてはい
ません。それなのに，児相は私が子どもを利用し，傷つけたと言い，しゅん
やを取り上げました。しゅんやは小さい頃より体も弱く，頻繁に病院にも連
れて行っていました。私は障がい児のケアをする仕事を長年やってきた経験
もあります。子どもとの関わりは一定わかっています。しゅんやとの親子関
係を正しく評価してください」と，再び，児相から親として否定された理不
尽さと怒りを語りました。

　また，当時，児相が関与する虐待の死亡事例がニュースなどで報道されて
いたこともあり，「児童相談所はあんな親と私を同じだと思って見ているの

ではないですか！　あんなひどい親を指導せずに放っておいて，なぜ私なのですか！」「早く返してください！」と，あおいさんはまるで "児相" を想起するたびに怒りのスイッチが入るかのように，語気を荒げました。

　前半に行う親子交流場面観察（親子のみで構造化され，シャボン玉，積み木，絵本などの遊びを行います）を終えたあおいさんの感想は，「とても楽しかったです。遊びが決まっているとしゅんやも安心のようです」と，嬉しそうに語ります。遊び場面では母親が予測できる遊びがあることで，落ち着いてしゅんやくんと過ごせたという自信を見せます。

　翌回，録画したビデオを視聴するなかで，「しゅんや，なんだか大人っぽい。自分に合わせていますよね。子どもらしくない。自分が先に言っている」と，自分に対してしゅんやくんが合わせている様子に気づきます。そのなかで，Fa は，しゅんやくんが自ら始めたパズルボックスにあおいさんが「おお，そっちが面白そうやね」と声をかけると，しゅんやくんがあおいさんのほうをしっかり見て，「見てて！」と笑顔が出ていたこと，その遊びが長く続いていた場面を注目して視聴します。Fa から，しゅんやくんの様子に応答するあおいさんについて，「お母さんにキャッチしてもらったから，しゅんやくんはとても楽しい気持ちになったように見えます」と承認すると，「キャッチボールになっていますか。しゅんやも楽しそう……」と表情が緩みます。ビデオを見るときは真剣そのもので，あおいさんの真面目さ，必死さが伝わってきました。

　「子ども時間」では，しゅんやくんは子ども担当の見守りと緩やかな声かけで，粘土などの感覚的な遊びに少しずつ関心を示すようになりました。自分自身で遊びを探し始め，子ども担当にも一緒にそれを手伝わせようとする場面も出始めます。相変わらず，すぐに片付ける行動は続いてはいますが，子ども担当 Fa に対して幼い甘えるような表情も出始めます。

## (3)　プログラム中盤

　「親時間」で親自身のバイオグラフィーに触れるなかで，子ども時代，厳格な父母のしつけのもとで，「努力しなければ人として価値がない」というエピソードが語られました。実父から「勉強もスポーツもどれだけ頑張ったかが大事」と言われ，たとえ成績が良くても「努力が足りない」と叱られま

した。その際には体罰があったことも淡々と語りました。また，休み時間や給食時間にどう過ごしていいのかわからなかったこと，友人とうまくやれなかったこと，いじめで登校がつらくなった時期にも欠席することが許されず，「負けるな」と家を出されて行くところがなかったと話します。しゅんやくんが保護される前後も，自分の親には自身がしんどいことなど，とうてい言えませんでした。

　あおいさんの語りからは，「努力」によって他者から認められることで自身を保ってきたあおいさんの，他者との関係性のありようが認められます。そのようなあおいさんにとって，そして，これまでの失敗が許されてこなかった彼女の育ちからも，「大人の都合で子どもを利用し，置き去りにして，しゅんやちゃんを傷つけた」という保護時に児相から説明された事由は，「親としての自分に×印がついた」という決定的なダメージとして，受け止めていることが推測されました。

　「親時間」のなかでは，子どものアタッチメントや探索欲求についての，心理教育（養育者の役割について考える）のテーマがあります。しゅんやくんのアタッチメント欲求（安全な避難所の有無）について，あおいさんとともに振り返りました。

　あおいさんは施設入所前について回想し，しゅんやくんを保育園から連れて帰ってくると「今日は楽しかった？」と質問し，しゅんやくんが「楽しかった」と言うまで尋ねていたことを話しました。しゅんやくんの「楽しかった」という言葉を聞くまで自分が不安を感じていたこと，しゅんやくんはいつも「楽しかった」と“自動的”に答えていたことに気づきます。

　その頃から，すでにしゅんやくんはあまり自分の手を煩わせない状態であったと言います。発達に課題のある障がい児をケアする仕事をしていたときには，具体的なマニュアルによってある程度，障がい児に関わることができました。障がい児はサインを出してくれますが，手のかからないしゅんやくんのことがよく理解できませんでした。「しゅんや」という存在は，あおいさんにとって予測不能で理解しがたかったこと，不機嫌や不安な素振りをされると，どうしてあげていいのかわからなかったことを語りました。Faにはそれが，なんとかすることができなかった自分自身を，あおいさんが価値がないかのように思っているように見受けられました。

　「子ども時間」では，しゅんやくんは感覚的な遊びを「ぐちゃぐちゃ」と呼び，ぐちゃぐちゃの状態を好むようになりました。また，子ども担当 Fa に対して，強く主張したり，命令したり，聞き分けのよいしゅんやくんではなくなってきました。「子ども時間」の後に母親と一緒に過ごす親子交流時間があることを予測し，あおいさんのことを「もうすぐ来る？」と待つ様子も見られるようになりました。

　「親子交流時間」であおいさんは，これまでは自身が苦手で制止してきた「ぐちゃぐちゃ」遊びを行うしゅんやくんを見守り，禁止はせずに遠くから声をかけていました。しゅんやくんの好きな感覚遊びを一緒に楽しむことは難しいですが，しゅんやくんが楽しんでいる様子を見ていることはできました。

　プログラムが中盤を越えたあるとき，その日の終了時間が近づくと突然，あおいさんからしゅんやくんの担当のふゆ子先生の退職の話が出ました。「私もふゆ子先生に慣れていました。ふゆ子先生は面会にずっと付き合ってくれました。ふゆ子先生が退職されると聞き，これからどうなっていくのでしょうか。それに最近，面会のとき，しゅんやが帰り際に『ママのお家で泊まりたい』と言うんです。施設から早く引き取りたいです。ふゆ子先生も辞めるし，このままではしゅんやがかわいそう。しゅんやは不安でたまらないと思う。ふゆ子先生が辞めるなんて……」と話すあおいさんから，その日一番言いたかったであろうふゆ子先生の退職に関する不安の感情が，最後に一気にあふれ出たようでした。

　あおいさんにとってふゆ子先生が，施設で母子面会する際には心の拠り所になっていたこと，そのふゆ子先生が退職をされることで，これからどうなるんだろうとあおいさんが心配になっている気持ちがあることを，Fa より代弁しつつ，そのつらい感情に寄り添いました（毎回の送迎時の様子からは，ふゆ子先生にあおいさんがそのような感情を持っているようには，とうてい見えませんでした）。あおいさんの了解を得て，待合で待つふゆ子先生に，あおいさんがふゆ子先生の退職を不安に感じていることを本人とともに伝えました。ふゆ子先生は，自分が退職してしゅんやくんの担当でなくなることを申し訳なく思っていること，あおいさんが頑張って面会を続けてくれていることが，しゅんやくんだけでなく自分も嬉しかったと語りました。あおいさんはふゆ子先生に対して，しゅんやくんについてこれまで教えてほしかっ

たことをリクエストし，改めてふゆ子先生と面会時に話す時間を設けてもらう約束をすると，少し落ち着きました。しゅんやくんは子ども担当の横で，あおいさんとふゆ子先生が話し合う様子を見ていました。

　この頃，「早急に家庭に引き取りたい」と，あおいさんから担当児童福祉司に引き取りの要求が強く出ていました。「面会や外出，外泊と飛ばして，一気に引き取りたい」「幼稚園時代に引き取らないといけない。しゅんやがかわいそう」というあおいさんに対して，児童福祉司はしゅんやくんが安心できるように必要なプロセスを説明しますが，あおいさんは納得せず，一方的で，児童福祉司との対話も難しくなっているという状況をFaも聞いていました。

　Faにも同様に，「早急に引き取りを児相に訴えている」という話があり，その内容を確認します。それは，児童福祉司に言った要求と同じでした。あおいさんの言い方は断定的で，かなり強い思い込みのうえでの語り方でした。まったく子どもの視点を感じられない発言に，Faは振り出しに戻るような焦りを感じつつ，この過剰な言い方こそがあおいさんの恐れへの反応であることを想起します。

　あおいさんの意図を確認するために，Faが「一気に引き取りって？　そう思うのはなぜ？」と聞いてみると，「これから面会や外出の後，きっとしゅんやが別れの場面で泣くことが増える。しゅんやをいっぱい泣かせて，どうしていいのかわかりません。そのままだとかわいそう。外泊が増える分，泣かせる回数も増える。少しでも泣かせる回数を減らしたいんです」と一気に話します。

　「幼稚園のあいだに絶対に引き取るって思うのはなぜ？」との問いには，「小学校でのいじめは，幼稚園時代に友だちができないから。幼稚園に行かせ，私がそのときにママ友を作らないと，その後子どもが小学校でやっていくことができない。とにかく，地元の幼稚園に行かせないとダメ」と，あおいさんがモデルとする以前の職場の先輩から聞いたことがしゅんやくんの引き取り時期のガイドラインとなり，目標になっていたことがわかりました。

　ふゆ子先生の退職により頼りになる人を失いあおいさんのアタッチメントが活性化され，引き取りに際して自分が恐れていたしゅんやくんに対しての漠然とした不安が，「強い引き取り要求」として表出されている可能性が推

測されました。あおいさんのニーズは，外出外泊時に自分がしゅんやに適切に対応できなかったらどうしよう，という恐怖に近い感情であり，数少ない養育モデル（職場の先輩）の言葉が，あおいさんにとっていかに大きく影響しているかがわかりました。そこから，何かを決断するときに，ガイドラインとなるものを希求しているあおいさんの状態像が見えてきました。あおいさんの推測されるニーズに関しては Fa から見えることとして本人と共有しました。また，当面プログラムにおいて，彼女の引き取りに関しての不安に寄り添うことを児童福祉司にも伝えました。

### (4)　プログラム後半

　この頃の親子交流時間では，終了時間が近づくと，しゅんやくんが「終わりたくない」とすねたり，ぐずぐずと玩具を片付けない場面が出てきました。そのときにあおいさんは，「終わりたくないね。もっと遊んでいたいね」としゅんやくんの気持ちを代弁しつつ，片づけを一緒に行っていました。その様子をスタッフが承認するとあおいさんもうなずき，安全な避難所の役割を自らが行っているということはあおいさんにとって確かな自信になっているように見受けられました。

　現在，しゅんやくんは遊びや幼稚園でのチャレンジ（探索行動）が見られる状態で，しっかり成長していることを確認し，施設と親という二つの安心の基地がつながっていることで，よりしゅんやくんが安心していること，そして，それが今後のしゅんやくんの大きな力（リソース）になることを説明しました。あおいさんはそれをじっと聞いていました。

　最終回，親子の出会いの場面では，しゅんやくんはあおいさんを見ると自分から勢いよく駆け寄っていきます。自分のリュックからキャラクター水筒を取り出し，あおいさんに自慢して見せ，自分が飲んだ後であおいさんにもお茶を飲ませて満足していました。

　親時間のなかで，「保護されたときのしゅんやは安心の基地もなく，頼れる大人がいない状態でした。自分のことで必死でした。子どもにとっての両手（安心の基地と安全な避難所）には，とてもなれなかった……。しゅんやは不安定な私の様子を見ていて，何も言わなくなったのだと思う。かわいそうでした」と話しました。また，当時の自分が明らかに不適切な養育をして

いたこと，児相に保護されて施設でしゅんやくんが育っていることは，しゅんやくんにも自分にも必要だったことを話しました。

　その後，児童福祉司の同席のもとで，プログラムを共に振り返りました。「プログラム開始当初のしゅんやと比べると，子どもらしくなってきました。自分にもわがままを言ったり，気持ちをぶつけてくれます。施設にいて安心だったと思います。のびのびできる場所に置いてもらって……。しゅんやのことは一生懸命してきたつもりでしたが，気持ちのことはわかりませんでした。これまでは，しゅんやに嫌な気持ちがあってはいけないと思っていました。嫌な気持ちがあってもいい。そのときに親のすべきこと（安全な避難所）の役割がわかったことが助かりました。これまで何もわかりませんでした……。今の私の体調は，まだ本調子でない。病気はすっかりよくはならない。一歩引いてしゅんやの気持ちを見ていけるといいなと思うけど簡単ではありません。……本当は自分に安心の基地がないと，子どもを見ていくのは大変……」と，児童福祉司に向かって率直に語りました。「しゅんやにとって必要な引き取りのプロセスについて，再度話し合っていきましょう」というその後の児童福祉司の提案に，「早く引き取りたい気持ちは変わらないけれど，しゅんやのペースは大事にしたいです」と話しました。

　その後，しゅんやくんと自身の「安心」の状態を探る家庭復帰の準備期間を経て，プログラム修了から9カ月後に家庭引き取りとなりました。

## (5)　翌年のフォローアップ時のあおいさんのコメント

　「話すのがしんどいこともありました……。今となっては，やってよかったです。蓋をしていたことをちゃんと出して，見つめることができました。ひとりでは無理でした。CRCのプログラムを受けていなかったら，『なんで？』から抜け出せていなかったと思います。しんどさのなかにグズグズいるだけで，児相と言い合っているだけに留まっていただけかもしれません。……スタッフと一緒にしゅんやに会えたのもよかったです」。

## 事例へのコメント
### ——支援者が安心の基地となることで親と子のニーズを引き出すことに至った事例

【服部隆志】

　本事例は，就学前の子どもとその母親を対象としたプログラム実践です。母親自身が変わり，アタッチメントの関係性が変わり，そして子どもが変わる様子がわかる，力強いプロセスだと思います。同時に，支援者のファシリテーター（以下，Fa）の方が，苦労しながら母親に寄り添ってきた様子もうかがえます。

　本事例は，子どもが母親のもとへ帰り，家族再統合をすることが目標になります。そのために，① 在宅時に不適切な関わりがあり，子どもに悪影響を与えていたことを母親が理解するか，② 母親の子どもへの関わり方や，親子の関係性（アタッチメント関係）の改善，③ 子どもが母親に安心感を持ち，母親と生活したい気持ちになるか，④ 母親の精神的な安定と，受診状況の確認（主治医との連携），⑤ 親子へのサポート資源の準備，が必要になります。このプログラムでは，①～③ へのアプローチが行われたのではないかと考えます。

　そのような前置きのうえで，本事例のプロセスについて考えたいと思います。

　プログラム開始時で目に留まるのは，やはりあおいさんの表情の硬さとニーズ，モチベーションの乏しさです。背景にはあおいさん自身の不安や恐れも関係していると思います。つまり，自分は子どもと関係再構築できるのか，Fa が自分の気持ちを受け止めてくれるか，Fa とうまく関係を作っても見捨てられるのではないか，子どもが帰れるか否かのジャッジをされるのではないか，といった気持ちです。そのあり方は当然，Fa や子どもに影響を与えるために，プログラムの初期ではその不安や恐れを取り上げ，話し合う必要があるかもしれません。

　Fa の前に「壁が立ちはだかる感覚」があると表現をされていますが，こちらの支援の手が届きにくい様がリアルに伝わってきます。また，この壁は

Fa の後ろにもあり、母親や子どもと関係構築できるのか、こちらが伝えたいことを受け入れてくれるか、プログラムの途中で来なくならないか、母子関係を改善して再統合につなげられるのか、といった逃げ場がなく追い詰められる感覚を感じられたことと思います。

　以上から考えると、あおいさんとしゅんやくんが、児童相談所という外からの働きかけによる導入から、自分の内からのモチベーションへの変化、つまりあおいさんの困り感を引き出し、自分が変わりたいというニーズにつなげることが大変難しい作業になりそうなことが示されています。

　プログラムの初回では、対面時にしゅんやくんはあおいさんのもとにおずおずと近寄り、表情も変わりません。しゅんやくんのなかの不安感にあおいさんが気づくことは難しく、しゅんやくんが母親に合わせること、言い換えれば心にフタをして適応しようとしてきたこれまでの関係性が表現されています。プレイルームへの入室時には、あおいさんからしゅんやくんに「よくできたね」とほめる声かけがあり、あおいさんはポジティブな声かけが自然とできています。その後は、あおいさんから押し付けるような声かけが始まります。しゅんやくんの立場に立ったり、しゅんやくんの気持ちを考えようとする姿勢になることは、まだこの段階では難しい様子です。子ども担当のFa が感じ取ったように、しゅんやくんには、まるで後ろに壁があるのに母親にグイグイ押される逃げ場のない感覚を、以前の Fa 同様に感じられたのかもしれません。

　本事例のひとつの重要な局面は、「親時間」におけるあおいさんの過去の振り返り作業だと思われます。あおいさんは最初に「子育てで困ったこともなかった」と話したように、過去のネガティブな気持ちや体験にフタをする傾向があります。これはあおいさん自身が自分の親との関係でフタをしていることがあり、そのことと関係しているように思います。

　子育てをすることは、自分が受けた子育ての記憶や気持ちを刺激される行為であり、過去のネガティブな気持ちが蘇ってくることがあります。この現象をフライバーグら（Fraiberg et al., 1975）は、「子ども部屋のお化け」と呼びました。つまり、親が子どものときのネガティブな記憶と気持ちがお化けのように現れ、現在の子育てに影響を与えるのです。あおいさんはそのお化けを封じ込めようと必死になっているように見えますし、そのことはつま

り，しゅんやくんとの養育にまつわるネガティブな記憶と気持ちを，封じ込めてしまうことにつながります。

　都合よく，自分の子ども時代の記憶と気持ちだけフタをすることは難しいものです。そして，しゅんやくんへの子育てを振り返り，不適切な部分を修正するためには，封印していたあおいさん自身の子ども時代を振り返り，整理することが必要になる場合があります。親子関係の変化の際には，心理教育やビデオフィードバックにより，子どもへの関わり方をスキルアップしていく方法がとられることがあり，それはとても重要な支援になります。一方で，あおいさんのように，親の生育歴からくる課題の整理をすることが助けとなる方もいらっしゃるように思います。

　あおいさんは，2〜4回目の面接で「親から厳しくしつけを受けてきた」と述べ，その後に児童相談所への理不尽さと怒りについて語られます。この理不尽さと怒りは，本来はあおいさんの親に向けられるべき気持ちです。もともと，親に対して理不尽に厳しくしつけられる怒りをマグマのように溜め込んでおり，それが児童相談所の介入がきっかけとなり，噴出したのかもしれません。

　同じように，プログラムの中盤では，父母から「努力しなれければ人として価値がない」と聞かされてきたエピソードが話されます。本論で触れられているように，児童相談所から一時保護された経験は，あおいさんにとって親から自分の存在を否定された経験と重なる体験になります。ここで思い出されるのが，もともとの入所理由が，あおいさんがしゅんやくんを置き去りにしたことという点です。この行為はあおいさんが精神的に不安定になったことに加えて，自身の過去を刺激されるしゅんやくん（＝ネガティブな記憶と気持ち）を置き去りにしたいという背景が関連しているかもしれません。

　一方で，あおいさんには強みもあります。たとえば，しゅんやくんに対してポジティブな声かけが自然にできること，録画したビデオを視聴すると子どもの様子や親子の関係性を客観的に眺められること，Faのポジティブな承認を素直に受け取り，吸収できることが挙げられます。それらのあおいさんの力に助けられながらプログラムは進んでいきます。「親時間」で自分の過去にフタをすることなく，Faと一緒に振り返る作業ができています。言い換えれば，過去のネガティブな記憶と気持ちが整理され，吐き出せたこと

になります。そのことで心にゆとり（余地）が生まれ，Faの心理教育などによる新しい知識やスキルを取り入れる余地が，できたように思われます。

　本プログラムでは，親担当のFa以外にも，あおいさんとしゅんやくんの間を橋渡しした方の存在も大きいように思われます。一人は子ども担当のFaであり，プログラム中盤の「子ども時間」では，感覚的なぐちゃぐちゃ遊び（＝しゅんやくんの母親への複雑な気持ちを表現した遊び）を扱い，しゅんやくんが子ども担当Faに素直に気持ちを表現することで，母親にも表現できるようになる媒介役を担っています。

　あとは，あおいさんとしゅんやくんにとってのふゆ子先生の存在です。本文に出てくるように初期の段階では，しゅんやくんにとっては，あおいさんよりもふゆ子先生のほうが安心の基地になっていそうです。そして次第に，あおいさんにとっても，しゅんやくんをふゆ子先生に渡すことに安心感を感じるようになっています。母親が施設担当のふゆ子先生をライバルではなく，サポーターとして認知するためには，子どもと一定は関われているという安心感があり，かつ外への攻撃ばかりでなく内省モードになれることが必要なように考えます。

　そしてこの変化は，親担当Faとのそれまでの相互作用による成果だと思います。あおいさんとしゅんやくんの相互作用に目を移すと，プログラム中盤で，しゅんやくんのぐちゃちゃ遊びに対して子どもの気持ちを尊重して，あおいさん自身の気持ちを押し付けないという変化が生まれています。

　その後，あおいさんが早急な家庭引き取りを希望され始めます。「しゅんやは不安でたまらないだろう」「幼稚園時代に引き取らないとしゅんやがかわいそう」などの言葉は，しゅんやくんの気持ちを共感，推測したというよりも，あおいさん自身が今後の不安，しゅんやくんとの分離の悲しみを持っていることが背景にあるかもしれません。これは投影という心の働きとも言えます。つまり，子どもの気持ちについて考えられるようになったあおいさんでしたが，自分のネガティブな気持ちを子どもに押し付けようとするあり方が復活して，出てきています。しかし，Faはあおいさんの不安や恐れが背景にあることを理解し，その気持ちを丁寧に聞き取り，あおいさんを支える関わりを継続しています。行きつ戻りつしながらもFaが母親の安心の基地となり，それにより母親が子どもの安心の基地になるという，入れ子構造

になっているように見えます。

　これらのプロセスを経て，プログラム後半ではあおいさんがしゅんやくん
に，「終わりたくないね。もっと遊んでいたいね」と気持ちを代弁したり，
入所前のしゅんやくんの心情について内省するといった，大きな変化につな
がっています。最後にあおいさん自身が振り返られているように，母親が自
分の過去のネガティブな気持ちの整理を行い，子どもの気持ちや考えを想像
し，安心感を大切にして関われるようになる変化を達成されたように思えま
す。もちろん，これらは独力では達成できず，親担当 Fa，子ども担当 Fa
から，安心感を得ながら一緒に考える作業をした結果だと考えられます。

　以上，コメントを述べさせていただきました。本事例は，親の変化が難し
くも可能であること，そのためにどのように作業を一緒にすることが求めら
れるかを，明確に示していただけたと思います。親支援をしている方々が勇
気づけられる事例報告だと思います。親子への支援プログラムは必要不可欠
ですし，今後も実践を積み重ねられるなかで，さらにプログラムが発展され
ることを願っています。

**【文献】**

Fraiberg, S., Adelson, E., & Shapiro, V. (1975) Ghosts in the Nursery: A Psychoanalytic
　Approach to the Problems of Impaired Infant-Mother Relationships. *Journal of
　American Academy of Child Psychiatry*, 14(3), 387-421.

Salzberger-Wittenberg, I. (1970) *Psycho-Analytic Insight and Relationships：A Kleinian
　Approach*. Routledge. (平井正三監訳. 〈2007〉臨床現場に生かすクライン派精神分析
　——精神分析における洞察と関係性. 岩崎学術出版社)

# おわりに――対人援助職のこころの健康とそこに寄与する訓練

## 1. 心理職と社会福祉職の協働

　本書はタイトルが示すように，子どもの虐待に関わる現場で，そのアセスメントとケアに携わる臨床心理士やソーシャルワーカーの「臨床の知」をまとめたものです。虐待を受けた子どものアセスメントやケアに関して，臨床心理士の視点から，あるいはソーシャルワーカーの視点から書かれた書籍は，子どもの虐待が世の中に注目されるようになるにしたがって，それと比例するように増えてきているのが現状だと思われます。しかし，本書のように，臨床心理士とソーシャルワーカーが共同で執筆した書籍は，これまでほとんどなかったのではないでしょうか。私は，こうした心理専門職と社会福祉専門職の協働こそが，まさに，日本の児童福祉の"強み"ではないかと思っています。

　私が英国で，子ども・思春期精神保健サービス*10 の臨床訓練生として心理療法の仕事に携わっていたころ，よく同僚から指摘をされていたのは，日本の児童相談所では心理専門職と社会福祉専門職が同じオフィスの中で協働をしていることの利点でした。英国では，心理専門職（と言っても，臨床心理士や心理療法士，教育心理士など，その専門性はかなり細分化されています）はもっぱら精神保健サービスに，社会福祉専門職（こちらもやはり，虐待専門，障害専門，成人専門などに細分化されています）はもっぱらソーシャルサービスに所属しており，同じ管轄地域の担当であっても，ケースについての情報共有がうまくできていないことが多々見られたからです。

---

*10　全国各地に地域ごとに配置された，子どもと思春期青年，そしてその家族のための精神保健相談を行うクリニック。日本の児童相談所に近いイメージだが，福祉職は配置されておらず，もっぱら子どもと家族の心の状態についてアセスメントをしたり，心理療法などのケアを提供したりします。ただし，相談を受け付けた際，あるいは相談の経過のなかでソーシャルサービスの介入が必要だと判断された場合には，当該地域のソーシャルサービスに連絡をし，連携を取りながら相談を継続します。

　これは，特に重篤なケースを扱い，それぞれの専門性が高い Tier3 に属する子ども・思春期精神保健サービスにおいて顕著に見られることでした。そうした関係機関間の連携のまずさから，不幸にも幼い子どもが命を落とすケースも少なくなく，そのたびに，こうした機関間の連携の必要性が強調されてきました。そして，子どもや家族と第一線で関わる Tier1 に当たる諸機関は，問題が重篤になる前に Tier2〜3 の専門機関に家族を紹介する，というシステムが構築されるようになっていきました。また，縦割りの解消を目的に，保健医療・福祉・教育という子どもに関わる三つの部門を統合し，「子どもサービス」が立ち上げられました。ただ，そのような動きがあるなかでも，精神保健サービスに社会福祉職が，ソーシャルサービスに心理専門職が配置されるということには，たどり着かないのが現状のようです。

　私自身は臨床心理士であり，また，精神分析的心理療法のオリエンテーションを持つ子ども・青年心理療法士として，子どものアセスメントやケアについて心理学的な視点から検討し，実践を行っています。その際，服部が強調しているように，アタッチメント理論の観点から学ぶことが多いのはもちろんのこと，本書でとりあげたライフストーリーワークや親子関係再構築プログラムなどのソーシャルワーク的な視点および取り組みは，虐待を受けた子どもと出会っていくうえでは，特に欠かせないものだと考えています。精神分析的心理療法は，その子どもを取り巻く「社会的な文脈」から検討するものでもあるからです（Alvarez & Reid, 1999）。

　心理療法は，心理療法士が密室に閉じこもって子どもとのセッションを密やかに行い，そこで何が起こっているのかについては守秘義務を理由に決して口外しないといった，一般によくありそうな"誤解"とは，実はほど遠い姿勢にあります。このことは，『児童養護施設の子どもへの精神分析的心理療法』（平井・西村，2018）で紹介されている数々の心理療法の事例に目を通していただければ，より一層明らかになるのではないかと思います。同書がすでに出版されていることもあり，本書では，児童養護施設における心理療法の事例を含めつつも[*11]，より幅広い視点から子どものアセスメントとケアについて検討できるよう，ソーシャルワークの専門性からも事例を紹介しています。

　私は，先述のように，虐待を受けた子ども（あるいは必ずしも虐待を受け

ていないとしても）に心理療法を行ううえでは，ライフストーリーワークの視点は非常に重要なものだと考えています。そこで，私が児童相談所で仕事をしていた当時，同じオフィスで同僚として，また大先輩としてさまざまなケースについて共に考えてきた，現チャイルド・リソース・センター代表理事長の宮口と，元帝塚山大学教授の才村に，本書の趣旨に賛同を得て執筆陣に加わってもらいました。二人は，児童相談所の児童福祉司としての経験を踏まえ，現在は「親子関係再構築プログラム」や「ライフストーリーワーク」の実践とその普及に努めており，本書にもそれぞれ，その理論的な解説から実践例に至るまで，丁寧な解説を加えています*12。こうして本書において，心理療法の事例とともにこれらの実践事例について紹介することができたのは，心理職と社会福祉職の両者にとって，またとない協働の機会であり，大変喜ばしく感じています。

　また，本書の企画のきっかけの一つになったのは，服部を中心とする本書の執筆者の数名が，日本子ども虐待防止学会第 22 回学術集会（2016 年）——まさに多職種の会員から成り立つ学会です——で行ったシンポジウム「被虐待児の心理アセスメントとケア」，そして 2019 年の大阪府臨床心理士会研修会でのシンポジウム「虐待を受けた子どもの心理的アセスメント」でした。これらはいずれも，子どもの虐待に関わり，あるいは関心のある専門職を対象にしたものですが，こうした場での知見を，今回，このような形でより広い読者に向けて問いかけることができたものと思っています。

## 2. 対人援助職のこころの健康とそこに寄与する訓練

　さて，ここで，子どもの精神分析的心理療法を専門とする立場から，あら

---

*11　本書では，児童心理治療施設における心理療法の事例を掲載することは叶いませんでした。特に，永井の勤務する児童心理治療施設における心理療法の事例に関心のある専門家の方は，『心理治療と治療教育』第 30 号（2019 年）を参照してください。

*12　事例については，児童相談所の現役の児童福祉司で，ライフストーリーワーク研究会のメンバーである新籾が執筆しています。また，ライフストーリーワークを支える一助になるであろう絵本に，『エルファと思い出のはこ』（「親と離れて暮らす子どものための絵本シリーズ」のうちの 1 冊）（2019 年，誠信書房）があります。子どものみならず大人にとっても，自分がどんなふうに育ってきたのかを振り返り，そこに思いを巡らせることの大切さがしみじみと伝わってくる，ゾウのエルファの物語です。

ゆる対人援助職にとって役に立つと考えられる訓練について述べたいと思います。

　私たちが子どもや親（あえて「虐待を受けた子ども」，あるいは「虐待をしてしまった親」という表現は用いないことにします）と関わる際に大切なことは，その場で語られること/語られないこと，子どもがどんな遊びをするのか/しないのか，その表情やこちらへの関わり方や働きかけ方など，言語的・非言語的なあらゆるコミュニケーションに注目する必要があることは言うまでもありません。その際，大切なことは，そこで起こっていることと起こっていないことの詳細に気づき，それを心にとどめる援助者側の能力です。これは，できる限り先入観を脇におき，あるいは何らかの理論体系に当てはめてみようとすることなく，その場で起こっていることについて，ありのままに見ようとする心の状態を維持しようとすることです。

　さらには，そのとき，その場で，援助者である私たち自身の心の中に起こっていること/いないことにも気がついていること，そして，それについて考えることができるこころのスペースと能力を，維持し続けることです。「この人といて，どんな気持ちがするのか」。これは，精神分析の言葉では「逆転移」と呼ばれますが，これこそが，その人について知り，理解をするための重要なツールの一つになると考えます。つまり，その人は今，私に対してどんな気持ちを理解してもらいたいのか，あるいはどんな心の状態にあるということを伝えてきているのか，それを知る鍵が，私たち自身のなかに沸き起こってくる感情なのです。

　これは，必ずしも相手が意識して私たちにそう感じさせようとして行っているのではなく，まさに無意識に行われるコミュニケーションです。この人・この子どもといると，いたたまれず悲しい思いに襲われるのか，あるいはとてもイライラしてきて，つい丁寧な対応ができなくなってしまいそうになるのか，または，何とかしてこの親子を助けたいと救世者願望を掻き立てられるのか……，私たちのなかに起こってくるこうしたあらゆる感情は，むろん，私たち自身が持つ個人的な体験や課題に端を発するものである可能性もあります。それについては，やはり，私たち自身が心理療法を受けるなどして考える場を持ち，見つめる必要があると言えます。しかし同時に，こうした感情は，その相手から私たちの心の中に投げ入れられたもの（投影）を，私た

ち自身が強烈に体験しているものである可能性もあるのです。だからこそ，こうした感情を吟味することが，相手を知り，理解をするための重要なツールになると考えられるのです。

　こうした感情は，特に心理療法という，ある設定された枠組みにおけるクライエントとセラピストという二者関係においては顕著に起こりうることですし，特に精神分析的心理療法においては，こうした無意識のコミュニケーションとその理解を通じて心理療法が展開していくものと考えます。しかし，こうしたコミュニケーションが起こるのは，なにも特定の心理療法の場面に限ったことではありません。私たちの日常生活においては，こうしたことが常に繰り広げられています。さまざまな傷つきを抱えた子どもたちが集まって暮らす児童養護施設や児童心理治療施設のような場で，こうしたことが起こり，さらに職員も含めたお互いの傷を深めあうといった，とても痛ましいことが日常的に起こっているのもまた，現実でしょう。

　そこで，心理職に限らず，対人援助職に就く者は，人と人との間ではこうしたコミュニケーションが繰り広げられるのだということを知っておくこと，そしてそのことの理解に努める必要があるのだということを，まずは受け止めていただきたいと思います。そして，こうした感情について，援助者自身が十分に意識的に感じ，それについて考えることができるスペース——時間的にも自らの心の中にも——を持つことこそが，援助者のこころの健康に寄与することになるのです。

　では，こうしたコミュニケーションについて，より気づきを深め，そして理解をしていくためには，どのような訓練を積めばよいのでしょうか。こうしたことについて，文献を読むなどして知識を蓄えることも一つの方法でしょう[13]。また，先にも触れたように，自分自身が心理療法を受けることを通して，自分自身のこころについて誰か（セラピスト）と共に考えるという機会を持つことも，大きな支えになります。これは文字どおり，こころの健康を維持するための援助を，援助者自身が受けるという体験にほかなりま

---

[13] たとえば，『臨床現場におけるクライン派精神分析——精神分析における洞察と関係性』（2007 年，岩崎学術出版社）は，こうした精神分析の理論について，実際のケースワークや学校などの場面でどう理解し，応用できるのかが，平易な言葉で解説された良書です。

せん。

　援助者が心理療法を受けるということは，非常に敷居の高いことだと感じられるかもしれませんが，「援助者ではなく，被援助者になってみる」という体験は，これから長きにわたって援助者として仕事をしていく専門家にとっては，何ものにも代えがたい体験になることは間違いありません。自分自身の体験や思いについて誰かに語るということそのものが，非常に難しい体験だと感じられることもあるかもしれませんし，あるいは，そうして誰かに自分の心の内を聴いてもらえるという体験によって，救われる思いをすることもあるかもしれません。

　また，その場で起こっていることをありのままに観察しながら，そこで起こってくる自身の感情についても見つめていく作業をするために，基本的な力をつけることができると考えられているのが，「乳児観察」の訓練です。生後間もなくから，赤ちゃんが家庭で育っていく様子を，その家庭を毎週1時間訪問して観察するというこの訓練は，日本でも臨床心理士や精神科医らが受けるようになって20年ほどになります。英国やヨーロッパでは，精神分析家や心理療法士のための基礎訓練とされているほか，ソーシャルワーカーや看護師，保健師など，幅広い対人援助職の卒後訓練として行われています。また，近年では，この方法を応用し，虐待や障害などのいわゆるハイリスク家庭に対する治療的観察も行われるようになっています[14]。

　また，自身の職域について詳しい先達からスーパーヴィジョンを受けることも，役に立つでしょう。これは，1対1での個人スーパーヴィジョンであっても，あるいは，少人数のグループ形式のスーパーヴィジョンであっても良いでしょう。苦労をし，悩んでいるのは自分一人だけではないと感じられるだけでも，大いに助けになるでしょうし，他の人の実践や工夫から学ぶことも多いものです。そして，こうしたスーパーヴィジョンに類するものに，第3章で荒屋が触れているワークディスカッションがあります[15]。

　荒屋の紹介する施設では，外部の専門家が当該の職場に出向いてグループディスカッションを行う形式がとられています。つまり，参加者は皆，同じ

---

*14　『乳児観察と調査・研究』（2015年，創元社）には，その歴史，訓練としての意義，そして治療的観察の事例が豊富に紹介されています。

職場の同僚であり，職場の中で起こっていることを互いに熟知したメンバー構成です。そのため，話しやすいこともあれば，反対に話しづらい場面もあるであろうことは想像にかたくありません。そこで話し合われたことは，外の世界，つまり日常業務の場には持ち出さないということが前提にはなっているものの，やはり，日常業務に支障をきたすのではないかという不安も伴うでしょう。

　しかし，たとえば誰か一人が，ある子どもとの関わりにおいて抱えている困難について話し出すことができたとしたならば，それはその場にいる他の同僚らとも共有できる感覚であるかもしれず，困難を感じているのは自分だけではないのだと思えることは，なんとも心強いことではないでしょうか。即座に何かが解決されるわけではありませんが，少なくとも，自分だけが困難な思いを抱いているという孤独感からは解放されるでしょう。そして，それが，その職員集団が皆で困難さを抱え，それについて考えることができ始める糸口にもなるでしょう。

　スーパーヴィジョンもそうですが，ワークディスカッションもまた，何か正しい答えを得るために行われるのではなく，あくまでもそこでいったい何が起こっているのかということを，一人ではなく，誰かと共に考える，そうした空間が生み出されることが目的だと言えるでしょう。

　一方，さまざまな職場の多職種・同職種が集って行われる形式のワークディスカッションもあります。この場合，職場も職種も多種多様ですから，まずはグループのなかで，自分の仕事について理解してもらえるよう説明をするところからディスカッションが始まります。そうした説明が不要な先の形式のグループとは異なり，ここに時間やエネルギーを割くことが負担に感じられることもあるかもしれません。

　しかし，自身の職場の状況や職種の特殊性などについて，他の職場の他職種に話をするなかで，またそうした人たちからの質問に答えていくなかで，自分の抱える状況が整理されていくプロセスは，とても貴重な体験になると

---

*15　『ワークディスカッション——心理療法の届かぬ過酷な現場で生き残る方法とその実践』（2016年，岩崎学術出版社）は，学校場面や施設，あるいは病院など，さまざまな対人援助場面において援助に携わる者が，いかに自らの心を使いながら被援助者との関係性を構築し，それを維持していくのかという多くの実践例に富む良書です。

言えるでしょう。また，グループのメンバーが同じ職場の同僚ではないことで，職場の状況や自身が抱いている困難について，かえって話しやすいと感じられるかもしれません。職場の外に，こうした考えるための空間を持つことで，職場や同僚，そしてそこでの自身の体験について相対化し，客観的に見つめる機会にもなります。

　日本ではまださほど普及していない営みではありますが，対人援助職にとっての重要な援助と訓練の一つとして，今後の広がりが期待されます。


　以上，自分自身の心の状態や，被援助者と共に過ごす際に起こってくる感情に対して，より開かれ，敏感になること，そしてそのことについて考えることのできる心のスペースを維持すること。これこそが，対人援助職に就く私たちの心の健康を維持することにも，また援助を行ううえでのスキルの向上にもつながるということについて述べてきました。簡単にまとめると，以下の四つになります。

(1)　自分自身が心理療法を受けてみること。

(2)　特に，その場で起こっていることをありのままに観察し，かつ自分自身のなかに起こってくる感情により開かれるようになるためには，「乳児観察」の体験が役に立ちます。

(3)　個人，あるいはグループでのスーパーヴィジョンを受け，仕事の状況について話し合うことのできる場を確保すること。また，体験できる機会は少ないかもしれませんが，ワークディスカッションという機会を持つことも有益でしょう。

(4)　自身の専門性や職場環境に関する文献を読んだり，セミナーなどに参加したりするなど，どちらかと言えば受け身的な訓練だと思われるものについても，上記の (1) ～ (3) と組み合わせることで，より生きた学びにつながるものと思います。


　対人援助職の“燃えつき”についてはよく耳にしますし，私たちにとっては大きな課題の一つですが，このことはしっかりと考えられていないように思います。「仕事とプライベートの時間をしっかりと分けること」「十分な休

息をとること」「気分転換をすること」など，なるほどそのとおりだと思われる言説は多々ありますが，これらは言うは易し行うは難しだというのが実情ではないでしょうか（少なくとも，私自身にとってはそうです）。

　しかし，この多少長めの「おわりに」で述べてきたことは，要するに「孤独にならないように努めること」なのかもしれません。人に囲まれ，人と接する仕事をしている私たちが，孤独になるはずなどないではないかと思われるかもしれません。しかし，人との関係性のなかで，さまざまな感情にさらされ続ける私たちは，時に，心理的には一人ぼっちで，そうした感情の嵐にのみ込まれないようにと，必死にもがいているのかもしれません。まず，そうした溺れかかっている自分自身を救助することができなければ，他者のためにこころを尽くして仕事をするという対人援助職にとどまり続けることなど，到底できないと言えるのではないでしょうか。そうした意味でも，ここに他職種との協働の書を編むことができたことには，一定の意味があるものと思っています。

　最後に，誠信書房の中澤美穂さんには，これまでも大変お世話になってきましたが，今回もまた，本書の完成のためにご尽力いただきました。“同級生”としてもいつも励まされる存在です。あらためて，ここに感謝を申し上げます。

　コロナ禍において，医療現場でご尽力いただいている多くの援助職の方への感謝とともに。


　　2021 年　早春

鵜飼奈津子

【文献】

Alvarez, A & Reid, S (Eds.) (1996) *Autism and Personality : Findings from the Tavistock Autism Workshop.* Routledge.（倉元修監修〈2006〉自閉症とパーソナリティ．創元社）
平井正三・西村理晃編，認定 NPO 法人子どもの心理療法支援会（サポチル）（2018）児童養護施設の子どもへの精神分析的心理療法．誠信書房

## ■編著者紹介

### 鵜飼奈津子（うかい　なつこ）

2004 年　The Tavistock Centre, Child & Adolescent Psychotherapist 課程修了
現　在　大阪経済大学人間科学部人間科学科教授，臨床心理士，公認心理師
主著書　『親と離れて暮らす子どものための絵本シリーズ』（「エルファと思い出のはこ」
　　　　「モリスといっぱいのしんぱいごと」「ルーファスのあんしんできるばしょ」）（監
　　　　訳）誠信書房 2019 年，『児童養護施設の子どもへの精神分析的心理療法』（分担
　　　　執筆）誠信書房 2018 年，『子どもの精神分析的心理療法の基本 改訂版』誠信書
　　　　房 2017 年，『子どものこころの発達を支えるもの』（監訳）誠信書房 2016 年，『子
　　　　どもの精神分析的心理療法の応用』誠信書房 2012 年ほか


### 服部隆志（はっとり　たかし）

2005 年　川崎医療福祉大学大学院医療福祉学研究科修士課程修了
現　在　大阪府岸和田子ども家庭センター総括主査，大阪府臨床心理士会副会長，臨床
　　　　心理士，公認心理師
主著書　『子どもの対人関係を育てる SST マニュアル』（共編）ミネルヴァ書房 2014 年


## ■著者紹介（執筆順）

### 服部隆志（はっとり　たかし）

執筆箇所　はじめに，第 1 章，第 2 章，第 6 章，第 12 章第 2 節へのコメント
［編著者紹介を参照］


### 鵜飼奈津子（うかい　なつこ）

執筆箇所　第 3 章第 1 節，第 4 章，第 7 章第 1 節，第 10 章第 2 節へのコメント，おわりに
［編著者紹介を参照］


### 荒屋昌弘（あらや　まさひろ）

執筆箇所　第 3 章第 2 節
2004　年　大阪大学大学院人間科学研究科博士前期課程修了
現　　在　大阪人間科学大学心理学部心理学科助教，臨床心理士，公認心理師

## 永井　享（ながい　すすむ）

執筆箇所　第3章第3節，第7章第3節
1995　年　神戸大学大学院教育学研究科修了
現　　在　社会福祉法人大阪府衛生会希望の杜総括主任・心理主任，臨床心理士

## 唐津亜矢子（からつ　あやこ）

執筆箇所　第5章
2004　年　関西学院大学社会学部社会福祉学科卒業
現　　在　特定非営利活動法人チャイルド・リソース・センター，社会福祉士，精神保健
　　　　　福祉士，公認心理師

## 宮口智恵（みやぐち　ともえ）

執筆箇所　第5章，第12章第1節，第12章第2節
2007　年　神戸大学大学院総合人間科学研究科前期博士課程修了
現　　在　特定非営利活動法人チャイルド・リソース・センター代表理事，社会福祉士，
　　　　　公認心理師

## 坂元　文（さかもと　あや）

執筆箇所　第7章第2節
2006　年　追手門学院大学大学院文学研究科修士課程修了
現　　在　大阪福祉事業財団児童養護施設高鷲学園心理職，四天王寺大学非常勤講師，臨
　　　　　床心理士，公認心理師

## 内野利一（うちの　としかず）

執筆箇所　第8章第1節
2007　年　神戸親和女子大学大学院文学研究科修士課程修了
現　　在　同志社国際中学校・高等学校特別支援教育サポーター，臨床心理士，公認心理
　　　　　師

## 坪井美咲希（つぼい　みさき）

執筆箇所　第8章第1節へのコメント，第8章第2節
2016　年　大阪樟蔭女子大学大学院人間科学研究科修士課程修了
現　　在　特定医療法人研精会東京さつきホスピタル，臨床心理士，公認心理師，精神保
　　　　　健福祉士

**冨成達也**（とみなり　たつや）

執筆箇所　第8章第2節へのコメント
2014　年　大阪大学大学院人間科学研究科博士後期課程単位取得退学
現　　在　児童養護施設大阪西本願寺常照園心理職，臨床心理士，公認心理師


**才村眞理**（さいむら　まり）

執筆箇所　第9章，第10章第1節へのコメント，第12章第1節へのコメント
2002　年　佛教大学大学院社会学研究科修了
現　　在　一般社団法人無憂樹 LSW 部門スタッフ，ライフストーリーワーク相談室主宰，
　　　　　社会福祉士


**新籾晃子**（あらもみ　てるこ）

執筆箇所　第10章第1節，第10章第2節
1989　年　大阪教育大学教育学部卒業
現　　在　大阪府中央子ども家庭センター次長兼相談対応第一課長，社会福祉士


**坂口伊都**（さかぐち　いと）

執筆箇所　第11章
2000　年　花園大学大学院社会福祉学研究科修士課程修了
現　　在　特定非営利活動法人チャイルド・リソース・センター，社会福祉士，精神保健
　　　　　福祉士，保育士


**河合克子**（かわい　かつこ）

執筆箇所　第11章，第12章第1節，第12章第2節
1985　年　大阪市立大学生活科学部社会福祉学科卒業
現　　在　特定非営利活動法人チャイルド・リソース・センター理事（マネージャー），
　　　　　社会福祉士

虐待を受けた子どものアセスメントとケア
——心理・福祉領域からの支援と協働

2021 年 4 月 30 日　第 1 刷発行
2022 年 6 月 25 日　第 3 刷発行

|  |  |
|---|---|
| 編 著 者 | 鵜 飼 奈 津 子 |
|  | 服 部 隆 志 |
| 発 行 者 | 柴 田 敏 樹 |
| 印 刷 者 | 日 岐 浩 和 |

発 行 所　株式会社 誠 信 書 房

〒112-0012　東京都文京区大塚 3-20-6
TEL　03（3946）5666
https://www.seishinshobo.co.jp/

© Natsuko Ukai & Takashi Hattori, 2021　Printed in Japan　印刷／中央印刷　製本／協栄製本
落丁・乱丁本はお取り替えいたします　ISBN 978-4-414-41677-0　C3011

JCOPY ＜出版者著作権管理機構 委託出版物＞
本書の無断複製は著作権法上での例外を除き禁じられています。複製される場合は、そのつど
事前に、出版者著作権管理機構（電話 03-5244-5088, FAX 03-5244-5089, e-mail: info@jcopy.
or.jp）の許諾を得てください。

# 親と離れて暮らす子どものための
# 絵本シリーズ

## モリスといっぱいのしんぱいごと

ジル・シーニー 作　レイチェル・フーラー 絵 / 鵜飼奈津子 訳

心配事を抱えたモグラのモリスが、信頼できる存在に悩みを打ち明け、
心が楽になる姿を描いた本。不安への対処法が理解できる。

A4変形判上製　定価（本体1700円＋税）

## エルファと思い出のはこ

ミシェル・ベル 作　レイチェル・フーラー 絵 / 鵜飼奈津子 訳

養育者の交代や環境の変化で混乱しているゾウのエルファが、思い出
を振り返り、自分のアイデンティティを確立していく物語。

A4変形判上製　定価（本体1700円＋税）

## ルーファスのあんしんできるばしょ

ジル・シーニー 作　レイチェル・フーラー 絵
鵜飼奈津子 監訳　中澤鮎美 訳

ひどい飼い主のもとから新しい飼い主のところへやってきたネコの
ルーファスが、心から安らげる自分の居場所を見つけるお話。

A4変形判上製　定価（本体1700円＋税）